CYMERIADAU GOGLEDD CYMRU

Rodney Hughes

Cyflwynir y gyfrol hon
i Gerallt ac Awen
er cof am eu tad

ⓑ Olwen Hughes

Cedwir pob hawlfraint. Ni chaiff unrhyw ran o'r llyfr hwn ei hatgynhyrchu na'i storio mewn system adferadwy na'i hanfon allan mewn unrhyw ffordd na thrwy gyfrwng electronig, peirianyddol, llungopïo, recordio nac unrhyw ffordd arall heb ganiatâd ymlaen llaw gan berchennog yr hawlfraint.

Cyhoeddwyd gan Olwen Hughes ac argraffwyd
gan W.O. Jones (Argraffwyr), Llangefni

Tachwedd 1995

CYNNWYS

Tudalen

Rhagair 9
Teyrnged Eirian Roberts 10
Teyrnged y Parchedig Huw John Hughes 12

Cymeriadau Gogledd Cymru
Rhestr o'r rhai yr ysgrifennwyd amdanynt ynghyd â'r dyddiadau pan ymddangosodd yr erthyglau dan y pennawd "Cymeriadau Gogledd Cymru" yn y *North Wales Chronicle*.

Dafydd Orwig	(Medi 13, 1973)	15
Robert Roberts	(Medi 20, 1973)	17
Haydn Jones	(Medi 27, 1973)	19
Ernest Roberts	(Hydref 4, 1973)	22
W. T. Gruffydd	(Hydref 11, 1973)	24
W. J. Jones	(Hydref 18, 1973)	27
T. C. Simpson	(Hydref 25, 1973)	29
Dr R. Tudur Jones	(Tachwedd 1, 1973)	31
Tom Morris	(Tachwedd 8, 1973)	33
Dr J. A. Davies	(Tachwedd 15, 1973)	35
J. O. Jones	(Tachwedd 2, 1973)	37
Arthur Evans (Llangefni)	(Tachwedd 29, 1973)	40
Gabriel Roberts	(Rhagfyr 6, 1973)	42
Hugh Llewelyn Williams	(Rhagfyr 13, 1973)	44
Frank Price Jones	(Rhagfyr 20, 1973)	46
Gwilym O. Williams	(Rhagfyr 27, 1973)	48
Dr Thomas Parry	(Ionawr 3, 1974)	50
Edward Williams	(Ionawr 10, 1974)	52
William John Williams	(Ionawr 17, 1974)	55
Robert Owen	(Ionawr 24, 1974)	57
Wilbert Lloyd Roberts	(Ionawr 31, 1974)	59
Hefin Wyn Jones	(Chwefror 7, 1974)	61
Llewelyn Jones	(Chwefror 14, 1974)	63
Dr D. Eirwyn Morgan	(Chwefror 21, 1974)	65
B. N. Young Vaughan	(Chwefror 28, 1974)	67
Syr Ben Bowen Thomas	(Mawrth 7, 1974)	69
John G. Jones	(Mawrth 14, 1974)	71
George Roberts	(Mawrth 21, 1974)	72
W. R. Owen	(Mawrth 28, 1974)	74
Arthur Evans (Llanllechid)	(Ebrill 4, 1974)	77

Peter Jones	(Ebrill 11, 1974)	78
R. K. Bowen	(Ebrill 18, 1974)	80
D. Manley Williams	(Ebrill 25, 1974)	83
Elias Hughes	(Mai 2, 1974)	85
John Willams Hughes	(Mai 9, 1974)	87
Edgar Jones	(Mai 16, 1974)	89
Goronwy Prys Jones	(Mai 23, 1974)	91
Eric Edwards	(Mai 30, 1974)	93
Percy Ogwen Jones	(Mehefin 6, 1974)	95
John Bloom Roberts	(Mehefin 13, 1974)	97
Richard Owen	(Mehefin 27, 1974)	99
Mansel Williams	(Gorffennaf 4, 1974)	101
O. T. L. Huws	(Gorffennaf 11, 1974)	103
John Oliver	(Gorffennaf 18, 1974)	105
J. W. Gruffydd	(Gorffennaf 25, 1974)	107
Dr T. Alun Griffiths	(Awst 1, 1974)	109
Lynn Ebsworth	(Awst 8, 1974)	111
D. Victor Jones	(Awst 15, 1974)	113
Ieuan Wyn	(Awst 22, 1974)	114
Moi Parry	(Awst 29, 1974)	115
Elwyn Roberts	(Medi 19, 1974)	117
Hugh Thomas	(Medi 26, 1974)	119
C. O. Lewis	(Hydref 3, 1974)	121
Peredur Lloyd	(Hydref 10, 1974)	122
Irvon Roberts	(Hydref 17, 1974)	124
Frank R. Jones	(Hydref 24, 1974)	126
Bedwyr Lewis Jones	(Hydref 31, 1974)	128
J. Bennett Jones	(Tachwedd 7, 1974)	129
Medwyn Hughes	(Tachwedd 14, 1974)	131
John Richard Roberts	(Tachwedd 21, 1974)	133
Owen Evans	(Tachwedd 28, 1974)	135
Arthur Pritchard	(Rhagfyr 5, 1974)	136
W. Trevor Hughes	(Rhagfyr 12, 1974)	138
T. Ceiriog Williams	(Rhagfyr 19, 1974)	140
Isaac Parry Griffith	(Rhagfyr 26, 1974)	141
Evan Owens	(Ionawr 2, 1975)	143
Frank Grundy	(Ionawr 16, 1975)	145
John Roberts	(Ionawr 23, 1975)	146
Vernon Oliver	(Ionawr 30, 1975)	149
Dick Edwards	(Chwefror 6, 1975)	151
O. J. Pritchard	(Chwefror 13, 1975)	152
G. I. Jones	(Chwefror 20, 1975)	155

David Shaw	(Chwefror 27, 1975)	156
Gwynfryn Evans	(Mawrth 6, 1975)	158
Bob Lloyd Williams	(Mawrth 13, 1975)	160
Robert Williams	(Mawrth 20, 1975)	162
Caradoc Evans	(Mawrth 27, 1975)	164
John Roberts	(Ebrill 3, 1975)	166
Arthur Ifan Jones	(Ebrill 24, 1975)	167
Arfon Evans	(Mai 1, 1975)	169
T. Hywel Thomas	(Mai 8, 1975)	171
Glyngwyn Roberts	(Mai 15, 1975)	173
Richard Lloyd Davies	(Mai 22, 1975)	174
T. O. Williams	(Mai 29, 1975)	176
T. D. Roberts	(Mehefin 6, 1975)	178
Ken Williams	(Mehefin 13, 1975)	179
Alun Ll. Williams	(Mehefin 20, 1975)	181
R. T. D. Williams	(Mehefin 27, 1975)	182
T. Bailey Hughes	(Gorffennaf 3, 1975)	184
H. R. M. Hughes	(Gorffennaf 17, 1975)	185
John Griffith	(Gorffennaf 24, 1975)	187
J. Merfyn Williams	(Gorffennaf 31, 1975)	188
Pennant Lewis	(Awst 7, 1975)	190
O. Ellis Roberts	(Awst 14, 1975)	191
Iolo Owen	(Medi 18, 1975)	193
Llew Lewis	(Medi 25, 1975)	195
Bertwyn Lloyd Hughes	(Hydref 2, 1975)	196
William Hughes	(Hydref 9, 1975)	198
William Evans	(Hydref 16, 1975)	199
E. T. Roberts	(Hydref 23, 1975)	201
J. O. Roberts	(Hydref 30, 1975)	202
E. W. Thomas	(Tachwedd 6, 1975)	204
John Gwynedd Jones	(Tachwedd 13, 1975)	206
Owen Griffiths	(Tachwedd 20, 1975)	207
G. Darrel Rees	(Rhagfyr 4, 1975)	209
Alwyn Charles	(Rhagfyr 11, 1975)	210
W. Parry Willams	(Rhagfyr 18, 1975)	212
James Williams	(Rhagfyr 25, 1975)	214
Herbert Roberts	(Ionawr 8, 1976)	216
Ellis Caswallon Williams	(Ionawr 15, 1976)	218
W. R. Davies	(Ionawr 22, 1976)	219
Dr Tom Pritchard	(Ionawr 29, 1976)	221
William Rowlands	(Chwefror 5, 1976)	223
G. Meirion Williams	(Chwefror 12, 1976)	225

1946-1994

RHAGAIR

Cyhoeddir y llyfr hwn fel teyrnged i'm diweddar briod, Rodney Hughes, Kestor, Llangefni, golygydd y *North Wales Chronicle*, a fu farw ym Medi 1994, yn 48 mlwydd oed.

Cynnwys y llyfr yw'r gyfres o erthyglau a ysgrifennodd Rodney ac a gyhoeddwyd yn wythnosol fel colofn Gymraeg yn y *Chronicle* yn ystod y cyfnod rhwng Medi 1973 a Chwefror 1976 o dan y pennawd cyffredinol, "Cymeriadau Gogledd Cymru".

Trafodwyd y syniad o gasglu'r erthyglau ynghyd a'u cyhoeddi sawl gwaith, a'r tro diwethaf y soniwyd am y mater, penderfynodd Rodney y gwneid hynny "ar ôl i mi ymddeol." Gwaetha'r modd, ni welodd Rodney y diwrnod hwnnw, a theimlais mai'r deyrnged orau i un a oedd wedi ysgrifennu ar hyd ei oes oedd gwireddu ei freuddwyd a chasglu'r erthyglau at ei gilydd a'u cyhoeddi. Sylweddolaf, wrth gwrs, pe gallai Rodney ei hun fod wedi bod uwch ben y gwaith hwn heddiw, oddeutu ugain mlynedd ar ôl ysgrifennu'r erthyglau yn y lle cyntaf, byddai wedi dymuno gwneud llawer o newidiadau i eiriau, cymalau, brawddegau a hyd yn oed i ambell baragraff, ac weithiau i erthyglau cyfan. Fel y mae hi, ac eithrio tacluso mymryn yma ac acw ar lithriadau amlwg, penderfynwyd ymyrryd cyn lleied ag y bo modd â chynnwys yr erthyglau, gan gadw naws a natur yr elfennau newyddiadurol o fewn y portreadau anffurfiol hyn.

Ni fyddai modd i mi fod wedi cyhoeddi'r gwaith hwn, wrth gwrs, heb gymorth a chydweithrediad llawer o bobol a dymunaf ddiolch o galon i bawb, yn deulu a chyfeillion, a ddangosodd frwdfrydedd a chefnogaeth i'r fenter hon.

Dymunaf ddiolch yn arbennig i'r canlynol:

i Gwmni *North Wales Newspapers*, Yr Wyddgrug, am ryddhau'r hawlfraint ar y golofn;

i staff Adran Archifau Cyngor Sir Gwynedd am eu cymorth yn dod o hyd i'r erthyglau nad oedd yn fy meddiant;

i Miss Eirian Roberts, golygydd presennol y *Chronicle*, am ei herthygl ar Rodney ac i holl aelodau staff y *North Wales Chronicle* ym Mangor am eu cymorth parod i gynorthwyo ar sawl achlysur;

i'r Parchedig Huw John Hughes am ei atgofion yntau;

i Jac Jones am ei garedigrwydd a'i gymwynas yn cynllunio'r clawr;

i Martin a staff W. O. Jones, Llangefni, am argraffu'r gwaith.

Gobeithir y bydd y llyfr nid yn unig yn goffâd am Rodney ond hefyd, yn ôl ei ddymuniad ef ei hun wrth drafod casglu'r erthyglau ynghyd, yn goffâd am y "Cymeriadau" y sonnir amdanynt yn y gyfrol.

Olwen Hughes
Tachwedd 1995

RODNEY HUGHES

gan

Eirian Roberts, Golygydd presennol y *Chronicle*

Roedd y *North Wales Chronicle* wedi chwarae rhan ym mywyd Rodney Hughes am flynyddoedd cyn iddo ef ymuno â'r staff. Roedd ei fam, Felicina, yn ohebydd bro cyson i'r papur am flynyddoedd. Roedd ganddi hi ddiddordeb mawr mewn ysgrifennu a hel achau a hi, yn fwy na neb, a gafodd y dylanwad mwyaf ar y Rodney ifanc.

Wedi cyfnod byr yn Swyddfa'r *Herald* yng Nghaernarfon, a chyfnod yn gweithio gyda W. H. Smith Wholesalers ym Mangor, ymunodd Rodney â'r hen *North Wales Chronicle* a'r *Cloriannydd* yn 1967. Ac o'i ddiwrnod cyntaf yno fel cyw gohebydd, penderfynodd ei fod am 'fynd i'r brig' a'i uchelgais oedd cael eistedd yn sedd y golygydd ryw ddiwrnod.

Ac ar ôl cyfnod fel gohebydd, prif ohebydd ac yna dirprwy olygydd, gwireddodd ei freuddwyd pan gafodd ei benodi'n olygydd in 1990.

Roedd yn newyddiadurwr i'r carn a thros y blynyddoedd gwnaeth ei farc unigryw ei hun ar y papur a'r ardal. Roedd enw Rodney yn gyfystyr â'r *Chronicle* i lawer o bobl ar hyd a lled Ynys Môn, Bangor a'r cyffiniau am flynyddoedd hyd yn oed cyn iddo gael ei benodi'n olygydd.

Cafodd ei eni i deulu morwrol yn y Moelfre ac mae Rowena, enw'i gartref, yn tanlinellu hynny - enw llong gyntaf ei daid ar ochr ei fam. A phan symudodd Rodney i Langefni ar ôl priodi Olwen yn 1985, enwodd eu cartref yno yn Kestor, ar ôl llong gyntaf ei dad. Er iddo symud o'r pentref, cadwodd mewn cysylltiad clòs â'r gymuned ym Moelfre, ac roedd yn glerc y Cyngor Cymuned yno hyd ei farwolaeth.

Fe weithiai'n galed tuag at hybu achosion da ac fe weithiodd yn agos iawn gyda Dr Jim Davies, cadeirydd Apêl y Sganiwr yng Ngwynedd pan lansiwyd yr apêl. Yn wir, yn ôl Dr Jim, Rodney a fathodd y gair Cymraeg am y *sganiwr*, sydd wedi gwneud cymaint o wahaniaeth i gleifion y sir.

Yna, pan lansiwyd Apêl Haematoleg a Chanser Gwynedd ddwy flynedd yn ôl, roedd Rodney yno eto yn hybu'r apêl ym mha pa bynnag ffordd a allai. Mabwysiadodd yr Apel fel ymgyrch y papur ac ef oedd yn gyfrifol am gael y *Chronicle* i roi'r thermomedr sydd yng nghyntedd Ysbyty Gwynedd i ddangos fel mae'r arian yn dod i mewn i'r Apêl.

Yn naturiol, fel un a aned ar yr Ynys, roedd ganddo ddiddordeb mawr yn mhopeth a ddigwyddai ym Môn ac yng ngwaith y Cyngor Bwrdeistref. Roedd yn bleidiol dros ben i Oriel Ynys Môn o'r cychwyn cyntaf ac ef oedd Cadeirydd Cyfeillion yr Oriel.

Roedd yn casáu elitiaeth o unrhyw fath ac roedd yn benderfynol y dylai'r Oriel apelio at bawb o bob oed - yn enwedig plant a phobl ieuainc.

Roedd ganddo berthynas dda gyda phlant ac roeddynt hwythau wrth eu bodd efo fo. Pan aned ei blant, Gerallt ac Awen, gwireddwyd ei holl freuddwydion. Dyn teulu oedd Rodney ac roedd yn mwynhau ei amser gydag Olwen a'r plant uwchben popeth.

Roedd ganddo ddiddordebau eang: byddai'n barddoni ac yn troi ei law at ysgrifennu emynau; fel Annibynnwr, roedd yn aelod o'r capel yn y Moelfre drwy gydol ei fywyd a byddai'n llenwi i mewn ar Suliau drwy bregethu yng nhapeli'r ynys.

Er y gallai fod yn ŵr styfnig a chaled ar brydiau, roedd hefyd yn un o'r bobl ffeindia fyw ac yn ffrind cywir bob amser ac roedd ei farwolaeth yn 48 oed yn 1994 yn golled fawr nid yn unig i'w deulu ond i'w gyfeillion lu.

RODNEY HUGHES

gan

Huw John Hughes, ei Weinidog

Mae Rodney wedi sgwennu am gant un deg a phedwar o gymeriadau yn y gyfrol hon a dyma finnau yn meiddio sgwennu un arall ychwanegol am Rodney ei hun. Y tro cyntaf i mi gyfarfod â Rodney yn swyddogol oedd ar yr aelwyd yn ei gartref, Rowena, ym Moelfre, er fy mod wedi ei gyfarfod yn answyddogol yn festri capel Carmel, Moelfre, ddechrau Rhagfyr 1984. Cynulliad oedd hwnnw i'r aelodau gyfarfod am y tro cyntaf â'r un a oedd yn mynd i fod yn Weinidog ar yr eglwys.

Mi leisiodd Rodney ei farn yn y cyfarfod hwnnw, 'Mi faswn i'n licio'i glywad o'n pregethu cyn i ni ddŵad i benderfyniad'. Y noson honno, ei lorio gafodd Rodney gan ei gyd-aelodau. Mi fydda' i'n dal i feddwl ei fod wedi ei siomi yn eu barn. Ond dal i ddŵad i Garmel fydda fo efo'i deulu - dŵad am fod ganddo fo feddwl y byd o'r capel, fel y gwelan ni sawl tro yn yr erthyglau hyn. Mi roedd lle yn bwysig iddo – ei gapel, ei bentref a'i fro. Calon ei holl brofiadau a'i ddyheadau oedd Moelfre a'r bobl.

Treuliodd y rhan helaethaf o'i oes yno ac yno, hyd y diwedd, roedd yn Ysgrifennydd y Cyngor Cymuned ac yn ymfalchïo yn ei swydd oherwydd mai yma y gallai ddylanwadu a gweithredu er mwyn Moelfre a'r bobl. Dyn ei fro oedd o, a phroblemau ei fro oedd yn ei boeni. Ond, yn raddol, fe welwyd y fro yn ehangu a'i freichiau'n ymestyn i gofleidio sawl achos da. Ef, yn anad neb arall, oedd yn gyfrifol am yr ymgyrch i gael sganiwr i Ysbyty Gwynedd ym Mangor. Gweithiodd yn ddiflino trwy dudalennau ei bapur i hybu'r achos bob cyfle a gâi ac, yn wir, fe wnaeth hyn i'r diwedd. Achos arall oedd yn agos at ei galon oedd adeiladau'r Oriel yn Llangefni a bu'n Gadeirydd Cyfeillion yr Oriel i'r diwedd. Efallai nad oedd y fflam yn weladwy ond mi roedd yna dân eirias yn llosgi oddi mewn.

Mi roedd Rodney yn wahanol. Mae'r gyfrol hon yn dyst i hynny. Pwy fuasai'n meddwl, ym Medi 1973, am gael colofn Gymraeg mewn wythnosolyn a oedd mor Seisnig ei agwedd? Er bod y *Chronicle* yn ymwneud â phynciau a digwyddiadau lleol, eto i gyd gogwydd Seisnig oedd i'w weld yn ei gynnwys. Ac yn sicr, bryd hynny, doedd Cymreictod ddim mor ffasiynol â hynny. A dyma'r cyfnod y dechreuodd Rodney sgwennu ei erthyglau ac o'u darllen fe welwn yn glir gymaint oedd dylanwad y bywyd Cymreig arno. Pobl y 'pethe' ydi'r cymeriadau yma i gyd, pobl y gymuned grefyddol a phobl yn gwasanaethu eu cymunedau. Y rhain oedd ei bobl am mai dyn felly oedd o ei hun. O ddarllen yr erthyglau, gwelwn yn amlwg ei fod yn ddyn a oedd yn hoff iawn o bobl. Mae'n bur debyg mai gyrfa mewn newyddiaduraeth oedd y ffordd iddo asio ei gonsýrn a'i ddiddordeb mewn pobl.

Nid erthyglau moel yn rhoi hanes yr unigolyn yn unig a geir yma ond ymateb yr unigolyn i broblemau'r cyfnod. 'Sut mae denu mwy o siaradwyr Cymraeg?'; 'Sut mae trin drwgweithredwyr?' Yn wir, mae yna rai agweddau proffwydol yn amryw o'r erthyglau. Hefyd, fe geir manylion hanesyddol yn britho'r gyfrol: system addysg a oedd yn ddigon i godi gwallt pen unrhyw un gyda'r pwyslais ar lwyddiant a Seisnigrwydd a system o Lywodraeth Leol a oedd yn ddigon gwachul a chrebachlyd.

Trwy'r gyfrol drwyddi draw yr hyn a welir yn eglur iawn ydi'r sŵn arloesol sy'n mynnu dod i'r wyneb. Fe gawn y Llyfrgellydd a'i ddyhead i gael plant bach i ddarllen, a'r Archesgob a'i ffydd yn y ddynoliaeth yn hytrach na thechnoleg i wneud y byd yn lle hapusach i fyw ynddo.

Rwy'n siŵr y bydd cloddio yn y chwarel hon nid yn unig yn datgelu cymeriad yr awdur ond hefyd yn dangos gobeithion a dyheadau Cymry yn y rhan hon o Wynedd yn y saith-degau. Ni'r darllenwyr bellach fedr gloriannu a wireddwyd y gobeithion ai peidio. Diolch i Rodney am rannu eu beichiau efo ni.

Darllenwch ac ystyriwch.

Dafydd Orwig

Yn nhyb y darlithydd a'r Cynghorydd Dafydd Orwig, Cilcafan, Coetmor, Bethesda, ni ellir cymharu pobl ifainc Cymru â'r *hippies* a'r *drop-outs* sydd i'w cael ledled y byd. Yn wir, yng Nghymru, bwrw i mewn i broblemau'r gymdeithas y mae'r ifanc ond cefnu ar gymdeithas y mae'r *hippies* heb ymdrechu i'w gwella.

'Doedd hwn yn ddim ond un o'r pwyntiau a godwyd yn ystod ein sgwrs yn ystafell ffrynt ei gartref clyd yr wythnos ddiwethaf. "Dros gyfnod gweddol fyr," meddai, "mae pobl ifainc Cymru wedi cynhyrfu'r dyfroedd yn y gymdeithas ac wedi creu tonnau sy'n ysgogi'r canol oed i gymryd sylw ac i weithredu". Ac iddo ef, nid yw hyn yn rhywbeth newydd yn hanes Cymru. Cyfeiriodd at William Williams, Pantycelyn, a Hywel Harries, nad oedd ond dau o bobl ifainc yn eu cyfnod a oedd wedi newid gwedd a theimladau'r genedl. Roedd eu cyfraniad yn amlwg hyd heddiw.

Un o'r rhesymau, mae'n debyg, bod yr ifanc yn arwain mwy na'u tadau a'u teidiau i newid ychydig ar drefn bywyd yw nad oes yn rhaid iddynt ymladd rhyfel arall i geisio ennill bara a chaws, gan fod safonau byw wedi codi cymaint.

Hoffai Dafydd Orwig i Gyngor y Celfyddydau neu Gymdeithas y Celfyddydau yng Ngogledd Cymru sicrhau bod colofn wythnosol gan lenor yn y Gymraeg yn cael ei chylchlythyru i bob papur yn y wlad. Syniad arall, y gallai'r Comisiwn Brenhinol ar yr Iaith ei weithredu, fyddai colofn fer i'r Saeson yn y gymdeithas sydd eisiau dysgu Cymraeg, a thybia fod digon o alw am hyn gan fod mwy a mwy o Saeson yn dechrau dangos diddordeb yn y pethau Cymraeg sy'n digwydd o'u cwmpas.

Mae llawer o bobl yn tybio mai darlithydd yn y Gymraeg yw Dafydd Orwig ond, yn wir, nid astudiodd yr iaith yn yr ysgol ymhellach na'r pumed dosbarth. Yn y chweched dosbarth, cymerodd Saesneg, Hanes a Daearyddiaeth, gan feddwl cymryd Saesneg fel prif bwnc yng Ngholeg Prifysgol Aberystwyth. Ond yno cafodd ei siomi gan y dull o ddysgu Saesneg a throes ei sylw at Ddaearyddiaeth. Wedi graddio, bu'n athro ym Mlaenau Ffestiniog ac ym Methesda cyn symud i'w swydd bresennol yn ddarlithydd yn y Coleg Normal, Bangor.

Dywedodd ei fod ar un adeg yn wrth-genedlaetholwr, os rhywbeth, ac yn fwy o Brydeiniwr. Roedd hynny adeg y rhyfel - adeg ddylanwadol yn ei fywyd, a'i arwr ar y pryd oedd Churchill. Efallai y byddai pethau yng Nghymru'n well pe bai rhywun o raen Churchill yn codi o'r gymdeithas heddiw.

Ganwyd Dafydd Orwig yn Neiniolen a thrwy gydol ei oes mae wedi byw ymysg y llechi. Chwarelwr oedd ei dad, David Arthur Jones, sydd erbyn hyn wedi ymddeol. Am gyfnod rhwng 1929 ac 1938, bu ei dad yn gweithio fel hyfforddwr i chwarelwyr yn County Wicklow, Iwerddon. Tra oedd yno, dangosodd y grefft o hollti a naddu llechi i chwarelwyr yr Arglwydd Fitzwilliam. Bu'r teulu'n byw yn Wicklow.

Teimla'n gryf fod angen mwy o glybiau ac Aelwydydd i bobl ifainc y cylch, ac efallai y bydd un o brif bwyllgorau Cyngor Sir Gwynedd yn delio'n uniongyrchol â Hamdden a Diwylliant, ond ar hyn o bryd mae'n rhy gynnar i ddweud yn union beth fydd gwaith y pwyllgor newydd.

Un o'r problemau mawr heddiw yw fod plant yn anfodlon creu eu diddordebau eu hunain. Ar un cyfnod, byddai plant yn falch o chwarae criced gyda hen focs fel wiced a thamaid o bren fel bat. Ond, erbyn heddiw, mae'n rhaid iddynt gael chwarae'r gêm gyda'r offer priodol fel y maent yn ei weld ar y teledu.

Gyda Chyngor Gwynedd yn awr wedi ei sefydlu ac yn barod i gymryd y gwaith trosodd o ddifri y flwyddyn nesaf, cwestiwn amlwg i'w ofyn i aelod newydd o'r cyngor oedd beth oedd ei ragolygon am y dyfodol. Dywedodd ei bod yn mynd i gymryd amser maith, canrif o bosib, cyn y byddai teyrngarwch i Wynedd wedi ei greu, yn hytrach nag i Arfon, Môn a Meirionnydd. Enghraifft o bobl yn dal at hen arferion, meddai, oedd ei fod ef yn dal i alw'r gwasanaeth bysiau o Lanberis i Fangor yn wasanaeth y *Bangor Blues* er nad yw ef ei hun yn cofio'r cwmni. Y math yma o beth sy'n creu problemau.

Ond, drwy hyn i gyd, mae Cyngor Gwynedd yn un hapus, gwerinol a Chymreig. Mae gwahanol awyrgylch yno o'i gymharu â Chyngor Sir Caernarfon lle mae'r aelodaeth, ar gyfartaledd, yn hŷn. Bydd hwn y Cyngor Sir newydd mwyaf Cymreigaidd yng Nghymru, meddai. Ni chredai y dylai'r Cyngor fod wedi cael dechrau ar ei waith yn syth wedi'r etholiad, gan fod y flwyddyn yn rhoi cyfle i bawb ddod i adnabod ei gilydd, a hefyd roeddynt yn cael amser i drefnu penodiadau, cyllid a chynnwys pwyllgorau.

Gan ei fod mor brysur mewn gwahanol agweddau ar fywyd yr ardal, dywedodd nad oedd ganddo fawr o amser i hamddena ond, pan fo'r cyfle'n codi, hoffa fynd gyda'i wraig a'u plant i gasglu llus neu fwyar duon. Rhydd hynny amser iddo feddwl a synfyfyrio.

Robert Roberts

Gŵr yn gwisgo sawl mantell gyda'r pwrpas o wella sefyllfa ei gyd-ddynion yw'r disgrifiad gorau o'r Henadur Robert Roberts, 155a Ffordd Llundain, Caergybi. Gyda'i lais dwfn, pendant, mae'n ŵr sydd wedi hen arfer brwydro ac eiriol dros y rhai llai ffodus nag ef ei hun. Ei ddawn yw perswadio eraill i wneud eu gorau'n effeithiol mewn cyfarfod neu gyngor. Dw i ddim yn cofio gweld Bob Roberts yn crïo mewn unrhyw gyfarfod o'r Cyngor wrth sôn am anghyfiawnder dyn at ddyn ond mae wedi gadael ambell lygad gwlyb ymhlith ei wrandawyr.

Mae rhai, o bosib, yn dweud ei fod yn afresymol ar adegau ond y gwir yw mai gwneud apêl, fel un sydd wedi bod trwy galedi, i weld manteision y mae o. Wrth gofio am y caledi yma, mae Mr Roberts wedi ei syfrdanu gan y gwelliannau a ddaeth i Ynys Môn ac i'w phobol yn ystod yr hanner canrif diwethaf. Yn aml iawn, ar ôl inni gwblhau rhyw waith neu'i gilydd er lles rhai yn y gymdeithas, rydym yn grwgnach nad oeddem wedi cael mwy o gymorth gan rai o'n cwmpas. Pe bai Robert Roberts wedi meddwl felly, ni fyddai ei fywyd heddiw yn darllen fel catalog o ddyletswyddau y tu mewn a'r tu allan i lywodraeth leol.

Y llynedd, ysgrifennodd hanes ei fywyd o'i blentyndod a chafodd y gyfrol ei chyhoeddi gan Gyngor Gwlad Môn. Am y rhan fwyaf o'i blentyndod, bu'n byw gyda'r teulu yn y tŷ canol mewn rhes o dri ar Dywyn Trewan, cyn i'r ardal gael ei chymryd drosodd gan yr Awyrlu. Roedd yn un o dri ar ddeg o blant ac mae saith ohonynt yn fyw heddiw. Cyfanswm eu hoed yw 534, tipyn o gamp, mewn unrhyw deulu!

"Roedd Tywyn Trewan yn un o'r lleoedd gwylltaf a mwyaf anghysbell ym Môn," meddai. "Tir comin ydoedd, ac arno byddai ffermwyr cyfagos yn porthi eu defaid wrth y cannoedd. Un o'r dyddiau arbennig yno yr adeg honno oedd amser dipio a chneifio'r defaid a gwerthu'r ŵyn." Dau ddiwrnod arbennig arall oedd yr un cyn Ffair y Borth a diwrnod y Ffair ei hun. Ar y Tywyn, roedd merlod yn cael eu magu i'w defnyddio yn y pyllau glo. Roedd hwn yn ddiwrnod pwysig i ddynion y cylch, gan mai cyn-weithwyr ar ffermydd oedd y rhan fwyaf, cyn iddynt symud i weithio ar y rheilffyrdd. Ond roedd hi braidd yn anodd cael diwrnod rhydd heb esgus digonol, a'r un mwyaf derbyniol i swyddogion y rheilffyrdd yr adeg honno oedd pan ddigwyddai profedigaeth yn y teulu. "Mae'n debyg eu bod wedi dechrau gofyn i'r dynion faint o famau a mamau-yng-nghyfraith oedd ganddynt ymhen amser," meddai Mr Roberts.

Er ei fod ef a'i frodyr a'i chwiorydd yn mynd i Ysgol Eglwys Llanfaelog, i Ysgol Cae'r Pwll, Caergeiliog, yr âi'r plant drws nesa'. Sefydlwyd yr ysgol honno gyda'r arian a gafwyd oddi ar y rheilffyrdd am gael caniatâd i fynd ar draws y Tywyn. Penderfynodd y gofalwyr ddefnyddio'r arian i wella addysg plant y cylch, a heddiw mae Ysgol Babanod y Tywyn wedi'i chodi ar y safle. Mae Mr Roberts yn gadeirydd y rheolwyr a dywedodd fod cario'r enw ymlaen yn deyrnged i'r rhai meddylgar a ddefnyddiodd arian mor effeithiol. Wedi cyfnod byr yn gweithio fel *page boy* mewn gwesty a hefyd fel gwas ffarm, penderfynodd Mr Roberts ei bod yn amser symud. Yn bymtheg oed, symudodd i fyw i Gaergybi ac yno y bu ers hynny.

Yn y dref hon y datblygodd ei ddiddordeb i helpu eraill. Dechreuodd weithio gyda'r *NUR* ac Undeb Gweithwyr Môn. Bu'r Undeb yn gymorth mawr i weision ffarm a morynion a bu'n mynd o nerth i nerth rhwng 1918 ac 1948. Dilynodd Mr Roberts bethau fel *Trades Council* y Blaid Lafur, a'r *WEA*, a fu o fendith fawr iddo gan nad oedd wedi cael llawer o addysg. O hyn oll y datblygodd ei ddiddordeb mewn Llywodraeth Leol. Eisteddodd ar Gyngor Caergybi am y tro cyntaf yn 1928. Ddeng mlynedd wedyn, roedd ar y Cyngor Sir, ac yn 1956 gwnaed ef yn Henadur. Bu'n gadeirydd y Cyngor Sir rhwng 1952 ac 1954. Bu'n aelod o Bwyllgor Rheoli Ysbytai Môn ac Arfon am ddeunaw mlynedd ac yn gadeirydd am chwech ohonynt. Dros y blynyddoedd gweithredodd ar wahanol gomisiynau'r Llywodraeth ac ar amryw o bwyllgorau sy'n delio â gweithwyr a lles y gymdeithas.

O'r cyfan, cafodd fwy o ddiddordeb a phleser yn ystod yr amser y bu'n gadeirydd Pwyllgor Tai Cyngor y Dref. Roedd hynny mewn cyfnod trist a thruenus. Gwelodd Mr Roberts gannoedd heb dai, a channoedd yn byw mewn tai nad oeddynt yn ffit i gi. Aethpwyd ati i wneud rhywbeth i gywiro hyn a chodwyd 200 o dai o fewn blwyddyn a chartrefwyd y rhai mwyaf teilwng o'r newydd. Peth arall y mae'n edrych yn ôl arno, gyda chymysgedd o falchder a thristwch, yw ei gyfnod ar y Pwyllgor Rheoli Ysbytai. Roedd yn siomedig nad oedd ysbyty newydd wedi dod i Fangor ac na ddaeth, ychwaith, y datblygiadau yr oedd eu hangen ym Môn. Newidiwyd agwedd pobl at gleifion a sut i ddelio â hwy ac roedd hyn yn ddigon o ddiolch iddo.

Problem gwaith yw un o'r pethau a fu'n flaenllaw ganddo ers amser maith. Mae'n gadeirydd Pwyllgor Cyflogi'r Sir a chofia'n iawn yr amser pan oedd plant yn cerdded un ar ôl y llall i Festri Capel Disgwylfa i gael cawl. "Peth braf," meddai, "yw gweld rhai o'r plant hyn yn fy mhasio heddiw ar strydoedd Caergybi mewn ceir mawr *smart*". Trwy ddod â gwahanol ddiwydiannau i'r ynys, roedd y Cyngor wedi gostwng diweithdra. Mewn tai lle nad oedd torth ryw hanner canrif yn ôl, roedd teledu lliw heddiw a dau neu dri char y tu allan!

Wrth adael ei gartref, doedd ond un frawddeg yn troi yn fy mhen: "Peidiwch â gofyn be' all eraill ei wneud i chi. Gofynnwch yn hytrach beth ellwch chi ei wneud i eraill". Pe bai mwy o bobl fel Robert Roberts, byddai'r byd yn well lle o lawer.

Haydn Jones

"Rwyf wedi cael bywyd diddorol. Pe cawn ei fyw eto, mi hoffwn gael dim mwy na digon i'w wneud, a digon o bobl o'm cwmpas yn cymryd diddordeb yn yr hyn a wnawn." Geiriau Mr Haydn Jones, prifathro Ysgol Glan Cegin, Maesgeirchen, Bangor, sy'n tanlinellu'r ffordd y treuliodd ei oes.

Un o Borthmadog yw Mr Jones yn wreiddiol ond mae ei gartref yn awr ym Mangor ers blynyddoedd, yn Cil y Garth, Ffordd Garth Uchaf. Yn wir, efallai y byddai ei fywyd wedi bod yn wahanol iawn oni bai fod Syr Clough Williams-Ellis, crëwr Port Meirion, wedi blino! 'Roedd Mr Jones wedi galw ym Mhort Meirion i geisio cael swydd yn adran bensaernïaeth Williams-Ellis yn Llundain. Ond, fel y digwyddai, roedd y dyn allan yn ei iot. Cafodd Mr Jones baned o de, a phan ddaeth y dyn mawr yn ei ôl, ar ôl storm erchyll, roedd wedi blino gormod i siarad â neb, a chlywodd Mr Jones yr un gair oddi wrtho byth.

Trobwynt arall yn ei fywyd oedd penodiad William Rowlands yn brifathro Ysgol Ramadeg Porthmadog. Cyn hynny, nid oedd Haydn Jones wedi dysgu dim am lenyddiaeth na barddoniaeth Gymraeg gan fod popeth yn yr ysgol yn cael ei ddysgu yn Saesneg. Ond newidiodd Mr Rowlands hyn i gyd, pan oedd Mr Jones yn y trydydd dosbarth. Fe gododd yr awdur Cymraeg yma "gwr y llen ar fyd hanes a llenyddiaeth fy ngwlad fy hun". Hyd heddiw, mae Mr Jones yn teimlo'n ddyledus i'r dyn a ddechreuodd Eisteddfod yn yr ysgol. Cafodd yr Haydn Jones ifanc ei gadeirio yng nghadair Eifion Wyn, a fenthycwyd gan ei weddw ar gyfer yr achlysur.

Roedd Eifion Wyn yn byw yn y stryd nesa' i deulu Mr Jones ac un o'i ffrindiau cynnar oedd ei fab, Peredur. Cofia'n glir y tro diwethaf y bu Eifion Wyn yn wael. Daeth ei wraig i'r cefn lle'r oedd y ddau ifanc yn chwarae a dweud bod ar y bardd eisiau rhoi anrheg fythgofiadwy iddynt. Cawsant gopi o'r gyfrol *Telynegion Maes a Môr*, llyfr digon cyffredin ond bod y clawr â'i ben ucha'n isa. Byddai'n drysor hyd heddiw, ond rhoes Mr Jones ei fenthyg i rywun ac ni welodd ef byth. Byth er hynny, mae'n gas ganddo roi benthyg llyfr i neb, gan ei fod yn teimlo bod llyfr yn dod yn rhan o'i berchennog.

Pan oedd yn ddwy ar bymtheg oed, clywodd fod ar yr emynydd, Dr T. D. Edwards, eisiau rhywun i ysgrifennu *libretto* iddo. Bu Mr Jones yn ei weld a chael benthyg copi o *Daughter of the Regiment* er mwyn iddo gael syniad o beth oedd ei angen. Penderfynodd ysgrifennu rhywbeth am fôr-ladron y cylch, ac roedd gan deiliwr cyfagos lyfr o'r enw *Gestianna* yn cynnwys straeon am yr ardal. Ni châi Mr Jones fenthyg y llyfr ond cafodd y fraint o fynd at y teiliwr yn gyson a chopïo rhannau o'r llyfr hollbwysig hwn. Flynyddoedd wedyn, pan oedd yn byw ym Mangor, daeth ar draws cwpwl yng Nghapel Peniel. Deallodd Mr Jones fod gan y gŵr lyfr o hanesion. Enw'r llyfr: *Gestianna*. Gofynnodd a oedd modd cael ei fenthyg. "I fenthyg o? Mi ges i'r llyfr, ac mae gennyf byth yn y tŷ."

Cafodd "Meibion y Don", y *libretto*, ei pherfformio gan gwmni opera Porthmadog am chwe thymor. Gorffennwyd cyfansoddi'r gerdd gan Tom Williams, gan i T. D. Edwards farw cyn ei chwblhau. Amser balch i Mr Jones oedd pan ddaeth Dame Sybil Thorndyke, a'i gŵr, Lewis Casson, i weld perfformiad yn Neuadd Goffa Cricieth. Gyda hwy roedd y nofelydd, John Drinkwater, a Syr Percy Watkins, Pennaeth Adran Gymraeg y Bwrdd Addysg yng Nghaerdydd. Roedd gan Dame Sybil dŷ haf, Bron y Garth, ym Mhorthmadog, ac ar ddiwedd y perfformiad diolchodd yn Gymraeg i bawb oedd wedi cymryd rhan. Pan ddechreuodd ar ei addysg, dysgid popeth i'r plant drwy'r Saesneg. Bellach mae wedi cwblhau 43 o flynyddoedd fel athro, 20 mlynedd ohonynt fel prifathro, a'i obaith yw na fychanwyd cymaint ar fywyd y plant o dan ei asgell ef. Roedd dysgu popeth yn Saesneg i blentyn Cymraeg ei iaith, ei agwedd, a'i deulu, yn gwneud i blant deimlo'n unig ac yn destun gwawd. Gadawai deimlad o anghyflawnder. Dilynodd hyn ef ar hyd ei fywyd. Gallai ei athrawes yn yr ysgol gynradd, Miss Griffiths, siarad Cymraeg yn iawn ond Saesneg oedd pethau'r ysgol. Un tro, roedd ar Mr Jones eisiau mynd i Gymanfa Ganu gyda'r teulu. Roedd y rhan gyntaf o'r gofyn yn weddol hawdd ond ni wyddai'r cyfieithiad o Cymanfa Ganu. Gwnaeth Miss Griffith sbort am ei ben o flaen y dosbarth, pob un yn gwawdio a chwerthin a hwythau, mae'n debyg, ddim yn gwybod chwaith mai *Singing Festival* oedd y cyfieithiad.

Dysgodd hyn wers bwysig iddo: bod angen bod yn ofalus iawn cyn beirniadu neb. Amheuai'n aml ai athrawon oedd y rhai iawn i drafod problemau plant ara' deg, gan na fuont yn sefyllfa'r plant hynny eu hunain. Âi allan o'i ffordd i weld beth a wnâi i blentyn ymddwyn mewn ffordd arbennig, a beth yw ei deimladau a'i ddiddordebau. Yn ystod y deugain mlynedd a thair, gwelodd chwyldro pwysig ym myd addysg. Nid yw mor ffurfiol ag y bu. Mae'r rhesi o ddesgiau, amserlen fanwl, a chynllun gwaith wedi mynd drwy'r ffenestr. Paratoir mwy i ennyn diddordeb plant.

Ar un cyfnod, pan oedd yr Arolygwyr Ysgolion yn debyg o ymweld ag ysgol, roedd athro neu athrawes yn mynd allan o'i ffordd i geisio cuddio'r plant mwyaf dwl. Roedd un enghraifft ganddo o dad yn dod ato a gofyn a fyddai'n iawn i'w fab deithio o'r wlad i'r ysgol yn y dref, gan mai'r unig beth oedd yn ei wneud yn yr ysgol oedd llnau'r iard a golchi car un o'r athrawon. Erbyn hyn, mae'r bachgen yn grefftwr penigamp.

"Un peth y dylai pob athro'i gofio," meddai Mr Jones, "yw fod hufen y disgyblion yn siŵr o adael yr ardal, ac yn aml y wlad, i geisio'u gwella eu hunain. Ond mae bechgyn a merched dosbarthiadau C a D yn debyg o aros. Hwy yw rhieni'r dyfodol ac os ydynt wedi cael sylfaen gadarn o addysg Gymraeg, mae eu plant yn siŵr o fanteisio. Mae'n ddiddorol gweld," meddai, "plant yn mynd adref ac yn siarad Cymraeg gyda rhieni nad ydynt yn ei deall. Mae'r rhieni wedyn yn mynd i ddosbarthiadau nos er mwyn iddynt fedru dilyn diddordebau eu plant. Er bod yr iaith Gymraeg yn cilio, mae lle i gredu," meddai Mr Jones, "y bydd yn bosibl gyda chydymdeimlad addysg, cynradd ac uwchradd, rwystro'r dirywiad ac adfer y cryfder. Mae gwersi Cymraeg yn fwy ymarferol na gwersi Lladin neu Ffrangeg ond pan ddefnyddir yr un dull i ddysgu Cymraeg â'r ddwy iaith arall, mae'n mynd yn fwrn a chollir diddordeb y plant."

Mr Jones oedd ysgrifennydd rhan amser olaf yr Eisteddfod Genedlaethol pan oedd yng Nghaernarfon yn 1959.

Ernest Roberts

Bu safon Cymreictod Bangor yn peri pryder i mi er pan ddywedodd geneth Gymraeg o'r ddinas yn ddiweddar ei bod hi a llawer o rai eraill yn dewis siarad Saesneg am fod pawb arall o'u cwmpas wrthi. A yw'n wir fod dinas un o golegau Prifysgol Cymru wedi ei Seisnigeiddio heb unrhyw ystyriaeth o'r niwed a wna hynny i'r cenedlaethau sydd i ddod? Gofynnais farn Mr Ernest Roberts, Eryl Môr, Bangor, un a fu'n ymwneud â sefydliadau cyhoeddus yn y cylch drwy gydol ei oes, ar y mater.

Dangosai ei ateb y fflach o hiwmor deifiol sy'n nodweddiadol o'r gŵr o fro'r chwareli. Nid oes amheuaeth nad un o hogia "Pesda" yw o hyd. Meddyliodd am eiliad cyn ateb: "A barnu oddi wrth wythnos ddathliadau gynamserol canmlwyddiant siarter Bangor a'i chloi gyda chystadleuaeth bwa a saeth ar bnawn Sul, y mae Cymreigrwydd Dinas Bangor wedi taro'r gwaelod. Ond mae gobaith am atgyfodiad pan glymir hi'r flwyddyn nesaf wrth Bethesda ac Ogwen."

Bu Mr Roberts yn gadeirydd Mainc Ynadon Bangor am flynyddoedd ac yn fawr ei barch gan y swyddogion a'r twrneiod y bu'n delio â hwy. Ni allaf siarad dros y troseddwyr a ddaeth o'i flaen drwy gydol y blynyddoedd ond mae'n siŵr fod amryw'n falch o'i eiriau o gyngor da. Roedd yn deyrngarol ac effeithiol. Gwelodd amryw o newidiadau yn ystod ei gyfnod ar y fainc. Ar y naill law, y lliniaru amlwg ar gosbau rhai troseddau ac, ar y llaw arall, y cyfyngu ar bwerau'r ynadon mewn achosion mwy difrifol, nes eu bod yn teimlo'n rhwystredig yn aml.

Rhoddwyd mwy o le i'r Gymraeg yn y Llys ond, gwaetha'r modd, roedd adegau pan oedd diffynyddion Cymraeg yn dewis rhoi tystiolaeth yn Saesneg, er y byddai ef neu'r clerc yn eu cynghori i siarad yn Gymraeg. Y canlyniad oedd gweld Cymro Cymraeg yn rhoi ei achos gerbron mewn Saesneg carpiog.

Er mai un o Fethesda yw, a chanddo gysylltiadau cryf â'r ardal hyd heddiw, daeth i weithio i Fangor pan oedd yn un ar bymtheg oed pan ymunodd â staff y Coleg Normal. Bu yno am dros hanner can mlynedd gan orffen ei yrfa yn Gofrestrydd y Coleg. Yn ystod y Rhyfel Byd Cyntaf, bu'n gwasanaethu yn Ffrainc am dair blynedd gyda'r *Royal Flying Corps*. Wedi'r rhyfel, daeth adref i Fethesda ac oddeutu 1920, gydag amryw o fechgyn ifainc eraill, cynorthwyodd i sefydlu cangen gyntaf y Blaid Lafur yn y cylch. Ef oedd yr ysgrifennydd am gyfnod, yn ogystal â bod yn ysgrifennydd Etholaeth Caernarfon a'r Pwyllgor Sirol. Bu hefyd yn aelod o Gyngor Dinesig Bethesda ac yn gadeirydd y Cyngor hwnnw.

Pan ddaeth i Fangor, dechreuodd gilio o'r llwyfan cyhoeddus pan wnaethpwyd ef yn Gadeirydd yr Ynadon, gan y teimlai nad oedd yn ddoeth iddo fod yn gadeirydd y fainc a chymryd rhan yr un pryd yng ngweithgareddau unrhyw blaid wleidyddol.

Yn ystod yr Ail Ryfel Byd, bu'n cynorthwyo i baratoi papur bach, "Cofion Cymru", a ddosbarthwyd i fechgyn a merched Cymru a oedd yn gwasanaethu yn y Lluoedd Arfog drwy'r byd. Ar ddechrau'r rhyfel hwnnw, penderfynwyd peidio â chynnal Eisteddfod Genedlaethol ar raddfa fawr ac fe drefnwyd bod Cyngor yr Eisteddfod, yn hytrach na phwyllgor lleol, yn cynnal Eisteddfod fechan. Trefnwyd i gynnal un 1943 yn Llangefni ond, ar y munud olaf, dywedodd y Llywodraeth y byddai'n annoeth ei chynnal yno gan fod peryglon gyda'r pontydd i'r ynys, ac ar fyr rybudd fe gymerodd Bangor yr Ŵyl.

Profodd y cyfnod hwn yn amser tyngedfennol ym mywyd Mr Roberts a'i gysylltiad â'r Eisteddfod gan iddo gael ei ddewis mewn cyfarfod cyhoeddus yn ysgrifennydd lleol yr Ŵyl. Cafodd naw mis i baratoi. Mae'n debyg i Gyngor yr Eisteddfod weld trefnydd a gweinyddwr medrus yn Ernest Roberts oherwydd, ymhen blwyddyn, gofynnwyd iddo fod yn ysgrifennydd cynorthwyol i Mr D. R. Hughes. Pan ymddeolodd Mr Hughes, gofynnwyd i Mr Roberts gymryd ei le fel cyd-ysgrifennydd â Chynan yn 1948. Parhaodd y cyfeillgarwch rhwng y ddau am bron i ddeng mlynedd ar hugain.

Yn 1971, a'r Eisteddfod eto ym Mangor, daeth yn amser i Mr Roberts ei hun ymddeol ac fe'i hanrhydeddwyd trwy ei ethol yn Gymrawd o'r Eisteddfod (nid oes ond pump o'r rhain ar y tro). Hefyd, fe'i hetholwyd yn un o is-lywyddion Anrhydeddus Gymdeithas y Cymmrodorion. Teimlai mai prin y gellid ystyried Eisteddfod Bangor yn 1971 yn un gofiadwy. Efallai, meddai, fod hynny'n wir am bob Eisteddfod a gynhaliwyd mewn tref Prifysgol yn ystod y blynyddoedd diwethaf. Wrth edrych ar ddyfodol yr Eisteddfod, dywedodd fod yn rhaid dibynnu ar gefnogaeth yr Awdurdodau Cyhoeddus i'r unig ŵyl Gymraeg sydd gennym fel cenedl. "Heb hynny, does dim gobaith iddi fyw ar ei phatrwm presennol," meddai.

Ar ôl dod i fyw i Fangor, ac ymuno â Chlwb yr Efail yn y dref, dechreuodd ymddiddori yn hanes ei hen fro, gan ei fod o fewn cyrraedd i Lyfrgell y Brifysgol. Heddiw, cydnabyddir ef yn brif hanesydd yr ardal - yn arbennig ar hanesion blin a thruenus y Streic Fawr yn Chwarel y Penrhyn rhwng 1900 ac 1903. Ysgrifennodd lyfr, *Bargen Bywyd Fy Nhaid*, wedi ei seilio ar yr adeg honno. Cyhoeddwyd y llyfr wedi i Mr Roberts draddodi darlith o'r un enw ar y radio a'r teledu ryw ddeng mlynedd yn ôl. Ceir hefyd yn y llyfr ysgrifau hanesyddol eraill. Yna, cyhoeddodd ail gyfrol, Ar *Lwybrau'r Gwynt*, hunangofiant yn adrodd hanes ei fywyd cynnar yn ardal Bethesda. Cymerwyd y teitl o gwpled gan Cynan:

"O gwyn fy myd pan oeddwn gynt
Yn llanc di-boen ar lwybrau'r gwynt".

Er na fanylodd ar achosion y Streic honno a ddaeth i ben gyda'r chwarelwyr wedi colli a dioddef safon byw israddol, digon yw dweud bod pethau yn nhref y chwareli yn ddifrifol o ddrwg cyn, yn ystod, ac ar ôl y cyfnod.

Cymharai arweinwyr yr Undebau'r adeg honno gyda'r rhai heddiw. Nid oedd dim politicaidd yn stamp pobl gyffredin troad y ganrif. "Rhaid cofio bod Undebwyr y cyfnod hwnnw yn ymladd dros eu safonau byw ac nad oeddynt yn eu cysylltu eu hunain ag unrhyw blaid wleidyddol fel y cyfryw. Mater personol i bob un ohonynt oedd eu crefydd a'u gwleidyddiaeth. Er enghraifft, Annibynnwr a Rhyddfrydwr oedd fy nhaid, Griffith Edwards, ysgrifennydd pwyllgor y streic, ond Tori ac Eglwyswr oedd Henry Jones, Cadeirydd y Pwyllgor."

"Rhag ofn i bobl feddwl fy mod yn ceisio elwa drwy sôn am y ddau lyfr, gwell i chi ddeud fod y ddau allan o brint, cyn i neb ddechrau rhedeg i'w siop lyfrau," meddai gyda gwên. Yn sicr, nid oedd hiwmor un a fu'n troi ym myd a phethau chwarelwyr wedi pallu.

W. T. Gruffydd

Drwy gydol y blynyddoedd, rwyf wedi clywed pobl yn dweud gymaint gwell fyddai'r hen fyd yma yn sgîl diwygiad. Roedd rhywbeth yn rhamantus ynglŷn â'r peth. Rhyw ddeffroad meddyliol a chorfforol, meddent.

Yr wythnos ddiwethaf, cwrddais â W. T. Gruffydd, gweinidog a phregethwr gyda 45 mlynedd o brofiad, yn ei gartref, Awelon, Llangefni, a chefais fy synnu braidd pan ddywedodd nad oedd y diwygiad wedi cael fawr ddim effaith arno ef. Roedd yn rhy brysur yn astudio.

Gwelais W. T. Gruffydd y tro cyntaf pan ymwelodd â Chapel Carmel, Moelfre, ac roedd yn amlwg y pryd hwnnw ei fod yn fonheddwr o'r iawn ryw. Byddai pobl wedi tybio y byddai rhywun sy'n cofio'r diwygiad yn glir yn meddu ar ddull hen-ffasiwn o bregethu ond hon oedd un o'r pregethau mwyaf modern a glywais erioed. Dyn anghyffredin iawn yw W. T.

Brodor o Landrygarn yw a bu'n astudio yn yr Ysgol Sir a gynhelid yr adeg honno yn Neuadd y Dref, Llangefni. Cofia'r diwrnod y daeth i'r ysgol newydd ar yr allt a chwarddodd wrth gofio mai brigau bach oedd y coed mawrion sydd o'i hamgylch erbyn heddiw. Gwyddoniaeth oedd ei bethau ac, ar y pryd, am dri mis yn 1904, bu'n dysgu yn Ysgol Penysarn. Aeth yn ôl i'r Ysgol i wneud Anrhydedd mewn Lladin a Chymraeg cyn mynd ymlaen i Goleg Bala-Bangor a'r Brifysgol lle graddiodd yn B.D.

Dechreuodd ei yrfa yn y weinidogaeth yn Hermon, Treorci, lle bu am wyth mlynedd. Wedyn i Bethania, Dowlais, Tabernacl, Llandeilo, gan wasanaethu am 45 mlynedd yn y De. "Cefais afael yn y byngalo 'ma a dod yn ôl i'r hen gynefin yn 1957 ar ôl ymddeol". Ond nid yw wedi ymddeol go iawn gan ei fod yn dal i bregethu bob Sul pan fo'i iechyd yn caniatáu. Ym Mhenysarn y pregethodd gyntaf, pan oedd yn bedair ar bymtheg oed, yng nghapel y Methodistiaid. Ei destun oedd Esboniad ar Efengyl Ioan gan Cynddylan.

Pan oedd yn ceisio mynd i'r weinidogaeth, roedd saith lle yn y Coleg a phump ar hugain o bobl yn ceisio mynediad. Heddiw, mae'r darlun yn llawer tywyllach. Ond yr adeg honno, meddai, y weinidogaeth oedd yr unig ffordd i enwogrwydd i'r werin, ond heddiw mae digon o bethau y gallent eu gwneud i wasanaethu eu cyd-ddynion. Cwestiwn a ofynnir yn aml yw pam mae 'na lai o gynulleidfa yn y capeli y dyddiau yma, a chred W. T. mai un o'r dwsinau o resymau yw fod y cyfryngau torfol wedi dod i wneud cymaint o'r pethau a wnâi'r capel gynt, a'u gwneud yn fwy effeithiol, gan fod ganddynt yr adnoddau.

Uno'r enwadau yw un o'r pynciau llosg ym myd crefydd heddiw, gyda chyfarfodydd yn trin a thrafod y posibiliadau. Tybia Mr Gruffydd y byddai dirywiad pellach yn gorfodi'r capeli i uno â'i gilydd fel Eglwys Rydd Cymru. Ni ŵyr a fyddai hynny'n sicrhau cynulleidfaoedd ond cred fod llawer o wastraff ar adnoddau ar hyn o bryd. Ond ni wêl yr Eglwys Esgobol yn ffitio i mewn i'r patrwm.

Mae'r oes heddiw yn fwy sgeptig ac agnostig, meddai, gyda phobol ifainc yn rhoi mwy o bwyslais ar yr agwedd gymdeithasol, a'r Eglwys yn edrych fwy at allan, ac yn y fan yma y daw diwygiad os daw un o gwbl. Crëwyd y diwygiadau cynnar drwy ofn, rhywbeth sy'n amhosibl heddiw gan fod pobl wedi cael mwy o addysg.

Ni chred fod pobl ifainc heddiw yn barod i dderbyn popeth sy'n cael ei ddweud wrthynt yn awdurdodol heb iddynt gael ffurfio eu canlyniadau eu hunain. Gwaetha'r modd, roedd gormod o'r Sefydliad ar ôl yn y Capeli, nad oedd yn barod i newid dim ar drefn pethau, ac am hynny nid oedd yr ifanc yn fodlon mynd i'r capel. "Os yw'r ifanc y tu allan heddiw, ac maen nhw, wedi i'r hen fynd, 'fydd 'na ddim byd yno. Fe all yr eglwys roi mwy o waith i'r ifanc. Mae 'na berygl fod gwasanaeth yn mynd yn ormod o fand un dyn."

Roedd ar bobl ifainc, meddai, eisiau i'r efengyl gael ei chyflwyno yn nhermau'r oes hon ac mae'r efengyl yn ddigon ystwyth i wneud hynny. Dylai pregethwyr geisio'u rhoi eu hunain yn lle Iesu Grist a meddwl beth fyddai ei agwedd ef at y gymdeithas pe bai'n landio yn Llangefni heddiw.

Gan ei fod yn cofio Ymneilltuaeth yn ei gogoniant, dywedodd na fyddai'n hoffi mynd i'r weinidogaeth heddiw. "Mae'r teimlad o 'sêt ni' yn gwasgaru pobl dros ddiffeithwch o seti; rwyf wedi ceisio heb lwyddo lawer tro i gael pobl i ddod at ei gilydd yn y canol. Byddai hyn yn hwylusach i'r pregethwr ac yn gynhesach i'r gwrandawyr."

Un o ddiddordebau pennaf W. T. yw'r mesur cywydd ac mae wedi ennill saith o wobrau am gywyddau yn yr Eisteddfod Genedlaethol ac yn Eisteddfod Môn. Enillodd hefyd y Fedal Ryddiaith yn Aberdâr. Ef yw Archdderwydd Gorsedd Beirdd Môn ers tair blynedd ac mae hefyd yn aelod o'r Orsedd Genedlaethol. Mae wedi ysgrifennu llyfrau, un gyfrol Saesneg yn dwyn y teitl *Samson in Gaza*. Un arall yw *Crist a'r Meddwl Modern* a greodd dipyn o gynnwrf. "Roedd y beirniaid yn dweud nad oeddwn yn gryf yn y Ffydd," meddai. Llyfr arall a ysgrifennodd oedd *y Pwrpas Mawr*, a drafodai wyddoniaeth a diwinyddiaeth.

Tan yr wythnos ddiwethaf, ef oedd Cadeirydd Cwrdd Chwarter Môn, a'i olynydd yw Miss Elizabeth Jones, Talwrn, y ddynes gyntaf i ddal y swydd. Roedd *Women's Lib* wedi cyrraedd y Cwrdd hyd yn oed, meddai.

Wrth adael Awelon, wedi sgwrs hir a braf, teimlwn yn falch fod 'na bregethwyr fel W. T. ar ôl. Mae amryw'n colli llawer wrth beidio â mynd i wrando arno ar y Sul, a gobeithiais na fyddai'n hir iawn cyn y cawn ei glywed unwaith eto yng Ngharmel.

W. J. Jones

Gwendid llawer o bobl yw nad ydynt yn manteisio ar y cyfle i wneud rhywbeth gwahanol pan fo'r cyfle'n codi. Yn lle neidio i'r dwfn a gwneud y gorau o bethau, maent yn dal yn ôl ac efallai'n edifarhau ymhen blynyddoedd. Ond nid felly y mae rhai pobl yn trin eu bywydau. Iddynt hwy, mae menter newydd yn antur, yn rhywbeth sydd yn werth gwneud y gorau ohoni. Felly'n wir y gwelodd Mr W. J. Jones, llyfrgellydd Dinas Bangor, y sefyllfa rai blynyddoedd yn ôl.

Cymerodd ef y cyfle, pan ddaeth yn 1948. Cyn hynny, bu'n gweinyddu mewn gwahanol swyddi gyda Chwmni Crosville yng Nghaernarfon lle ganwyd ac y magwyd ef. Bu'n llyfrgellydd Caernarfon am gyfnod. Yn dilyn cwrs a darlithoedd am bedair blynedd ac ysgol haf i lyfrgellwyr, fe'i cymhwysodd ei hun yn Llyfrgellydd Siartredig yn 1953. Penodwyd ef yn Llyfrgellydd Bangor ymhen ychydig.

Yr adeg honno, roedd y llyfrgellydd hefyd yn gweinyddu fel clerc Pwyllgor Amcanion Cyffredinol y ddinas a thrwy hynny cafodd brofiad o gyhoeddi a golygu Teithlyfr Bangor dros y blynyddoedd. Dywedodd ei fod wedi penderfynu bod yn llyfrgellydd gan fod mwy o gyfle yn y swydd i ddatblygu ac ar yr un adeg i ymuno â'r proffesiynau. Ar y dechrau, gwnaeth aberth ariannol ond erbyn hyn mae pethau'n llawer gwell, a'r swydd yn llawn mor ddiddorol. "Roeddwn yn ddarllenwr mawr, a diddordeb gennyf mewn gwaith llyfrgellydd, a phan ddaeth y cyfle imi roi cynnig am y gwaith fe'i cymerais," meddai Mr Jones.

Yn ystod y blynyddoedd hynny, roedd pethau'n dra gwahanol mewn llyfrgelloedd, gyda llyfrau hen a thoredig, ac ychydig iawn o gystadlu rhwng y llyfrgelloedd cyhoeddus a'r rhai a redwyd gan gwmnïau fel Boots a W. H. Smith.

Ond newidiodd pethau ac erbyn hyn mae'r gwasanaeth cyhoeddus wedi rhoi terfyn ar y gwasanaeth yn y siopau.

I raddau helaeth, mae Mr Jones wedi canolbwyntio yn ystod ei yrfa ar y gwasanaeth i blant. Pan ddechreuodd fel llyfrgellydd yng Nghaernarfon, dim ond rhyw 450 o lyfrau a ddosbarthwyd i blant y dref. Ymhen dwy flynedd, cododd y nifer i 10,000. Y rheswm pennaf am hyn oedd nad oedd llawer o lyfrau da ar gael a, hefyd, nid oedd yr un plentyn dan ddeg oed yn cael benthyca llyfrau. "Trwy gael mwy o lyfrau a diddymu rheolau gwirion, fe lwyddwyd i godi'r nifer yn sylweddol," meddai. Gwelwyd yr un patrwm o ddatblygu ar ôl iddo symud i Fangor. Yn 1953, dosbarthwyd dros 7,700 o lyfrau ac ymhen dwy flynedd roedd y nifer yma wedi codi i dros 16,000. Erbyn 1963, roedd y nifer wedi cyrraedd pinacl o 35,000 ond erbyn heddiw gostyngodd i tua 28,000.

Hyd y gwelai ef, doedd dim dadl nad oedd llai o lyfrau'n cael eu darllen y dyddiau hyn. Roedd y teledu a chyfryngau eraill yn dod ag addysg a mwynhad i mewn i gartrefi pobl. Ond nid oedd Mr Jones yn pryderu am y sefyllfa gan fod yr un peth wedi digwydd i'r llyfr drwy'r oesoedd. Pobl yn canfod rhywbeth arall i'w wneud am gyfnod ac wedyn dod yn ôl at y llyfr.

Gwelodd ddatblygiadau fel y *microfiche* a'r *microcard* ar gyfer argraffu llyfr cyfan ar damaid o ffilm ychydig mwy na cherdyn post. Trwy ddefnyddio'r technegau hyn, roedd yn bosibl cario llyfrgell Bangor yn gyfan mewn trwnc. Credai amryw mai dyma binacl technoleg ond ar sodlau'r *microfiche* daeth yr *ultrafiche* a oedd yn gwneud gwaith gwell fyth. Erbyn heddiw, mae'n bosibl cario llyfrgell Bangor mewn cês dillad!

Mae Mr Jones yn gysylltiedig â phob mudiad diwylliannol ym Mangor gan gynnwys y Cylch Cinio Cymraeg (ef yw'r llywydd eleni), Clwb yr Efail a Chlwb y Cymry yn y ddinas. Tros y blynyddoedd, cyfieithodd ryw 1,000 o ganeuon pop a chaneuon clasurol i'r Gymraeg ar gyfer y teledu, ac ef yw awdur y pantomeim Cymraeg cyntaf a ddarlledwyd yn 1967 gan *TWW*, cyfieithiad o "Cinderella". Mae'n flaenor yng Nghapel Pendref, ac yn y pymtheng mlynedd diwethaf bu'n bregethwr lleyg. Dechreuodd ar y gwaith ar ôl gwasanaethu mewn achosion cenhadol yng Nghaernarfon.

Tra oedd yn gwasanaethu gyda'r Llu Awyr yn y Dwyrain Canol adeg y rhyfel diwethaf, bu'n ysgrifennydd Cymdeithas Gymraeg Cairo am ddwy flynedd a hanner. Roedd gan y gymdeithas ei chapel ei hun yno, a chadeiriwyd Mr Jones yn ei heisteddfod yn 1943.

Doedd Mr Jones ddim yn teimlo bod yr amser yn addas i drafod dyfodol llyfrgelloedd ac i ble maent yn debyg o fynd yn ystod y blynyddoedd nesaf ond teimlai fod ad-drefnu llywodraeth leol yn taro'n drwm am na ŵyr neb beth fydd tynged llyfrgell Bangor, er enghraifft. Er hyn i gyd, roedd yn berffaith ffyddiog, pwy bynnag fydd yn rheoli, y bydd y llyfrgell yn dal i arloesi'r ffordd fel y mae wedi'i wneud yn y gorffennol ym mywyd diwylliannol Cymru. "Arwyddair y *WEA* yw 'Lleufer dyn yw llyfr da' a'm gobaith i yw y bydd llyfrgell Bangor yn dal i ddosbarthu ffrwyth meddyliau pobl fwyaf ein hoes beth bynnag fo'u lliw politicaidd, crefyddol, neu ddiwylliannol," meddai.

T. C. Simpson

Methiant addysgol, yn aml, sy'n gyfrifol am i bobl orffen yn yr ysgol. Os nad ydynt yn ddigon da i fynd ymlaen yn academaidd, y peth gorau i bawb yw iddynt ymadael. Ond gwahanol iawn fu diwedd gyrfa addysgol Mr T. C. Simpson, 24 Stryd y Bont, Llangefni, a gwrddais yn ei gartref yr wythnos ddiwethaf. Ni fyddai'r un peth yn bosibl heddiw, ond mae'n arwyddocaol o'r ffordd yr oedd plant yn cael eu trin mewn ysgolion ddechrau'r ganrif.

Un o broblemau mawr T. C. yn yr ysgol oedd y ffaith ei fod yn fyr ei olwg. Pan oedd yn ysgrifennu ar lechen o'i flaen, nid oedd hynny'n fawr o broblem ond cyn gynted ag yr oedd pethau'n mynd ar y bwrdd du, roedd yn stori wahanol. Yn ystod y gwersi cyffredinol, gallai ofyn i'w ffrindiau beth oedd wedi ei ysgrifennu ar y bwrdd ond, gwaetha'r modd, daeth yn amser arholiadau ac roedd y prifathro, Mr Davies, yn yr ysgol *British*, yn dipyn o hen gythral yn ôl Mr Simpson. Roedd ei ffrind newydd ddweud wrtho beth oedd y syms ar y bwrdd du pan welodd Mr Davies hwy. Tybio wnaeth o, mae'n debyg, fod y ddau yn copïo. Galwyd ar Mr Simpson o flaen y dosbarth ac wrth afael yn ei glust, gofynnodd Davies i'r dosbarth, "Is this boy fit to be in this class?". Daeth yr ateb "No", yn unfrydol. "Roeddwn yn dair ar ddeg oed ac yn *Standard 7* 'radeg honno. Trois ar fy sawdl ac ni fûm yn ôl yn yr Ysgol *British* wedyn," meddai.

Ryw dro arall yn Llangefni, roedd criw o fechgyn wedi codi band adeg y Nadolig i fynd i ganu carolau. Tuniau oedd yr offerynnau, yn gwneud sŵn dros y wlad. Wrth fynd drwy'r strydoedd un gyda'r nos, gwelsant blismon yn disgwyl amdanynt. Taflwyd tuniau i bob cyfeiriad a phob un o'r bechgyn ifainc yn ei heglu hi o'r neilltu. Penderfynodd T. C. a dau o'i gyfeillion fod ganddynt well siawns o ddianc wrth fynd drwy'r fynwent ac wedyn draw dros yr afon i ddiogelwch. Neidiodd pawb arall heb lol dros yr afon ond unwaith eto gadawyd T. C. i lawr gan ei fyr olwg ac fe gwympodd at ei wddw i'r afon.

Ar ôl iddo adael yr ysgol, dechreuodd weithio fel *waiter* mewn bwyty yn y dref am chweugain yr wythnos. Arferai lanhau esgidiau gwesteion a chario'u bagiau o'r Orsaf. Peth arall a ddysgodd ei wneud yno oedd pwyso moch ac ymhen ychydig gallai ddweud pwysau mochyn wrth edrych arno.

Ei nain wnaeth ddechrau Capel Lôn y Felin, i bobl dlota Llangefni ar y pryd. Erbyn heddiw, mae'r hen gapel yn dal i fynd ac yn un o'r rhai mwyaf llewyrchus yn Sir Fôn. Mr Simpson yw'r codwr canu yno ac ef yw Arolygwr yr Ysgol Sul. Cred fod y Capel yn llwyddiannus am nad oes blaenoriaid yno. Caiff y gynulleidfa gyfle i ddweud beth sydd arnynt hwy ei eisiau. Yn wahanol iawn i lawer o gapeli eraill, hefyd, mae pobl ifainc y dref yn cymryd rhan flaenllaw yng ngweithgareddau'r Capel. Teimla Mr Simpson y gwnâi pobl ifainc yr hyn a allent pe bai mwy o oedolion yn gofyn iddynt wneud hynny. Nid yw plant heddiw ddim mwy na llai direidus, meddai, ond mae ambell garfan ar adegau yn achosi difrod heb fod eisiau. Pan oedd ef yn ifanc, roedd yn rhaid creu adloniant. Un o'r pethau mwyaf llewyrchus oedd y sioe flodau a llysiau yr arferai'r plant ei chynnal. "*Benthyg* y blodau a'r llysiau o erddi pobl yr oeddem ni. Cofiaf yn iawn un adeg pan ddaeth gwraig y gweinidog heibio a gwên siriol ar ei hwyneb. Daeth at ochr ei gŵr a dweud wrtho eu bod yn debyg i'r rhai yn eu gardd. Dim rhyfedd, oherwydd oddi yno y daethant ychydig ynghynt".

Er iddo fod yn adnabyddus mewn cyngherddau a nosweithiau llawen, mae'n debyg mai fel postman y byddai amryw yn ei adnabod orau. Bu yn y gwasanaeth am 41 mlynedd nes ymddeol yn 1955. Ar y dechrau, roedd yn ei throedio hi o amgylch Rhosmeirch ac i lawr i gyfeiriad y Gaerwen, rhyw un filltir ar bymtheg i gyd. Am gyfnod wedyn, bu'n defnyddio'i feic ei hun a chael saith a dimai am wneud hynny. Wedyn, daeth y beic modur a faniau. Am gyfnod, bu'n hyfforddi yng Nghyffordd Llandudno ac ar y diwedd roedd wedi pasio popeth, ond methodd yn lân am amser maith â meistroli'r grefft o wneud cwlwm na ddatodai wrth daflu llythyrau o gwmpas.

Yn ystod y rhyfel, ac yntau wedi methu â chael ei dderbyn i'r fyddin, parhaodd gyda Swyddfa'r Post. Galwodd y *BBC* arno i gymryd rhan mewn sgwrs ar "*Driving in the blackout*". Nid oedd rhoi sgwrs fel hyn yn boen o gwbl iddo, meddai, gan ei fod wedi arfer ar lwyfannau. Ond, wrth gwrs, pan ddaeth dyn rownd a dweud wrtho nad oedd ganddo ddim i boeni yn ei gylch, er bod y byd i gyd yn mynd i wrando ar ei eiriau, llanwodd ei ystumog *â butterflies*. Fodd bynnag, fe aeth pethau'n iawn, ac ymhen ychydig amser cafodd lythyr gan bostman o'r Unol Daleithiau yn gofyn iddo newid lle gydag ef. Ond roedd gwreiddiau T. C. yn rhy ddwfn yn Llangefni.

Dr R. Tudur Jones

Pe bai gan Dr R. Tudur Jones, Prifathro Coleg Bala-Bangor, arwyddair, hwn fyddai: "Wnaeth gwaith ddim lladd neb erioed. Gwaith yw'r adloniant gorau". A chan ei fod yn gweithio un awr ar bymtheg y dydd, mae Dr Jones yn arbenigwr ar y mater. Mae'n dotio bod pobl yn gwastraffu amser yn chwilio am rywbeth i'w gwneud nhw i chwerthin. Yn ei farn ef, diweithdra yw'r peth mwyaf digalon a all ddigwydd i berson. Rhydd y teimlad iddynt nad oes ar neb eu heisiau. Ac un o broblemau mawr y byd yw fod gormod o laesu dwylo yn creu anhapusrwydd.

Dywedodd Dr Jones ei fod yn ei theimlo'n fraint gallu gweithio cymaint ac na fyddai'n werth dim mewn Undeb Llafur yn gofyn am oriau gweithio o chwe awr y diwrnod gan na fyddai'n gwybod beth i'w wneud â'r amser fyddai dros ben. Ar hyn o bryd, nid oes ganddo amser i hamddena yn ystyr gyffredin y gair ond, serch hynny, mae'n hapus yn ei waith. Yn wir, ei waith yw ei hamdden i raddau helaeth. Gofynnais iddo am fywgraffiad byr ac fe'i cefais, yn fyr ac yn gryno. Ganwyd Dr Jones yn y Rhyl. Fe'i haddysgwyd ym Mangor, Rhydychen a Strasbourg. Arbenigodd yn y Colegau mewn Hanes, Athroniaeth a Diwinyddiaeth. Bu'n weinidog yn Aberystwyth cyn symud i Goleg Bala-Bangor ddwy flynedd ar hugain yn ôl.

Ychydig dros bum mlynedd yn ôl, pryderai Dr Jones a phobl eraill yn y byd diwinyddol fod cyn lleied o bobl yn ymgeisio am y weinidogaeth. Erbyn hyn, mae'r sefyllfa wedi gwella ac eleni derbyniwyd i'r coleg bump o fyfyrwyr a oedd yn dymuno mynd i'r weinidogaeth. Mae mwy o ymgeiswyr nag ar unrhyw adeg er pan dderbyniwyd Dr Jones i'r coleg yn 1939.

Dywedodd fod diddordeb mawr yn y gwaith ymhlith yr ifanc sy'n barod i wrando ar beth sydd y tu ôl i grefydd. Nid yw'n hawdd deall, felly, pam nad yw'r ifanc yn mynychu capeli, ond efallai mai un eglurhad yw fod y genhedlaeth hŷn yn brennaidd yn ei hagwedd ac yn amharod i dderbyn diddordeb ysol yr ifanc. Y canlyniad yw fod y bobl ifainc yn teimlo nad oes croeso iddynt yn y capeli. Problem y mae amryw yn ei rhagweld yw capeli'n cau a dywedodd Dr Jones fod hynny'n eitha posibl. Mae'n gostus cadw adeilad fel capel a gwelai adeg pan fyddai rhai'n cau. Ond, ar yr un pryd, roedd yn ffyddiog y byddai Cristnogion yn dal i ddod at ei gilydd i addoli, efallai mewn adeilad sy'n fwy addas i anghenion y gymdeithas i gyd.

Teimlai fod Bangor wedi Cymreigio'n arw o gymharu â phan ddaeth i'r ddinas gyntaf. Yr adeg honno, roedd rhai siopwyr yn gwahardd eu gweithwyr rhag siarad Cymraeg â chwsmeriaid. Heddiw, mae pethau wedi newid yn gyfan gwbl, gyda'r gweithwyr sy'n gallu Cymraeg yn cael gorchymyn i siarad yr iaith gyda chwsmeriaid.

Bu cenedlaetholdeb a phethau gwleidyddol yn dilyn Dr Jones er pan fu yn y Coleg. Digwyddiad a gafodd gryn argraff arno oedd cyfarfod Martin Niemöller - gweinidog a oedd yn un o wrthwynebwyr Hitler - ar ôl i Niemöller fod mewn gwersyll carchar yn yr Almaen. Fe'i carcharwyd ar ei ben ei hun am dair blynedd allan o chwech a hynny mewn cell gyda ffenestr yn wynebu'r fan lle crogwyd rhai cannoedd o bobl. Nid oedd hyn wedi effeithio dim ar Niemöller, a sylweddolodd Dr Jones peth mor ddychrynllyd o gryf yw argyhoeddiad crefyddol.

Troes Dr Jones at Blaid Cymru am ei fod yn gweld bod holl draddodiadau Cymru mewn perygl. Bu'n ymgeisydd y Blaid ym Môn ddwy waith - yn 1959 ac 1964. Hyd Awst eleni, ef oedd golygydd papur y Blaid, "Y Ddraig Goch". Cred mai'r trobwynt i'r Blaid yng Nghymru oedd boddi Tryweryn, er i wyth o bob deg o'r bobl wrthwynebu'r boddi. Gwelodd pawb nad oedd eu teimladau'n cael eu trosglwyddo i Dŷ'r Cyffredin. Ers hynny, mae'r ymdeimlad cenedlaethol wedi cynyddu'n sylweddol. Cred y bydd adroddiad Kilbrandon yn argymell rhyw gymaint o ddatganoli i Gymru ac y caiff y wlad ymdrin â'i bywyd ei hun. Un peth a ofna yw na fydd y Senedd yn ddim amgenach na chyngor crand heb bwerau. Gobeithiai y gallai'r Senedd fagu dannedd ac, wedi eu magu, eu defnyddio.

Roedd Dr Jones wedi ei synnu i raddau fod cymaint o bobl yn siarad Cymraeg er bod pethau wedi gwaethygu yn ystod y deng mlynedd diwethaf. Nid oedd ganddo fawr o ffydd yng Nghyngor yr Iaith, a allai wneud cymaint pe bai'n bwrw iddi'n benderfynol. Gallai pob Cymro unigol wneud ei ran i ddysgu pobl i siarad Cymraeg. Peth trist iddo yw gweld nad yw pobl wedi sylweddoli fod trai'r Gymraeg yn digwydd oherwydd bod Cymry yn mynnu siarad Saesneg yng nghwmni Saeson. Roedd yn amser cael 'madael â'r syniad dwl o anghwrteisi. Os oedd dynion busnes o Loegr yn gallu dysgu siarad Ffrangeg, ac ieithoedd eraill, mewn byr amser, nid oedd dim i'w rhwystro rhag dysgu Cymraeg ychwaith.

Dros y blynyddoedd, mae Dr Jones wedi ysgrifennu amryw o lyfrau ac yn eu plith hanes yr Annibynwyr, *Yr Ysbryd Glan*, a hanes Vavasor Powell. Cyhoeddwyd ei lyfr *Ffydd yn y Ffau* ryw dri mis yn ôl a chyn y Nadolig cyhoeddir llyfr Saesneg ganddo, *The Desire of Nations*.

Tom Morris

Yn nhyb yr Henadur Tom Morris, tlawd yw aelwyd ei gartref yn 10 Lôn Groes, Llanllechid, ond, i rywun fel fi a fu yno, mae'n gyfoethog iawn ei theyrngarwch a'i hegwyddor. Dilynodd y ddwy nodwedd hyn ef drwy gydol ei yrfa fel chwarelwr, Sosialydd ac undebwr - yn nhrueni rhyfel Mesopotamia, ar lwyfannau cyhoeddus, ac yn Siambr y Cyngor Sir yng Nghaernarfon lle mae ei ddawn i areithio yn peri i athronwyr weithredu ac i'r cyffredin ddeall.

Anodd iawn yw cofnodi popeth y mae Tom Morris wedi ei wneud mewn colofn fer. Un o blant Caellwyngrydd, Rachub, ydyw ac fe'i ganed yn y tŷ cyntaf yn Stryd Tanyffordd, Penrallt, ar Hydref 29, 1899. Roedd yn un o saith o blant. Chwarelwr cyffredin oedd ei dad ond roedd yn ddyn diwylliedig a gymerodd ran flaenllaw yn Streic Fawr 1900. Safodd ef a rhai tebyg iddo yn gadarn wrth eu hegwyddorion hyd y diwedd, er iddo gael ei atal rhag gweithio mwyach yn chwarel yr Arglwydd Penrhyn. Dynes garedig, ddistaw ei natur, oedd ei fam, bob amser yn gywir ei chynghorion i'r plant.

Magwyd ef ar aelwyd hapus ac un o drefniadau'r Sul oedd i'r plant fynd i'r Ysgol Sul gyda'u tad, a oedd yn athro ar eu dosbarth. Athro arall arnynt oedd J. H. Williams (Heulyn), chwarelwr wrth ei waith a bardd yn ei amser hamdden.

Enillodd wobr yn Eisteddfod Genedlaethol Bangor yn 1872, a phrin y tybiai Mr Morris, pan oedd yn ddisgybl iddo, y byddai'n sgrifennu hanes ei fywyd ryw ddeugain mlynedd yn ddiweddarach.

Wedi gadael Chwarel y Penrhyn, symudodd ei dad i Chwarel Pantdreiniog, a'r arfer oedd dod adref am ei ginio gyda'r teulu. Dyna a ddigwyddodd ar Ebrill 10, 1908, a'r teulu oll yn hapus am hanner dydd. Ond, yn sydyn, am un o'r gloch, daeth y trychineb mwyaf ofnadwy i ran y Morrisiaid. Lladdwyd y tad wrth ei waith a chariwyd ei gorff i'r tŷ tua dau o'r gloch, at weddw a orfodwyd i fagu saith o blant rhwng deng mis oed a phedair ar ddeg oed. Cafodd hyn gryn argraff ar Tom Morris, yn enwedig wedi gweld ei fam yn cael iawndal o £120 ar ôl brwydro drwy'r llys. Talwyd yr arian fesul dwybunt ar y diwrnod cyntaf o bob mis. "Pan fyddaf yn cofio'r amser hwnnw, mae fy ngwaed yn berwi wrth feddwl am gyfundrefn mor uffernol ac annynol mewn gwlad wareiddiedig mewn enw".

Ychydig iawn o amser chwarae oedd gan Tom Morris, pan oedd yn ifanc, ond cofia un adeg pan oedd ef a chriw o fechgyn eraill wedi mynd i ymdrochi yn Llyn Corddi, Coetmor. Roedd pawb yn llawn hwyl pan ddaeth llais o unlle yn y byd a dweud eu bod wedi cael eu dal o'r diwedd. Twm Coetmor oedd hwn a dihangodd y bechgyn i lawr Lôn Bach Odro yn noethlymun groen - cofier "mai *luxury* oedd *bathing costume* 'radeg honno". Ymhen amser, aethant i gyd tuag at gartref Twm Coetmor i gael eu dillad yn ôl. Roedd y cyfan wedi eu cymysgu yn un llwyth ar y llawr a mam Twm yn cael hwyl fawr yn edrych arnynt yn didoli'r dillad.

Dechreuodd weithio yn y chwarel pan oedd yn dair ar ddeg oed, am ychydig o sylltau, o 7 a.m. tan 5.30 p.m. bob dydd. Pan oedd yn ddwy ar bymtheg oed, ymunodd â'r fyddin a bu ar y cyfandir am dair blynedd. Wedi dychwelyd, cofiai'n iawn am brofiadau ei blentyndod a chymerodd ddiddordeb mawr mewn undebaeth. Cymerodd ran flaenllaw yn y mudiad am hanner can mlynedd gan lenwi pob swydd yn ei thro. Teimlai'r adeg honno, a heddiw, mai'r unig waredigaeth i'r werin gyffredin yw Sosialaeth.

Yn y dau-ddegau, roedd ef a gweithwyr eraill yn ymwybodol o'u dyletswydd i sefydlu cronfa Ysbyty i roi cymorth i deuluoedd. Sefydlwyd Cronfa Ysbyty Chwarel y Penrhyn yn 1923. Talai pawb geiniog yr wythnos i ymuno a phan gaewyd y gronfa yn 1948, pan sefydlwyd y gwasanaeth lles, roedd rhwng 7,000 ac 8,000 o aelodau.

Etholwyd ef ar y Cyngor Sir yn 1939 ac ymhen blwyddyn teimlai'r aelodau y dylai'r Gymraeg gael yr un urddas a statws mewn ysgolion ag a roddid i iaith estron fel Saesneg. Sefydlwyd polisi dwyieithog ymhen saith mlynedd. Teimlai'n bersonol, wedi ei sefydlu, na allai'r Pwyllgor Addysg fod yn gyson heb fabwysiadu'r un egwyddor. Wedi brwydro'n galed, derbyniwyd ei gynnig i wneud hyn yn 1949, a Chaernarfon oedd yr awdurdod cyntaf yng Nghymru i wneud hynny. Tua'r flwyddyn 1957, cyfeiriodd ei sylw at Gymdeithas yr Awdurdodau Lleol ond ni chafodd lawer o groeso gyda'i syniad. Ond, ymhen amser, mabwysiadodd hwnnw hefyd bolisi dwyieithog. Yn 1967, dywedodd wrth y Cyngor Sir am olchi carreg ei ddrws ei hun a mabwysiadu'r un polisi, a hynny a wnaethpwyd.

Nid problem newydd yw diweithdra yn y cylch a thrwy gydol ei fywyd bu Mr Morris yn brwydro i greu sefyllfa well i bobl. Yn ystod ei gyfnod yn gadeirydd y Cyngor Sir, gwelwyd dyfodiad ffatri Ferodo i'r cylch, yn cyflogi 800 o bobl. Mae hefyd yn falch o'r ffaith fod y Cyngor Sir wedi prynu safle 40 erw yn Llandygái, ac wrthi'n prynu 14 arall.

Dywedodd ei fod cystal Cymro â'r nesaf a'i fod wedi rhoi rhan helaeth o'i fywyd i sicrhau urddas i'r iaith ond cred mai gyda dulliau cyfansoddiadol a chyfreithiol y mae gweithredu ac nid fel y gwna Cymdeithas yr Iaith. Pe baent yn peidio â malu arwyddion a'u paentio, meddai, byddai'n falch o ymuno â hwy ar unrhyw lwyfan cyhoeddus i ddadlau eu hachos.

Dau o'i bryderon mawr yw achos yr henoed a'r ffaith nad oes ysbyty newydd ym Mangor. Dylai pawb fynd allan o'i ffordd i wneud cyfiawnder â'r henoed sydd wedi rhoi'r rhan helaethaf o'u bywydau i greu cyfoeth i eraill tra bônt hwy'n gorfod cardota.

Yn sicr, bydd ôl ei waith yn gofgolofn i Tom Morris yn y blynyddoedd a ddaw.

⋘∞⋙

Dr J. A. Davies

Daeth Dr J. A. Davies yn Brifathro'r Coleg Normal, Bangor, bedair blynedd yn ôl, yng nghanol cyfnod o newid, a heddiw mae'n llywyddu dros fwy o gyfnewidiadau a ddaw i ben yn gynnar yn yr wyth-degau. Penodwyd ef gan

Bwyllgor Siroedd Gogledd Cymru, a gafodd ei ailwampio mewn ychydig fisoedd yn Gyd-bwyllgor Addysg Gogledd Cymru, a byth er hynny bu newidiadau ar y gweill.

Yn ystod y blynyddoedd nesaf, bydd y Coleg, yr un anenwadol cyntaf yng Nghymru, yn cynnig graddau arbennig a graddau anrhydedd mewn amryw o feysydd mewn canolfan newydd. Un o'r problemau mawr fydd cadw cymeriad y Coleg Normal y tu mewn i gyfundrefn addysg newydd. Yn sgîl y newidiadau, bydd yn rhaid i fyfyrwyr ennill dau bwnc lefel A cyn y cânt eu derbyn i'r Coleg ac, yn nhyb Dr Davies, mae'n beth da i blant ac athrawon fod statws y myfyrwyr yn mynd i godi. Mae'n anodd dweud, meddai, a fydd mwy o raen ar fyfyrwyr am fod ganddynt ddau lwyddiant lefel A oherwydd mae amryw o ffactorau ynglŷn â dysgu plant - pethau fel amyneddgarwch, agwedd gydymdeimladol, personoliaeth, a'r ddawn i ddysgu. Gallai person ennill gradd anrhydedd dosbarth cyntaf a methu sefyll o flaen dosbarth o blant. Cynllunnir ar hyn o bryd am 114,000 o athrawon mewn colegau yng Nghymru a Lloegr, ond erbyn yr wyth-degau bydd y ffigwr i lawr i 75,000.

Ni thyb Dr Davies y bydd hyn yn creu prinder athrawon oherwydd bod digon o swyddi i'w cael os yw pobl yn fodlon symud o gwmpas Prydain. Gwaetha'r modd, yng nghefn gwlad Cymru mae yna fwy o athrawon nag sydd o swyddi ar eu cyfer. Bu Cymru'n allforio athrawon erioed ond erbyn heddiw mae sefydliadau yn Lloegr yn hyfforddi eu hathrawon eu hunain. Gwêl y lleihad mewn nifer yn beth da i Gymru gan y bydd mwy o amrywiaeth mewn swyddi ond teimla, i fod yn sinigaidd, mai rhesymau cyllidol sydd y tu ôl i lawer o'r newidiadau a elwir yn rhai addysgiadol.

Brodor o Sir Benfro yw Dr Davies, ac wedi iddo raddio mewn Coleg yn Llundain a dysgu yno am gyfnod, bu'n Swyddog Addysg Bellach Sir Benfro, ac yna'n ddarlithydd mewn addysg yng Ngholeg y Drindod, Caerfyrddin. Wedyn, am gyfnod, bu'n Ddirprwy Gyfarwyddwr Addysg Sir Benfro ac yna'n Gyfarwyddwr Addysg Sir Drefaldwyn cyn dod i Fangor.

Yn ystod y rhyfel, gwasanaethodd gyda'r Llu Awyr. Wrth hedfan mewn Lancaster *Bomber* ar ei ail daith i'r cyfandir, cafodd ei awyren ei saethu i lawr, ar y ffordd i Leipzig. Cyfarfu â'r *Resistance* ac ar ôl cael enw ffug a phapurau ffug, gwnaeth ei ffordd i lawr i wlad Belg. Cafodd ei ddal yn Antwerp. Roedd hynny yn 1943, ac ar ôl cyfnod mewn carchar bu mewn gwersyll i garcharorion rhyfel yn

Brussels. Pan ddechreuodd y Rwsiaid dorri trwy linellau'r Almaenwyr yn 1945, aethpwyd â'r carcharorion o fewn 30 milltir i Berlin, i wersyll arall yn Luchenwolde. Tra bu'n gaeth, fe ffurfiodd Gymdeithas Gymraeg i tua 30 o ddynion, a bu'r grŵp gyda'i gilydd hyd y diwedd. Un o'r rhain oedd Mr C. Williams, sydd erbyn heddiw yn brif borthor yn y Brifysgol. Roedd y gymdeithas yn un weithgar ac yng nghanol miloedd o ddynion eraill bu'n gymorth aruthrol, meddai Dr Davies.

Er ei fod yn aelod o amryw o bwyllgorau y tu mewn a'r tu allan i'w fywyd academaidd, cred fod bywyd yn gyfoethocach oherwydd y diddordebau hyn. Yn eu plith, mae'n gadeirydd Bwrdd Ffilmiau Cymru, yn is-gadeirydd Pwyllgor Ymgynghorol y *BBC*, aelod o bwyllgor gwaith Cymdeithas y Celfyddydau yng Ngogledd Cymru, aelod o'r Cyngor Prydeinig, aelod o Bwyllgor Gwaith Mudiad y Ffermwyr Ifainc yng Nghymru, ac aelod o Bwyllgor Addysg Môn ac Arfon.

Yn briod, mae ganddo ddwy ferch, Siân sy'n ddeuddeg oed, a Rhian sy'n un ar ddeg oed. Gobeithia gyhoeddi llyfr cyn y flwyddyn newydd yn dwyn y teitl *Education in a Welsh Rural County, 1870 to 1974*. Mae'r llyfr yn ymdrin â phob agwedd ar addysg yng Nghymru gyfan yn ystod y cyfnod ac fe obeithia y bydd o ddiddordeb i'r cyhoedd yn gyffredinol yn ogystal ag i academwyr.

Ei fwriad oedd ysgrifennu llyfr cyn i ad-drefnu llywodraeth leol ddod i rym, a gwnaeth hynny gan y teimlai y byddai'n drychineb i beidio â chyfeirio at, a chofnodi ar bapur, y gwaith aruthrol a wnaethpwyd gan y gwahanol siroedd yn ystod y cyfnod. Yn ogystal â bod yn sefydliad addysg, mae'r Coleg Normal yn cael ei ddefnyddio gan amryw o fudiadau allanol yn ystod y flwyddyn, ac yn ystod yr haf nesaf bydd cynhadledd *UNESCO* ar ddatblygiadau addysgiadol yn cael ei chynnal yno. Hwn fydd y tro cyntaf i *UNESCO*, gyda chynrychiolwyr o bob rhan o Ewrop yn bresennol, fod ym Mhrydain ac, oherwydd hynny, mae'n anrhydedd arbennig i'r Coleg Normal ac i Fangor.

J. O. Jones

Nid oedd ond naturiol i Mr J. O. Jones symud o Gyngor Gwlad Môn i fod yn Ysgrifennydd Cymdeithas y Celfyddydau yng Ngogledd Cymru. Bu gyda'r

Cyngor Gwlad am chwe blynedd ar hugain a thra oedd yno datblygwyd y syniad o gael gweithgareddau diwylliannol yn y Sir. Cychwynnwyd cyngherddau, gwyliau drama a chylchoedd trafod. Tyfodd pethau mor gyflym nes bu'n rhaid penderfynu yn y chwe-degau naill ai i gwtogi ar y gwaith neu gael mwy o arian. Daeth mwy o arian: £2,000 gan Gyngor y Celfyddydau a'r awdurdodau lleol, a £3,000 gan Gronfa Gulbenkian. O gychwyn bychan fel hyn y sefydlwyd Cymdeithas - y gyntaf o'i bath yng Nghymru - yn 1967.

Er ei bod yn annibynnol, deil y Gymdeithas i dderbyn rhoddion ariannol gan Gynghorau Sir y Gogledd ond, yn ôl Mr Jones, ni fu Caernarfon mor haelionus ag eraill ac, o ganlyniad, dioddefodd trigolion y Sir tra oedd datblygiadau newydd wedi digwydd mewn siroedd eraill.

Gofynnais i Mr Jones pa mor effeithiol oedd y Gymdeithas o gofio'i bod wedi gwneud llawer mewn ychydig amser ond gan dybio nad oedd yr hyn a wnaethpwyd yr hyn yr oedd ar y bobl ei eisiau. Dywedodd fod ymateb pobl yn gyffredinol yng ngweithgareddau mwyaf uchelgeisiol y Gymdeithas yn uwch, ar gyfartaledd, nag yn unman arall yng Nghymru. Dywedodd fod yr ymateb yn yr ardaloedd gwledig braidd yn siomedig er bod ymateb da i rai gweithgareddau. Hoffai Mr Jones weld trefniadau lleol yn cael eu gwneud ar gyfer pob mathau o ddigwyddiadau, ac yn y maes hwn, o bosibl, y bydd datblygiadau yn y dyfodol. Teimla y dylai pentrefi â phoblogaeth o 500 gael yr un manteision diwylliannol â dinasoedd. Cofia am athrawes gerdd mewn ysgol yn dweud wrtho ei bod yn 25 oed cyn iddi glywed cerddorfa fawr. Ond, erbyn heddiw, mae'r math yma o beth yn rhan o addysg plant mewn ysgolion.

Er bod rhai canolfannau wedi gweithredu'n dda ac wedi dod â diwylliant yn nes at y bobl, teimla Mr Jones yn aml y gallai'r Gymdeithas fod wedi gwneud mwy i sicrhau bod digwyddiadau o safon yn cael eu creu'n lleol gan bobl leol. Pan ofynnais a oedd perygl i'r Gymdeithas wneud gormod ar yr ochr gerddorol a dim digon ar yr ochr lenyddol, dywedodd nad oedd y Gymdeithas yn gyhoeddwr, er ei bod yn cefnogi gwahanol gylchgronau. Ond bwriada gyhoeddi cyfres o lawlyfrau fel Cerddi'r Ardal, Rhamant Cestyll Gogledd Cymru, Tai Hanesyddol a theithlyfr. Ni chred fod pobl yn sylweddoli beth sy'n mynd ymlaen o'u cwmpas, ar wahân i rai â diddordeb arbennig mewn pwnc. Rhoddodd enghraifft o'r atyniadau yn Sir Fôn, er enghraifft, trwy ddweud bod 800 o bobl wedi mynychu cyngerdd gan Gerddorfa Hallé, a 600 wedi mynychu cyfarfod cyhoeddi Eisteddfod Môn yr un noson. Roedd yn syndod fod bron i 1,500 o bobl â digon o ddiddordeb ganddynt i fynd i glywed a gweld.

Wrth gofio y bydd y Theatr ym Mangor yn agor ymhen ychydig, cred y dylai'r theatrau bychain ar ei ffin roi ystyriaeth i hyn a phenderfynu'n awr sut y maent yn mynd i weithredu. Dywed rhai pobl eisoes y bydd y theatr newydd yn fethiant, ond maent yn seilio hynny ar ymdrechion yn y gorffennol i ailgychwyn Theatr y *County*. Maent yn anghofio bod pethau wedi newid llawer ers yr adeg honno gyda phobl yn llawer parotach i fynd allan gyda'r nos os oes rhaglen ddiddorol mewn theatr ar eu cyfer. Mae pobl hefyd yn barod i dalu mwy am fynd i weld pethau.

Un peth a ddylai fod yn bendant, meddai, yw cydweithrediad rhwng y gwahanol theatrau yn ardal Bangor, ynghlwm wrth bolisi cenedlaethol, i sicrhau llwyddiant teithiau trwy'r wlad gan wahanol gwmnïau a hefyd i roi rhaglen ddiddorol gerbron pobl. Heb hynny, ni fyddai theatr fel un Bangor a gyflwynai ddrama, gan Gwmni Theatr Cymru er enghraifft, yn gweld neb yn troi i mewn gan fod y Theatr Fach yn Llangefni yn dangos drama gyda Mari, Wil a Bob, neu unrhyw berson arall y maent yn eu hadnabod yn perfformio ynddi 'run adeg.

Teimla y bydd y theatr newydd yn gwneud andros o gyfraniad i weithgareddau oddi mewn iddi. Efallai hefyd y bydd cyfle i fynd â pherfformiadau i neuaddau pentrefi yn y cylch. Hydera y bydd yr awdurdodau lleol newydd yn edrych ar batrwm oriau hamdden yn fwy pendant ac yn gweithredu ar gylch ehangach na'r cynghorau presennol. Hoffai weld yr awdurdodau lleol a'r Gymdeithas yn dod yn nes at ei gilydd i drafod cynlluniau'r dyfodol. Ymhlith y cannoedd o weithgareddau y mae'r Gymdeithas naill ai wedi eu hybu neu eu sefydlu mewn amser cymharol fyr, mae cynlluniau ar dro i goffáu gwŷr enwog a threfnu darlithoedd ar eu gwaith a'u bywyd, mewn cydweithrediad â Chymdeithasau Hanes Siroedd Cymru.

Anodd iawn yw cofnodi popeth y mae'r Gymdeithas wedi ei wneud mewn cyfnod o saith mlynedd a gwneud cyfiawnder â hi ond, yn sicr, fe fyddai bywyd yn y Gogledd yn llawer tlotach hebddi.

Arthur Evans
(Llangefni)

Damwain yn unig a benderfynodd fod Mr Arthur Evans wedi mynd yn Swyddog Llywodraeth Leol yn hytrach na dal ymlaen â'i astudiaethau a dychwelyd i'r Coleg. Prin y gallai wybod yr adeg honno, pan orfodwyd ef i chwilio am waith oherwydd damwain a ddigwyddodd i'w dad, y byddai'n derbyn yr MBE ymhen llawer o flynyddoedd wedyn am ei gyfraniad i Lywodraeth Leol. Bellach, rhoddodd ddeugain mlynedd o'i fywyd i wasanaeth llywodraeth leol, a phan ddaw'r ad-drefnu fis Ebrill nesaf, bydd yn ymddeol. Ar hyn o bryd, mae'n Glerc i Gyngor Dinesig Llangefni ac yn Glerc Gweinyddol i Gyngor Dosbarth Ynys Môn.

Mae'r ad-drefnu presennol y trydydd y ceisiwyd ei weithredu er diwedd y rhyfel ond nid yw Mr Evans yn rhyw sicr iawn pa mor llwyddiannus fydd. Mae'n amheus iawn ynghylch unedau mawr ac erbyn heddiw mae'n ei gyfrif ei hun ymhlith eraill sydd wedi lleisio'r farn y byddai'n well i Sir Fôn fod y tu allan i gyfundrefn Gwynedd. Yn wir, rai blynyddoedd yn ôl roedd wedi ffurfio cynllun ad-drefnu i Fôn, gan y teimlai'r adeg honno fod wyth o awdurdodau lleol yn ormod i'r ynys. Yn ei gynllun, na chafodd ei fabwysiadu, byddai Môn yn cael ei rhannu'n dri dosbarth o ryw 2,000 o bobl, gyda Chyngor Sir uwch-ben y tri dosbarth lleol.

Dywed nad yw perffeithrwydd yn dilyn yn naturiol ar sawdl ad-drefnu, a chan fod pobl yn awr ar drothwy'r fath chwyldro, maent o'r diwedd yn dechrau gofyn cwestiynau: Ydi o'n ddoeth? Ydi o am fod yn well? Ydi pobl am gael gwell gwasanaeth? 'Fydd 'na lai o swyddogion?

Un o'r pethau yn erbyn y cynllun presennol ydi mai gweision sifil yn y Swyddfa Gymreig sydd wedi ei baratoi ac nid Comisiwn fel yn Lloegr. Nid oeddynt yn gwybod digon am lywodraeth leol a'i heffaith ar bobl, meddai Mr Evans. Ac mae llawer yn anghofio na all uned fawr fod yn un lleol. "Rwyf wedi dweud erioed na fydd uno tri Chyngor Sir cymharol dlawd ddim yn gwneud un cyfoethog. Mae ganddynt yr un adnoddau i wneud yr un peth, ac yn y pen draw mae eisiau mwy o staff i weithredu. Ffwlbri mawr yw meddwl bod canoli yn mynd i olygu llai o staff".

Cred fod unedau mawr yn aml yn llai effeithiol, ac nad oes dim o'i le gyda'r llywodraeth leol bresennol sy'n diflannu ymhen ychydig fisoedd. Yn wir, yr unig gŵyn oedd gan bobl gyffredin oedd fod trethi'n codi, ond roedd yn rhaid i hynny ddigwydd os oedd pobl am gael y gwasanaeth roeddynt yn ei hawlio. Yn wir, byddai pobl yn gweld yn fuan fod ar yr unedau mawr angen llawn cymaint o arian â'r rhai y maent yn eu disodli.

Tybia y cymer flynyddoedd cyn i'r gyfundrefn newydd ddwyn unrhyw ffrwyth ond mae'n rhaid cofio y bydd yn parhau am beth bynnag gan mlynedd. Mae pobl yn byw yn oes yr unedau mawr, ond gobeithia na fydd y cynghorau newydd yn mynd mor amhersonol â'r byrddau cenedlaethol fel Nwy a Thrydan. I geisio osgoi hynny, bydd swyddfeydd mewn gwahanol ardaloedd ym Môn yn ogystal â'r brif swyddfa yn Llangefni.

Un o'r pethau y gallai'r Cynghorau newydd ei wneud i sicrhau rhyw gymaint o welliant mewn gwasanaeth fyddai cael cydweithrediad rhwng cynghorwyr a swyddogion. Hoffai iddynt gael argyhoeddiad a gweledigaeth, canys eu prif amcan fydd rhoi gwasanaeth i'r trethdalwyr cyn rhated ag y bo modd. Yn Llangefni, yn arbennig, mae Cynghorwyr yn gofyn a fydd y dref ar ei mantais yn y sefyllfa newydd ynteu a fydd hi'n mynd yn ddigyffro. Gwnaed llawer yn y blynyddoedd a fu i newid y dref o fod yn ganolfan fasnach i fod yn ganolfan diwydiant ysgafn, rhywbeth cwbl newydd yn ei hanes.

Bu Mr Evans, sy'n enedigol o Rostryfan, yn gweithio gyda Chynghorau Caernarfon a Gwyrfai cyn symud i Langefni. Pan ddechreuodd, chweugain yr wythnos oedd y cyflog a chan nad oedd cytundeb cenedlaethol ar gyflogau, roedd yn rhaid rhoi llythyr hirwyntog gerbron y Cyngor i gael codiad o ychydig geiniogau. Pan ddechreuodd fel Clarc yn Llangefni, roedd ei gyflog yr un faint â chyflog clarc ifanc heddiw yn dechrau ar ei yrfa. Hwn yw'r newid mwyaf mewn safonau a welodd.

Wrth ddelio â'r cyhoedd, meddai, mae'n rhaid cael ymdeimlad o wasanaethu, a chred fod yn rhaid i brif swyddog edrych ar broblemau trwy lygaid swyddog, llygaid y cyngor, a hefyd yn y ffordd y byddai'r cyhoedd yn meddwl am broblem. Peth hawdd iawn yw gweithio yn ôl llythyren y ddeddf ond yn aml mae hynny'n amhosibl wrth ddelio â phroblemau unigolion.

Er ei fod wedi cael llawer o siomedigaethau yn ystod ei yrfa, daeth llwyddiant gyda dyfalbarhad. Roedd yn falch fod diwydiannau wedi cael eu denu i Langefni i greu gwaith i bobl, sefyllfa a fyddai'n cael ei gwerthfawrogi gan genedlaethau i ddod. Uchafbwynt gwaith Cyngor Llangefni, meddai, oedd cael sefydlu canolfan

Chwaraeon yn y dref a fyddai'n cael ei defnyddio gan bobl o bob rhan o Fôn ac Arfon hefyd. Bydd wedi ei chwblhau erbyn Ebrill nesaf, meddai, a dyma un o'r pethau gorau y gellid ei drosglwyddo i awdurdod y Cyngor newydd, meddai.

Gabriel Roberts

Cyn i'r milwyr ffarwelio â Chatrawd Swydd Gaer ar ôl cael eu hyfforddi ym Mharc Cinmel, Y Rhyl, ddechrau'r Rhyfel Byd Cyntaf, cyflwynodd eu Caplan, y Parchedig William Llew Lloyd, Destament Newydd iddynt, yn y gobaith y byddai'n fendith i'r milwyr ifainc. Mae'n debyg ei fod wedi dymuno'r un peth i gannoedd o fechgyn ifainc o'u blaen ond, hyd heddiw, mae Mr Gabriel Roberts, Breeze, Crest, Y Benllech, yn ddiolchgar iawn am y Testament bychan hwnnw, oherwydd iddo achub ei fywyd.

1917 oedd y flwyddyn, a Mr Roberts yn llanc deunaw oed. O'r Rhyl, symudodd y Gatrawd i Curragh yn Iwerddon ac ymhen ychydig yr oeddynt wedi eu symud unwaith eto i sŵn miri a lladd ffosydd y Somme. Roedd pethau'n mynd o ddrwg i waeth a bwriwyd y Gatrawd a llawer o rai eraill i mewn i geisio achub ychydig o dir. Yng nghanol yr ymladd, gwelodd Mr Roberts amryw o'i gyfeillion yn syrthio ac fe'i hanafwyd yntau hefyd. Ni ŵyr paham hyd heddiw ond, am ryw reswm neu'i gilydd, cymerodd yr Almaenwyr ef a'i symud i un o'r amryw dyllau amddiffyn yn y tir.

O'r ffosydd, symudwyd ef trwy'r Iseldiroedd, Gwlad Belg, ac ymlaen i Hemmelsberg yn Bavaria, i wersyll carcharorion rhyfel. Y rhan fwyaf o'r amser, roedd yn anymwybodol a phan daeth ato'i hun, roedd ei oriawr a'i esgidiau wedi diflannu. Nid oedd yn adnabod neb ac felly roedd yn dra hiraethus am y teulu a'i ffrindiau. Estynnodd ei Destament. Roedd twll ym mhoced dop ei gôt ac ôl bwled wedi mynd i mewn i'r Testament. Agorodd y llyfr a dechrau ei ddarllen a gwelodd fod y bwled wedi stopio yn y Datguddiad, Pennod 19, adnod 21, sy'n dechrau gyda'r geiriau "A'r lleill a laddwyd".

Nid oedd papur ysgrifennu yn y gwersyll ac ni allai feddwl am ffordd i adael i'w fam wybod nad oedd ef ymhlith y cannoedd a laddwyd. Unwaith eto, profodd y Testament bach yn fendith. Gwyddai Mr Roberts yn iawn y byddai ei fam yn siŵr o edrych yn fanwl trwyddo, a phenderfynodd farcio gwahanol adnodau er mwyn cael neges iddi. Yn eu plith, roedd "nac ofnwch" ac un arall, "Nid ysgrifennais atoch oblegid gwyddech y gwirionedd". Wrth gwrs, nid oedd unrhyw sicrwydd y byddai'r neges honno, hyd yn oed, yn cael trwodd ond, er hynny, fe anfonodd y llyfr bach a oedd wedi achub ei fywyd. Cyrhaeddodd y neges ei fam yn ei chartref ym Mhorthaethwy wedi ei stampio gan yr Almaenwyr yn Hemmelsberg.

Yn ystod ei amser yno, un llythyr yn unig a gafodd - gan eneth o'r enw Sophie a oedd yn byw ym Mhorthaethwy. Nid oedd erioed wedi ei gweld. Ond pan ryddhawyd ef yn 1919, cyfarfu â hi am y tro cyntaf. Priododd y ddau yn 1924, ac fe fyddant, ddechrau'r flwyddyn nesaf, yn dathlu eu priodas aur.

Tra oedd yn Hemmelsberg, bu'n gweithio ar ffarm ac er mwyn iddo allu cael yr anifeiliaid i wneud beth yr oedd arno eisiau iddynt ei wneud, bu'n rhaid iddo ddysgu Almaeneg. Bu yno yn Welcanfield hyd y diwedd, gan rannu'r bwyd a gâi gan y Groes Goch gyda theulu'r ffarm yn ystod misoedd olaf y rhyfel gan nad oedd ganddynt ddim ond tatws yn fwyd.

Daeth yn ôl fis Ionawr 1919 ac am dair blynedd bu'n gwasanaethu yn Llundain gyda'r Gwarchodlu Cymreig. Ymunodd â'r Heddlu yn 1922 a bu gyda hwy nes iddo ymddeol yn 1955. Yn ystod y cyfnod hwnnw, bu'n gwasanaethu yng Nghaergybi, Llangefni, Llanfairpwll, Rhosneigr a Phentraeth. Cofia un adeg pan oedd ar groesffordd yn Llanfaelog oddeutu un o'r gloch y bore. Roedd hyn yn ystod y cyfnod pan oedd pawb yn gweld neu glywed soseri hedfan. Clywodd sŵn rhyfedd yn dod tuag ato, yn nes ac yn nes. Troes ei lamp i'r cyfeiriad a gwelodd feic yn dod i lawr y lôn wedi ei lwytho â phlancedi a dillad gwely. Nid oedd math o olau arno, y tu ôl na'r tu blaen, ac ar ei gefn roedd hen wreigan a adwaenai Mr Roberts yn iawn. Dechreuodd ei cheryddu am fod heb olau o gwbl gan restru beth oedd o'i le ar y beic. Troes y wraig ato a gofyn, "Deudwch i mi, Mr Roberts, newch chi brynu dau diced i Steddfod Bryn Du?" Roedd wedi ei synnu braidd gyda'i hateb, a phan welodd drefnydd yr Eisteddfod honno ychydig wedyn, dywedodd wrtho ei fod yn lwcus cael pobl oedd yn fodlon gweithio bob amser o'r dydd a'r nos i werthu tocynnau.

Unwaith yn unig y daeth ar draws trosedd fawr - sef llofruddiaeth yn y Traeth Coch pan oedd yn heddwas ym Mhentraeth. Darganfuwyd corff gwraig yn y tywod ac fe symudwyd amryw o heddweision i'r ardal. Gŵr y ddynes oedd dan amheuaeth, gŵr tyner, distaw, yn hoff o ganu'r piano. Daliwyd ef ymhen amser ac anfonwyd ef i sefyll ei brawf ym Mrawdlys Biwmares. Cafwyd ef yn ddieuog o lofruddiaeth ond yn euog o ddynladdiad wedi i'w fam-yng-nghyfraith roi tystiolaeth fod ei merch yn gwneud ei fywyd yn annioddefol gyda gorchmynion o beth roedd yn cael ei wneud a beth nad oedd yn cael ei wneud. Ychydig wedi hynny, clywodd Mr Roberts fod y dyn wedi cael ei weld ar sgwâr Pentraeth a bod arno eisiau dod ato i ddweud beth oedd wedi ei wneud.

Adeg yr Ail Ryfel Byd, ac yntau'n dal ym Mhentraeth, cofia fynd o amgylch y pentref yn ystod *blackout* i wneud yn siŵr fod pawb yn eu tai. Yng nghanol y tywyllwch, clywodd leisiau ac ar ôl mynd yn nes, gwelodd ddwy ddynes yn siarad gyda'i gilydd. Bu am amser maith yn ceisio'u cael i symud ond llwyddodd yn y diwedd trwy ddweud fod yr Almaenwyr wrth Fourcrosses ac ar eu ffordd i Bentraeth! Cyn mynd i'r tŷ, troes un at y llall a dweud, "Gwylia dy fag llaw".

Mae llawer o ddŵr wedi mynd dan y bont er pan adawodd Barc Cinmel yn llencyn ifanc gyda'r Testament yn ei law. Mae wedi gweld llawer o newid, a'r rhan fwyaf er gwell. A phe bai wedi cael y cyfoeth mwyaf, ni fyddai dim a allai fod mor werthfawr â'r Testament Newydd a achubodd ei fywyd ar y Somme.

Hugh Llewelyn Williams

Heb amheuaeth, mae'n anrhydedd mawr i unrhyw berson ennill Coron yr Eisteddfod Genedlaethol. Y mae hefyd yn anrhydedd i rywun ddod o fewn trwch blewyn i wneud hynny. Dyna a ddigwyddodd i'r Parchedig Hugh Llewelyn Williams, Henryd, Y Fali, yn Eisteddfod y Barri yn 1968. Am y tro cyntaf mewn cof, meddai, roedd y tri beirniad wedi dewis bardd gwahanol a oedd, yn eu tyb hwy, yn haeddu'r Goron. Yn y diwedd, bu'n rhaid cael canolwr i ddatrys y broblem ac fe aeth y wobr i Haydn Lewis. Ond er iddo gael ei siomi y tro hwnnw, daeth buddugoliaeth i'w ran mewn Eisteddfodau eraill yn ystod ei fywyd. Enillodd y Gadair yn Eisteddfod Powys a'r Goron yn Eisteddfodau Môn a Phontrhydfendigaid. Mae hefyd yn berchen cadair yr Eisteddfod Ryng-Golegol ac mae wedi ennill amryw o fân wobrau.

Brodor o Flaenau Ffestiniog ydyw a bu'n gweithio fel clerc mewn chwarel yno cyn mynd i'r weinidogaeth. Cafodd ail gynnig ar addysg yn Ysgol Eben Fardd, Clynnog, ac wedyn aeth i Goleg y Brifysgol, Bangor, cyn symud i'r Coleg Diwinyddol yn Aberystwyth. Aeth i'r weinidogaeth am fod cysylltiadau teuluol ganddo yn gwasanaethu Duw. Un o'r rhain oedd Dr Thomas Williams, Gwalchmai, a fu'n weinidog yn Armenia, Caergybi, am gyfnod. Fel llawer o fechgyn eraill o Stiniog rhwng y ddau ryfel, fe'i denwyd at grefydd. Nid oedd eglurhad am hyn, meddai, fwy nag ymdeimlad y dylai fynd.

Yn wahanol i heddiw, pan fo gweinidog yn cael dewis y man y mae arno eisiau mynd i fugeilio iddo, yn y cyfnod hwnnw, rhaid oedd cymryd beth oedd yn mynd. Bu'n rhaid i lawer dreulio blwyddyn ychwanegol yn y coleg gan nad oedd lle iddynt ond bu Mr Williams yn lwcus, a'i ofalaeth gyntaf oedd eglwysi Ro-wen a Thy'n-y-Groes, Dyffryn Conwy. Wedi chwe blynedd yno, symudodd i Adwy'r Clawdd, Coedpoeth, lle gwelodd ddathlu dau can mlwyddiant dechrau'r achos. Yn 1952, symudodd i'r Fali gan gymryd capeli Rhoscolyn, Hermon, Llanddeusant a Bodedern dan ei adain. Ei fwriad yw ymddeol y flwyddyn nesaf ac mae cartref ar ei gyfer yng Nghaergybi.

Teimla'n berffaith gartrefol ym Môn canys o'r ynys yr aeth ei daid i weithio i'r Blaenau gan nad oedd fawr o lewyrch ddechrau'r ganrif ym myd amaethyddiaeth. Un o Fôn yw ei wraig, Gaynor, wedi ei magu ym Modgynda ym mhlwyf Llaneugrad.

Am naw mlynedd bu'n Olygydd Llên Eisteddfod Môn ac, ar hyn o bryd, ef yw llywydd Cymdeithas yr Eisteddfod. Yn ystod y blynyddoedd, cyhoeddodd gyfrol o farddoniaeth a dau lyfr, y naill ar Thomas Williams, Gwalchmai, a'r llall ar Thomas Charles Williams, Porthaethwy. Ef hefyd yw awdur llyfr am gapel Cymraeg Dulyn sy'n dwyn y teitl "Wrth Angor yn Nulyn". Pethau llenyddol sydd wedi dwyn ei ddiddordeb ac mae'n falch o hynny gan ei fod yn credu y dylai pawb gael rhyw fath o hobi. Pe bai wedi methu mynd ymlaen â'i yrfa yn y weinidogaeth, byddai wedi hoffi mynd i fyd newyddiaduraeth.

Newidiwyd llawer ar wasanaethau er pan ddechreuodd ef yn y gwaith. Erbyn hyn, mae pregethau'n fyrrach ac er bod y cynulleidfaoedd yn llai maent yn fwy dethol. "Dim iws chwarae i'r galeri mwyach achos toes na neb yno!" meddai.

Cred fod pobl ifainc yn effro iawn i'r alwad grefyddol ond bod llawer o gapeli'n methu â chael trwodd iddynt ar hyn o bryd. Efallai nad ydynt yn cael digon o waith y tu mewn i'r capeli. Ni ddylai neb sefyll yn ffordd pobl ifainc, meddai, a dylent gael mynegi eu ffydd yn y modd y maent yn ei ddewis. Efallai fod diwygiad ar dro heddiw a neb yn sylweddoli hynny gan eu bod yn sefyll yn rhy agos, meddai. Gwelai lawer o gapeli nad oedd fawr o ddefnydd arnynt yn cau yn y dyfodol, ond bydd addoli'n parhau serch hynny. Cred mewn undod crefyddol ac mae arwyddion fod llawer o enwadau'n dod yn debycach i'w gilydd. Mae llawer mwy o frawdgarwch heddiw ond ni ddylai neb feddwl mai peth hawdd fydd dod â'r cyfan at ei gilydd. Efallai mai un cam tuag at hynny fydd cael cylchgrawn cydenwadol graenus oherwydd nid yw'r cyhoeddiadau, ar wahân, yn llewyrchus iawn er eu bod yn gwerthu'n sylweddol.

Y broblem fawr yw fod pawb yn sefyll dros beth y maent yn ei gredu. Dylid cadw'r amrywiaeth ond, ar yr un pryd, dylai pawb fod yn fodlon gwrando ar ei gilydd a dod fwy at ei gilydd, yn enwedig mewn pentrefi bychain lle mae cynifer â phedwar capel yn agored dair gwaith y Sul gyda chynulleidfaoedd bychain.

Wrth lwc, meddai, nid yw'r ifanc mor ymwybodol o'r drefn sefydlog, ac felly dylai fod yn haws iddynt ddod at ei gilydd fel dilynwyr Crist. Cred fod pwrpas pwysig y tu ôl i bethau diweddar fel *"Godspell"* a *"Jesus Christ Superstar"*. Mae'n hoff iawn o bethau fel hyn, a chan mai'r ifanc sy'n eu cynhyrchu, ni ddylai pobl hŷn ddisgwyl iddynt fod yn debyg i'r hyn y maent hwy wedi arfer ag ef. Mae pwrpas hefyd y tu ôl i'r grwpiau efengylaidd sy'n canu mewn amryw o gapeli y dyddiau hyn. Maent yn denu amryw o bobl ifainc i mewn i'r capeli a phe na bai ond ychydig ohonynt yn dod yn ôl y Sul wedyn mae'r arbrawf yn llwyddiant.

Frank Price Jones

Yn y brys anorfod i gyhoeddi llyfrau yn Gymraeg, mae llawer o lyfrau heddiw o safon sy'n eu gwneud yn annheilwng o gael eu cyhoeddi o gwbl. Ar un adeg, meddai Mr Frank Price Jones, Y Berllan, Bangor, ceisiai brynu pob llyfr Cymraeg a ddeuai ar y farchnad ond erbyn heddiw mae'n rhy hawdd cael cyhoeddi llyfr dim ond iddo fod yn un Cymraeg. Gwêl hefyd lawer o bobl yn cael eu croesawu fel dramodwyr a llenorion bron cyn iddynt gyhoeddi llyfr o gwbl.

Darlithydd ar hanes Cymru yn Adran Efrydiau Allanol, Coleg y Brifysgol, Bangor, yw Mr Jones. Bu yn yr adran er 1947 pan symudodd o Ysgol Bryn Hyfryd, Rhuthun. Brodor o Ddinbych ydyw. Erbyn hyn, mae wedi darlledu'n aml ac wedi cynnal dosbarthiadau nos ym mhum sir y Gogledd.

Yn 1950, sefydlwyd Cymdeithas Hanes Dinbych, a Mr Jones yw golygydd y cyfrolau. Er 1963, bu'n Glerc Urdd Graddedigion Prifysgol Cymru, ac mae'n aelod o Lys y Brifysgol a Llys Coleg Bangor. Ymhlith pethau eraill, y tu allan i'w waith, y mae'n perthyn iddynt, mae pwyllgor Amgueddfa Werin Sain Ffagan a Chyngor yr Eisteddfod Genedlaethol.

Dechreuodd ysgrifennu "Dyddiadur Daniel" yn *Y Faner* yn 1956 ac mae'n awdur dau lyfr ar Sir Ddinbych, cyfrol fechan ar Thomas Jones o Ddinbych a llyfr gosod i ysgolion o'r enw *Castles of Denbighshire*.

Ymddangosodd ar y teledu am y tro cyntaf yn 1954, ac un o'r rhaglenni enwocaf y bu arni oedd *Lloffa*. Yn ystod y tair blynedd y bu'r gyfres ar y teledu, derbyniwyd miliynau o lythyrau sy'n awr yn Sain Ffagan. Dyma'r rhaglen orau a wnaeth *BBC* Cymru erioed, meddai.

Yn ei dyb ef, Eisteddfod Rhuthun oedd un o'r rhai hapusaf y bu ynddi ers tro. Cred ei bod yn angenrheidiol i Eisteddfod fynd ar daith yn flynyddol, gan ei bod yn adlewyrchu bywyd y fro lle mae'n cael ei chynnal. Cred fod llwyddiant Rhuthun yn deillio o'r ffaith fod pobl Dyffryn Clwyd yn gwybod beth yw Eisteddfod. Nid pobl ddŵad a ddaeth yno ond pobl wedi ymsefydlu yn y fro. "Mae'n rhaid i'r Eisteddfod aros yn gwbl Gymraeg. Dyma'r unig sefydliad gwir genedlaethol sydd gennym ac oherwydd hynny mae'n bwysig. Y perygl ynglŷn â phobl sy'n meddwl eu bod yn gweithredu tros Gymru heddiw yw eu bod yn casglu at ei gilydd mewn cornel ac yn byw mewn byd bach cyfyng".

Roedd pobl yn rhy barod i gnocio'r Eisteddfod heb ystyried y cyfraniad mawr a wna i fywyd Cymru. Ni ddylai neb ystyried dod â dwyieithrwydd i'r Eisteddfod. Os oes ar bobl eisiau Eisteddfod Saesneg, does dim i'w rhwystro rhag sefydlu un ond roedd yn hollol siŵr na wnaent hynny byth. Er ei fod yn credu ei bod yn bwysig i bob ardal yn ei thro gasglu arian tuag at yr Eisteddfod, cred nad yw ond teg i awdurdodau cyhoeddus noddi'r Ŵyl a gobeithia y bydd yr wyth Cyngor Sir newydd yn penderfynu rhoi swm penodol bob blwyddyn. Noddwyd diwylliant ym mhob oes ac ni wêl unrhyw rwystr i hynny barhau.

Dros y blynyddoedd datblygodd yr Adran Efrydiau Allanol ac erbyn heddiw mae wyth ar y staff. Cred fod y dosbarthiadau o werth aruthrol ac yn rhan bwysig o fywyd tref neu bentref. Maent yn groestoriad rhagorol o boblogaeth ardal a chred fod rhan helaeth o'r dosbarthiadau'n fwy llewyrchus heddiw nag y buont.

Pan ddaeth teledu i gartrefi pobl gyntaf, meddai, fe syrthiodd nifer y rhai a fynychai'r dosbarthiadau. Ond gwelsant yn fuan nad oeddynt yn fodlon eistedd o flaen bocs yn unig a bod yn rhaid iddynt gael cyfle i drafod materion. Ar ôl pob darlith, rhoddir cyfle i'r gwrandawyr ofyn cwestiynau a theimla Mr Jones fod y bobl hŷn yn fwy parod i wneud hynny na myfyrwyr mewn coleg.

Nid oedd yn gweld angen o gwbl cael pedwaredd sianel deledu ar gyfer Cymru. Yr hyn yr oedd ei angen oedd sicrhau bod pawb yn gallu derbyn y sianelau sydd i'w cael yn barod. Dylai tair neu bedair fod yn ddigon o ddewis i unrhyw un. Ar un cyfnod yn y chwe-degau, roedd rhaglenni Cymraeg yn cymharu'n ffafriol â chynnyrch rhanbarthau Lloegr ond am ryw reswm neu'i gilydd, meddai, roedd hyn wedi newid ac nid ydynt gystal ac, yn achos y teledu annibynnol, maent wedi lleihau mewn nifer ers dileu *TWW*.

Mae rhaglenni radio'n dal yn rhyfeddol o ran nifer a safon, a theimla ei bod yn bwysig cofio bod rhaglenni radio'n cyrraedd cynulleidfa fwy na chyfanrif darllenwyr y papurau a'r cylchgronau Cymraeg wedi eu rhoi gyda'i gilydd. Angen mawr heddiw yw darparu rhaglenni teledu diddorol ac o safon dda i'r bobl. Wrth roi eu henaid yn y gwaith, dylai cynhyrchwyr allu gwneud hynny, a phe llwyddent, byddai pobl yn siŵr o wylio'r rhaglenni.

Er nad yw Cyngor yr Iaith Gymraeg wedi dechrau o ddifri ar ei waith eto, ni wêl Mr Jones waredigaeth i'r iaith yn dod o weithrediad Llywodraeth, pa beth bynnag ei lliw. Roedd iechyd yr iaith yn dibynnu ar iechyd y gymdeithas sy'n bodoli ac, yn ei dyb ef, mae hon wedi mynd fel heipocondriac yn poeni gymaint am gyflwr yr iaith nes ei bod mewn perygl o'i lladd ei hun. Yr hyn sydd ei angen yw llai o siarad am yr iaith a mwy o fyw ynddi hi.

Cred Mr Jones mewn cymryd bywyd fel y daw ac, oherwydd hynny, ni fu trobwynt arbennig yn ei fywyd. Bu'n ffodus, meddai, i gael gwaith yr oedd yn ei fwynhau, ynghyd â rhyddid i ymhél â rhywbeth yr oedd ganddo ddiddordeb ynddo.

Gwilym O. Williams

Anodd iawn yw taflu golwg ar y flwyddyn newydd rydym ar ei throthwy gyda hyder wrtho gofio'r argyfwng rydym ynddo ac sy'n debyg o barhau am gyfnod, beth bynnag. Ond gan mai hon fydd y golofn olaf yn 1973, dyna a ofynnais i Archesgob Cymru, Dr Gwilym O. Williams, ei wneud. Yn amlwg, bydd yn flwyddyn anodd yng Nghymru, Prydain, Ewrop a'r byd. Ar yr un pryd, rhydd her i ddynion, ac yn arbennig Cristnogion, i gydweithio'n benderfynol â'i gilydd dros degwch a chymod. 'Fyddai hynny ddim yn dod heb aberth, o geisio lles pobl eraill ac yn arbennig pobl sydd dan anfantais ac mewn eisiau yn hytrach na'n lles ni ein hunain. Mae'r holl allu technegol sydd yn ein meddiant yn drech ar hyn o bryd na doethineb ac ewyllys da. Gall dyn yn hawdd ddinistrio'r byd, ond mae'r gallu ganddo hefyd i'w wneud yn lle llawer mwy cyfan a llawer hapusach nag y bu erioed dim ond i ni benderfynu o ddifri i weithredu ewyllys Duw, meddai.

Ganed Dr Williams yn Llundain, a daeth y teulu'n ôl i Benisarwaun pan oedd yn wyth oed. Bu yn yr ysgol yno ac ym Mrynrefail, cyn symud i Goleg yr Iesu, Rhydychen, lle graddiodd mewn Saesneg a Diwinyddiaeth. Ordeiniwyd ef yn 1937. Bu'n gurad yn Ninbych am gyfnod, wedyn yn ddarlithydd yn Llanbedr Pont Steffan, ac yn Warden yr Hostel ym Mangor. Cyn iddo gael ei benodi'n Esgob yn 1956, bu'n brifathro a Warden Coleg Llanbedr Pont Steffan. Sefydlwyd ef yn Archesgob yn 1971.

Mae Dr Williams yn llywydd Cymdeithas y Deillion yng Ngogledd Cymru, llywydd Cyngor Gwlad Caernarfon, cadeirydd y Cyd-bwyllgor ar y Beibl Cymraeg, is-lywydd Cyngor Eglwysi Prydain, cyn-lywydd Cyngor Eglwysi Cymru ac yn aelod o Gomisiwn Ffydd a Threfn Cyngor Eglwysi'r Byd.

Dywedodd nad arian oedd yn arafu'r gwaith o gyhoeddi Beibl Cymraeg newydd ond yr amser y mae'n ei gymryd i'r arbenigwyr fynd at y gwaith. Dylai'r Testament Newydd fod yn barod i'w gyhoeddi erbyn Gŵyl Ddewi 1975 ac mae'r gwaith ar yr Hen Destament yn mynd yn ei flaen, meddai.

Trwy ei waith, mae Dr Williams wedi teithio drwy America, Canada, Ewrop, ac Affrica. Ei daith ddiwethaf oedd i Pretoria yn Ne Affrica, lle bu'n sylwedydd mewn achos yn erbyn arweinwyr Sefydliad Cristnogol De Affrica *(Christian Institute of South Africa)*. Mae'r Sefydliad yn cynnwys Cristnogion sydd eisiau gweld newid sylweddol ym mywyd De Affrica trwy ddulliau di-drais. Maent yn galw am ddiwygiad cymdeithasol i ddynion duon mewn addysg, gwleidyddiaeth, diwydiant a gwasanaethau cymdeithasol. Ond oherwydd eu bod yn cael dylanwad mawr, mae'r llywodraeth yn eu pardduo fel terfysgwyr a Chomiwnyddion. Cefnoga'r Eglwys, fel llaweroedd eraill, y Sefydliad, gan y cred mai dyma'r unig gyfundrefn sydd â gobaith i gael unrhyw newid sylfaenol yng ngweithgareddau'r wlad.

Un o'r pethau y mae llawer o bobl yn poeni amdanynt yw buddsoddiadau Eglwysig a sefydliadau eraill mewn gwlad fel De Affrica lle mae *apartheid* yn rhan o fywyd pob dydd. Dywedodd Dr Williams fod yr Eglwys yng Nghymru, flynyddoedd yn ôl, wedi gwerthu ei buddsoddiadau mewn cwmnïau a oedd â'u pencadlys yn Ne Affrica. Ond fe ddaliwyd gafael mewn buddsoddiadau mewn cwmnïau Prydeinig a rhyngwladol sydd â chysylltiadau â De Affrica. Yn awr mae'r Eglwys mewn lle i ofyn iddynt beth y maent yn ei wneud neu'n bwriadu ei wneud dros y bobl i wella cyflogau, adnoddau gweithio, hyfforddiant a chartrefi i'w gweithwyr. Y llynedd, sefydlwyd panel o'r *Christian Institute* ar gais Rio Tinto Zinc a Chwmni cloddio Palabora ac o ganlyniad i hynny penderfynwyd ar welliannau pwysig. Roedd hyn yn enghraifft, meddai, o'r dylanwad sylweddol a oedd yn bosibl dim ond i ddigon o bobol bwyso am newid.

Er pan ddatgysylltwyd yr Eglwys yng Nghymru, mae gwasanaethau wedi eu diwygio a newid mawr ar y trefniadau plwyfol gyda rhagor o newid i ddod eto. Gwneir gwaith mawr mewn addysg, gwaith cymdeithasol a thros Undeb Cristnogol. Dywedodd Dr Williams fod Undeb Eglwysi yn ffaith eisoes gan fod pawb sydd wedi ei fedyddio yn perthyn i gorff Crist. Ond hyd yn hyn, bu'r enwadau'n araf i weld bod yn rhaid mynegi undeb yn Nuw drwyddo draw trwy fod yn perthyn i un teulu. Mae'r cynllun cyfamodi yn cynnig ffordd syml i gyfeiriad undeb llawn. Yr angen mawr, meddai, yw cael pobl i weld y cysylltiad rhwng crefydd a bywyd ac ni ddaw trefn ar y wlad hon na'r byd, heb i ni gydweithio â Duw i dderbyn cyfrifoldeb am ein cyd-ddynion.

Cred fod y ffaith fod Crist wedi gallu goresgyn rhaniadau yn rhoi neges glir i'r byd am undeb. Yn y rhan fwyaf o'r enwadau heddiw, meddai, roedd awydd am fwy o amrywiaeth yn y gwasanaethau. Y cymun sy'n ganolog i addoliad Cristnogion ac mae hwn yn ei hanfod yr un peth i bawb.

Dr Thomas Parry

Yng nghanol y miri a'r malu ynglŷn ag ehangu Prifysgol Cymru neu beidio, mae un dyn yn bendant na ddylid amharu dim mwy ar nifer y myfyrwyr. A dylai'r gŵr yma wybod beth y mae'n sôn amdano, gan i Dr Tom Parry, Gwyndy, Victoria Avenue, Bangor, fod yn Brifathro Coleg y Brifysgol, Aberystwyth, rhwng 1958 ac 1969. Mae Dr Parry yn bendant fod Coleg y Brifysgol wedi helaethu hen ddigon. Un rheswm am hynny oedd fod trefi bychain fel Bangor ac Aberystwyth mewn perygl i nifer y myfyrwyr a phoblogaeth y dref fynd allan o gyfartaledd. "Mae i dre ei chymeriad, a'r hyn sy'n gwneud hwnnw ydyw'r boblogaeth barhaol ynddi. Wedi'r cyfan, dim ond am dair neu bedair blynedd y mae myfyrwyr yn aros mewn coleg".

Peth arall a ddywedir yn aml yw fod rhaid cael nifer helaeth o fyfyrwyr a staff cyn i Brifysgol fod yn effeithiol ond cred Dr Parry fod Colegau Cymru wedi cyrraedd y ffigur yna. Mae'r nifer yn ddigon i gynhyrchu pob agwedd ysgolheigaidd a gwyddonol. Pwynt arall yw fod digon o adnoddau yn Lloegr erbyn hyn mewn Prifysgolion a Cholegau Politechnig i gymryd myfyrwyr, a'r perygl mawr yw i Golegau Cymru gael gwrthodedigion Colegau Lloegr, a thrwy hynny ostwng eu safon.

Ar ôl ymddeol, torrodd bob cysylltiad â Phrifysgol Cymru gan iddo gredu mai dyna a ddylai pawb ei wneud wrth ymddeol. Mae wedi cadw ei ddiddordeb mewn dau beth, sef y Llyfrgell Genedlaethol a Chwmni Theatr Cymru. Teimla fod y Llyfrgell yn sefydliad pwysig, wedi derbyn gair da ac enwogrwydd y tu allan i Gymru. Mae ynddi drysorau di-ben-draw ynglŷn â hanes Cymru ym mhob cyfnod, ac roedd yn bwysig i ni fel cenedl wybod ein hanes a bod yn ymwybodol o'n cefndir. Fe gredai, hefyd, mewn oes o gyfnewid fel sydd gennym, bod perygl i lawer o bapurau a dogfennau fynd ar goll ac mae'r llyfrgell yn ceisio diogelu pob math o bapurau, cofnodion a recordiau. 'Roedd y math yma o waith yn cael ei wneud gan archifyddion sirol a chred yn gryf, yn sgil ad-drefnu llywodraeth leol, y dylai'r ddau sefydliad gydweithio a deall ei gilydd.

Dr Parry yw cadeirydd Bwrdd Cwmni Theatr Cymru, ac mae wedi bod â diddordeb mewn drama ers blynyddoedd lawer. Ysgrifennodd un ddrama, *Llywelyn Fawr*, a berfformiwyd yn ddiweddar yn Ysgol Friars. Ef hefyd a gyfieithodd *Murder in the Cathedral* dan y teitl *Lladd wrth yr Allor*.

Erbyn heddiw, mae theatrau newydd mewn amrywiol ganolfannau yng Nghymru ac mae'n bwysig defnyddio'r rhain, sydd wedi eu sefydlu ar gost uchel. Dylid cael perfformiadau Cymraeg ynddynt yn gyson, meddai. 'Roedd gwerth mawr mewn cwmnïau amatur, a dylid eu cefnogi ond, ar yr un pryd, roedd yn hanfodol cael cnewyllyn o actorion proffesiynol. Dyna oedd Cwmni Theatr Cymru wedi'i roi i'r wlad, ac roedd ei chyfarwyddwr, Mr Wilbert Lloyd Roberts, yn haeddu pob cefnogaeth. Pwynt diddorol i'w gofnodi yw fod y cwmni wedi perfformio, mewn un flwyddyn, o flaen 40,000 o bobl.

Wrth droi at sefydlu Cyngor yr Iaith Gymraeg yn ddiweddar, dywedodd Dr Parry fod y ffaith iddo gael ei sefydlu yn profi bod pryder a hynny mewn cylch llywodraethol am ddyfodol yr iaith. 'Roedd ef ymysg y rhai a gredai y byddai wedi gorffen ar Gymru fel cenedl ac fel uned pe bai'r iaith yn marw. Mae iaith yn anhepgor i barhad bywyd cenedlaethol. Ni ddylai neb ddisgwyl i'r Cyngor newydd wneud rhyw wyrth neu gamp ryfeddol i ddiogelu dyfodol yr iaith ar drawiad ond efallai y gallai gadw llygaid ar y pethau yn y bywyd cyfoes a oedd yn bygwth yr iaith ac yn peryglu ei dyfodol, a gweld a oedd modd osgoi rhai o'r canlyniadau gwaethaf. "Mae'n llawer rhy fuan eto i roi barn ffafriol neu anffafriol ar ddefnyddioldeb y Cyngor. Rhaid aros am gyfnod i weld sut y bydd yn gweithio".

Wrth gyfeirio at yr Eisteddfod, dywedodd Dr Parry ei fod ef yn un a gredai y dylid ystyried y cwestiwn o gael cartref sefydlog i'r ŵyl yn ofalus iawn. Pe bai'n cael man sefydlog ger Aberystwyth, er enghraifft, gellid dod i ddealltwriaeth gydag awdurdodau'r Coleg i ddefnyddio'r hostelau i letya ymwelwyr - rhywbeth a fyddai'n llawer rhatach na'r drefn bresennol. Rhaid oedd wynebu'r ffaith bod costau cynnal yr Eisteddfod wedi codi'n aruthrol, ac yn mynd i gynyddu yn y dyfodol. Roeddem bron â chyrraedd y pwynt lle mae ardaloedd yn gwrthod ei chymryd am fod gormod o lafur a strach i godi arian. Gellid cadw diddordeb ardaloedd yn yr Eisteddfod trwy roi cyfrifoldeb i wahanol lefydd ofalu am restr y testunau bob blwyddyn. Dylai pawb gofio bod y Sioe Amaethyddol Gymreig erbyn hyn yn llwyddiant yn ei chartref sefydlog yn Llanelwedd.

Ar drothwy blwyddyn newydd, gobeithia Dr Parry y byddai cyflwr economaidd y wlad yn gwella'n fuan, oherwydd bod y bywyd diwylliannol yng Nghymru yn dibynnu'n helaeth iawn ar amgylchiadau economaidd ffafriol.

Edward Williams

I rai pobl, mae ysgol yn bwysicach na dim arall. Credant, am ryw reswm neu'i gilydd, bod dyn a gafodd addysg bellach â gwell stamp arno na dyn cwbl gyffredin. Ond, ar un adeg, prinder arian yn hytrach nag adnoddau meddyliol oedd y rheswm pam na allai plant fynd ymlaen i gael addysg uwchradd. Peth anodd fyddai dweud sut y mae hyn wedi effeithio ar eu bywydau, ond yn sicr mae llawer o'r bobl hyn gystal, onid gwell, oherwydd hynny.

Un o'r rhain na chafodd y cyfle i "fynd ymlaen" gyda'i addysg yw Mr Ned Williams, 21 Maes Hyfryd, Llangefni, ond, yn sicr ddigon, dysgodd gymaint ym Mhrifysgol Bywyd ag a fyddai wedi ei wneud mewn unrhyw Brifysgol arall.

Yn enedigol o Aberffraw, gadawodd yr ysgol pan oedd yn ddeuddeg oed i weithio fel gwas ffarm am £2.10s am chwe mis. Bu yno am bron i chwe blynedd cyn symud i Langefni i weithio eto ar ffarm. Pan werthwyd honno, dechreuodd weithio mewn siop *ironmonger* yn y dref, ac ymhen tipyn sefydlodd ef ac un arall fusnes tebyg yn y Fali.

Yn fuan ar ôl cyrraedd y dref, cafodd Mr Williams flas ar ddrama, eisteddfodau a chymdeithasau a dechreuodd geisio'i wella ei hun. Cymysgodd gyda bechgyn a fu mewn colegau i geisio hyrwyddo'i addysg. Bu'n arwain cwmni drama gan fynd â hwy i'r Eisteddfod Genedlaethol bum gwaith, a dod yn ail ar bob achlysur. Hefyd bu'n arwain côr adrodd o ferched a llwyddo mewn amryw o eisteddfodau, gan gynnwys y Genedlaethol.

O ddechrau bychan o arwain cyngerdd yng Nghapel Lôn y Felin, Llangefni, aeth Mr Williams o nerth i nerth gan arwain rhwng 450 a 500 o eisteddfodau ym Môn yn ystod y blynyddoedd diwethaf. Cafodd anrhydedd arbennig eleni trwy gael gwahoddiad i arwain Eisteddfod Marian-glas sy'n dathlu ei hanner canmlwyddiant. Ond yn 1957 y cyrhaeddodd gopa ei obeithion trwy gael arwain yn yr Eisteddfod Genedlaethol yn Llangefni.

Gwelodd newid mawr ar y math o bethau sy'n cael eu cynhyrchu ar gyfer Eisteddfod. Ers talwm, canolbwyntiwyd ar bethau cyffrous ond erbyn heddiw mae mwy o bwyslais ar farddoniaeth. Mae safonau wedi gwella'n arw iawn, meddai, ond un piti yw nad oes pobl ifainc yn cystadlu. 'Roedd yn golled i'r gymdeithas nad ydynt yn cyfrannu ac fe welir y golled yn fwy yn y dyfodol, oherwydd mai'r ifanc ddylai fod yn cario pethau ymlaen.

Dywedodd Mr Williams, sy'n aelod o Orsedd yr Eisteddfod Genedlaethol, fod cymdeithas ar y maes, rhywbeth nad yw rhai'n ei deimlo. Roedd yn braf mynd i'r Eisteddfod am wythnos a chyfarfod ffrindiau na fydd yn eu gweld ond unwaith y flwyddyn. "Wedi trafod teulu, cawn drafod beirniaid a phwyllgorau a'u tynnu hwy'n rhacs gyda'n gilydd," meddai.

Dros y blynyddoedd, cymerodd ddiddordeb mawr mewn barddoniaeth er na allai farddoni ei hun. Ni theimla wenwyn na llid at neb ond roedd yn genfigennus o feirdd. Credai mai cael ei eni'n fardd y mae rhywun ac na ellir dysgu'r grefft.

Ni chred y rhai a ddywed fod diddordeb mewn eisteddfodau a chymdeithasau wedi gwanio oherwydd bod Saeson wedi dod i fyw i'r ardal. Bai'r Cymry yw oherwydd eu bod yn rhy ddiog i ymdrechu. Mae gormod o siarad, gormod o bwyllgorau a dim digon o weithredu, meddai. Dylai oedolion fynd ati i hyfforddi pobl ifainc yn y pethau gorau sydd gan y Cymry fel cenedl. Un ffordd y gellid ailgynnau'r diddordeb yn y pethau hyn fyddai cael cylchoedd trafod mewn gwahanol ardaloedd i'r ifanc gael rhoi eu barn. Nid oeddynt ofn gwaith a gellid gwneud cyfarfod o'r math yn rhywbeth iddynt hwy. Er sicrhau y deuai hyn ynghynt, dylai Clybiau Ieuenctid fod yn fwy o fan siarad na man chwarae.

Problem fawr yw fod y bobl hŷn yn dweud y drefn wrth ieuenctid yn lle ceisio'u hennill. Mae angen gwneud iddynt deimlo'u bod yn un o'r teulu yn hytrach nag yn rhywun ar wahân, ac yng Nghapel Lôn y Felin, lle mae Mr Williams yn aelod, profwyd gwerth hynny, gan fod pobl ifainc yn cymryd rhan yn y gwasanaethau fel bo angen.

"Roeddwn yn arweinydd da yn fy marn fy hun ond cofiaf yn iawn yr adeg y dysgais wers", meddai Mr Williams. 'Roedd Syr Ifor Williams wedi cymryd diddordeb ynddo ac adroddai stori am weinidog a fu'n pregethu un bore Sul yn yr Alban. Aeth y dyn hwn ymhell dros yr amser penodol. Troes un dyn at ei gyfaill gan ofyn pryd oedd y pregethwr am orffen, a chafodd yr ateb ei fod wedi gorffen ers meitin, ond heb wybod sut i stopio.

Ac wedi clywed am wers fel yna, ni allaf wneud mwy na dilyn esiampl Ned Williams a gorffen pan nad oes mwy i'w ddweud.

William John Williams

Gall gweithgareddau mewn clybiau ieuenctid cefn gwlad wneud mwy i ddatblygu cymeriad pobl ifainc y credir iddynt fod yn araf i ddysgu nag unrhyw ysgol lle mae plant wedi cael eu dosbarthu a'u gwahaniaethu yn ôl eu gallu. Dyna yw barn Mr William John Williams, Bryn Clorion, Talwrn, a fu'n ymwneud â chlybiau ieuenctid ym Môn, naill ai fel aelod neu arweinydd, am dros un mlynedd ar hugain.

Wedi iddo orffen yn y Coleg, dechreuodd gymryd diddordeb yng ngwaith clwb ieuenctid Talwrn, ac yn 1954 gofynnwyd iddo fod yn arweinydd y clwb. Am gyfnod, bu hefyd yn helpu yng Nghlwb Llangefni. Erbyn 1965, roedd Clwb a oedd wedi ei sefydlu ym Moelfre heb arweinydd, ac fe ofynnwyd i Mr Williams ymgymryd â'r gwaith dros dro. Mae'n dal yno.

Nid yw wedi sylwi ar newid mewn pobl ifainc yn ystod y blynyddoedd yma. Yr un math o bethau sydd yn ennyn eu diddordeb. Yn y clybiau pentref, mae trawsdoriad da o'r boblogaeth yn cymysgu yn dda gyda'i gilydd ac yn ymateb yn dda. Os yw'r ifanc yn gweld bod eu harweinydd yn eu hystyried yn oedolion, ac nid yn blant, ceir cydweithrediad ardderchog.

Ganed Mr Williams yn y Talwrn, a bu yn yr ysgol yno ac yn Llangefni. Ymunodd â'r Llu Awyr yn 1948 ac ymhen dwy flynedd aeth i'r Coleg Normal. Wedyn, bu'n athro yn Ysgol David Hughes, Biwmares, a Phorthaethwy, rhwng 1952 ac 1966. Rhwng 1967 ac 1968, bu'n ddirprwy brifathro ysgol gynradd Gwalchmai, o 1968 tan 1971 yn brifathro ysgol gynradd Niwbwrch, ac ar ôl hynny yn brifathro Ysgol Gynradd y Fali. Tra oedd yn Niwbwrch, fe ymwelodd y Tywysog Charles â'r ysgol.

Yn ogystal â bod ym myd addysg, mae wedi bod yn Ysgrifennydd Cymdeithas Bêl-droed Ysgolion Uwchradd Môn er 1953; yn aelod o Gyngor Pêl-droed Ysgolion Cymru, ac yn gyn-gadeirydd. Mae hefyd yn un o ddewiswyr tîm pêl-droed Cenedlaethol Ysgolion Cymru. Ar ben hynny, mae'n ysgrifennydd Cymdeithas Bêl-droed Ysgolion Glannau Gogledd Cymru, Cymdeithas Griced Ysgolion Môn, a thrysorydd Cymdeithas Chwaraeon Ysgolion Môn. Mae hefyd yn reffari ac yn y swydd honno bu'n gofalu am y gêm rhwng tîm Ysgolion Lloegr yn erbyn yr Alban yn 1963, ac yn llinellwr yng ngêm Cwpan Ewrop rhwng Utrecht a Barcelona yn yr Iseldiroedd yn 1965.

Un o'r pethau cyntaf sy'n dod i'r amlwg ynghylch Mr Williams yw fod pobl ifainc a'u hanghenion y pethau pwysicaf yn ei fywyd. Yn ogystal â'i ddiddordeb mewn clybiau ieuenctid, mae ganddo gysylltiadau â'r Urdd a Chlybiau Ffermwyr Ifainc y Sir. Bu'n feirniad cystadlaethau siarad cyhoeddus y ffermwyr.

Yn codi o'i ddiddordeb yn yr ifanc a'r teimlad fod arno eisiau gwasanaethu pobl, nid oedd ond mater o amser cyn iddo fynd i fyd llywodraeth leol. Mae'n aelod o Gyngor Dosbarth Twrcelyn er 1962 a bu'n gadeirydd ar hwnnw rhwng 1968 ac 1969. Cymerodd gam mewn hanes ym Mai 1969, pan ddewiswyd ef yn un o'r pedwar athro cyntaf i gael eu dewis i gynrychioli eu cydweithwyr ar bwyllgor addysg y Sir. Etholwyd ef yn aelod o Gyngor Dosbarth Ynys Môn, ac ef yw cadeirydd y Pwyllgor Mwynderau ac Adloniant. Cred fod ganddo fwy i'w gyfrannu i'r math yma o bwyllgor nag i'r un arall.

Cred hefyd fod Cyngor Ynys Môn yn mynd i roi gwasanaeth da i'r sir ac y byddai'r ad-drefnu'n rhoi cyfle i bethau gael eu gwneud er lles y sir yn gyfan gwbl. Roedd yn uned ddigon bychan a hwyliog i edrych ar ôl buddiannau'r sir. Gobeithia y bydd Cyngor Sir Gwynedd yn ddigon doeth i adael i'r Cyngor Dosbarth edrych ar ôl y pethau pwysicaf sy'n effeithio'n uniongyrchol ar y sir. Yn y cyngor, bydd yn ceisio dod â gwasanaethau angenrheidiol i gefn gwlad, fel nad yw'r ardaloedd trefol yn cael gwasanaethau gwell am yr unig reswm eu bod yn ardaloedd trefol. Mae gan bawb yn y sir hawl i dderbyn manteision yr ugeinfed ganrif, meddai, a dyna fyddai ei lwyfan.

Teimla'n gryf fod dyletswydd ar y cyngor i sicrhau bod pobl ifainc yn cael y pethau gorau mewn gwaith, addysg ac adloniant, er sicrhau nad ydynt yn colli mewn unrhyw ffordd drwy fyw yn y sir. Yr angen mawr oedd cadw cydbwysedd rhwng y rhai oedd am gael datblygiadau diwydiannol eang a'r rhai nad oedd arnynt eisiau gweld dim yn newid. Roedd yn rhaid cael gwaith, a gwaith da, i gadw pobl ifainc yn y Sir, neu byddai mewn perygl o gael ei throi'n Glwb Henoed enfawr.

O dro i dro, bydd Mr Williams yn gwisgo het arall - un y pregethwr cynorthwyol. Sylwa'n aml yn y capeli nad yw pobl ifainc ddim yn cael cyfle i ddangos beth maent yn gallu ei wneud. Roedd yn casáu clywed pobl hŷn yn beio'r ifanc am un peth neu'i gilydd heb roi'r cyfle iddynt wasanaethu ar bwyllgorau ac yn y blaen. Y canlyniad yw fod yr ifanc yn syrffedu ac yn cadw draw. Ystyria hyn yn drueni gan ei fod wedi gweld dro ar ôl tro y ffordd yr oedd pobl ifainc, beth bynnag eu cefndir a'u haddysg, wedi bwrw iddi yn llwyddiannus wedi iddynt gael cyfrifoldeb o redeg clwb.

Robert Owen

Fel y gellid tybio, derbyniodd yr Henadur Robert Owen, 109 Ffordd Penchwintan, Bangor, amryw o negesau brys pan ddewiswyd ef yn Faer Bangor yn 1964. Ond fel gweithiwr ar y rheilffyrdd y derbyniodd yr un sy'n agos at ei galon heddiw, er nad ydyw'n sicr a yw o ddifrif ai peidio. Y neges oedd "May your signals be all green" ac wedi ei lofnodi "Beeching".

Un o'r pethau cyntaf y mae llawer o ymwelwyr â'i dŷ cartrefol yn sylwi arno yw'r darlun o "Salem" sydd ar y pared. Ynddo'i hun, nid oes dim yn anghyffredin yn y darlun, ond y ffaith ddiddorol yw fod mam-yng-nghyfraith Mr Owen yn adnabod pob un o'r rhai sydd yn y llun. Yn y cefndir, gwelir bachgen ifanc pengoch; Ifan Lloyd oedd ei enw ef, cefnder i Mrs Owen.

Ganwyd a magwyd Mr Owen, yr hynaf o saith o blant, yn Rhiwlas, ger Bangor. Chwarelwr oedd ei daid, ei dad, ac yntau, hefyd, am ugain mlynedd o pan oedd yn bymtheg oed. Wedyn, bu'n gweithio ar y rheilffyrdd am ddeng mlynedd ar hugain.

Ni hoffai'r system a weithredwyd yn y chwarel, gan fod swyddog yn gallu gwneud person yn chwarelwr da neu'n un gwael wrth rannu cerrig gwell na'i gilydd i wahanol weithwyr. Roedd yn falch, oherwydd hynny, o gael gadael y chwarel, a rheswm arall am ei falchder oedd am ei fod yn credu na ddylai neb orfod gweithio yng nghanol cymaint o lwch. Hyd heddiw, mae'n cael pensiwn gan ei fod yn dioddef o glefyd y llwch.

Mae wedi cymryd diddordeb yn y byd politicaidd o'i ieuenctid. Er pan oedd yn ŵr ifanc, bu'n gwrando ar ddynion mewn oed, ac amryw o'r rheini'n bobl ddiwylliedig ac yn darllen llawer, yn dadlau ar y pynciau a godwyd yn y *Daily Herald*. Dywedodd Mr Owen ei fod wedi cael ei fagu'n sosialydd yn yr un modd â chawr fel Aneurin Bevan, a chofia am byth y fraint a gafodd o eistedd ar yr un llwyfan â Bevan pan ymwelodd hwnnw â Bangor.

Pan ddechreuodd weithio ar y rheilffyrdd yn 1940, daeth yn aelod o'r NUR ac yn 1946 enwebwyd ef yn ymgeisydd Llafur dros ranbarth gorllewinol Bangor. Collodd yr etholiad hwnnw o un bleidlais, a daeth nifer o'i gydweithwyr ato y diwrnod canlynol i ymddiheuro am nad oeddynt wedi pleidleisio. Ond, ymhen blwyddyn, enillodd y sedd gyda mwyafrif o 100.

Bydd mis Mawrth yn amser tyngedfennol i Mr Owen oherwydd bydd yn derbyn Rhyddfraint Dinas Bangor, ac fe fydd yn ei ddatgysylltu ei hun oddi wrth waith llywodraeth leol. Yn ystod ei gyfnod mewn llywodraeth leol, gwelodd ddatblygu rhan o Faesgeirchen, y cyfan o Goed Mawr, a Than y Bryn. Rhoddodd deyrnged i'w wraig, Nans, am ei chymorth dros y blynyddoedd. Bu'n rhaid iddi hi, fel gwraig pob aelod arall o'r cyngor, wneud heb lawer o bethau a dioddef nosweithiau hir ar ei phen ei hun tra oedd ei gŵr mewn cyfarfod o bwyllgor neu gyngor.

Credai y byddai'r drefn newydd yn dileu gwir ystyr y gair *lleol* mewn llywodraeth leol. Ni fydd llawer o bobl yn gwybod pwy yw eu cynrychiolydd oherwydd bod nifer y cynrychiolwyr yn llai ac am eu bod yn gwasanaethu mwy o bobl. Ymhen amser, meddai Mr Owen, gallai'r Cynghorau Cymdeithas fod o fendith i bobl ond, yn gyntaf, byddai'n rhaid cael dros gyfnod o ansicrwydd. Yr hyn na ŵyr neb ar hyn o bryd yw beth all y cyngor ei wneud heb yr un swyddog i ofyn ei farn.

Dywedodd Mr Owen na fu hi erioed yn nod ganddo i fod yn Faer. Yn wir, pan glywodd fod dau aelod am roi ei enw gerbron y Cyngor, roedd braidd yn amheus a allai siarad yn gyhoeddus fel y disgwylid i Faer ei wneud o dro i dro. Roedd yn ddyledus iawn i nifer o bobl na feddyliasai erioed y byddai'n cael unrhyw gymorth ganddynt.

Fel aelod o Lywodraethwyr Ysgol Friars, roedd wrth ei fodd yn darllen am lwyddiant y disgyblion, ac yn teimlo'n drist iawn pan glyw fod ieuenctid Bangor wedi bod yn camymddwyn. Mae ei falchder am lwyddiant addysg yn codi o'r ffaith ei fod wedi gorfod gadael Ysgol y Sir, Bethesda, yn fachgen ifanc i helpu i ddod ag ychydig arian i'r tŷ. Yn rhyfedd iawn, meddai, bu tri o ddisgyblion yr ysgol honno yn Feiri Dinas Bangor; ef ei hun, y diweddar Ithel Williams, a'r Henadur O. Glyn Owen. Bu disgybl arall, yr Henadur I. B. Griffith, yn Faer Bwrdeistref Frenhinol Caernarfon.

Bu cyfnod ym mywyd Mr Owen pan fethai'n lân a deall sut y gallai pobl a fagwyd yn debyg iddo ef fod yn perthyn i bleidiau gwleidyddol a oedd yn erbyn y graen. Ond wrth iddo fynd yn hŷn, roedd wedi mynd yn fwy goddefol o bobl a phethau. Trwy gydol ei oes bu'n darllen am ac yn gwrando ar deimladau pobl, a chredai fod hynny wedi bod o gymorth iddo roi arweiniad i bobl eraill. Hyn, os rhywbeth, a ffurfiodd ryw fath o nod iddo mewn bywyd.

Wilbert Lloyd Roberts

Clywir o dro i dro am bobl nad oeddynt wedi gwireddu eu huchelgais yn bwrw ati'n benderfynol mewn maes arall. Dyna, yn wir, a ddigwyddodd i Mr Wilbert Lloyd Roberts, 19 Bryn Eithinog, Bangor, cyfarwyddwr Cwmni Theatr Cymru. Roedd wedi rhoi ei galon ar gael bod yn feddyg ond sylweddolwyd yn fuan na fyddai adnoddau ariannol y teulu nac ychwaith yr ysgoloriaethau a oedd ar gael yn ddigon iddo allu gwireddu ei uchelgais.

Trodd, mewn ansicrwydd a siom, i weithio ar drên bach yr Wyddfa, lle y bu am ddwy flynedd. Cariodd y siom yma ef i Goleg Bala-Bangor ond gan mai hynny oedd yr unig sylfaen, cefnodd ar fywyd yn y weinidogaeth a symud i faes llenyddiaeth. Yng Ngholeg y Brifysgol, Bangor, graddiodd mewn Cymraeg ac Athroniaeth, a hefyd gwnaeth radd ymchwil mewn llenyddiaeth gan olrhain dylanwad John Milton ar farddoniaeth Gymraeg. Am ddwy flynedd wedyn, bu'n byw ar actio ac ysgrifennu cyn cymryd swydd fel darlithydd drama yn Wrecsam, heb fod yn gwybod fawr am y maes, meddai. Canlyniad hyn oedd iddo benderfynu mynd i ysgol ddrama yn Lerpwl ac yna i Goleg Drama yn Llundain.

Mae'n debyg, meddai, mai'r person a blannodd hedyn diddordeb mewn drama yn ei feddwl oedd Ifan Lloyd, Cwm Aelhir, blaenor mewn capel yn Llanberis, a fydd ar gof y rhan fwyaf o Gymry fel y bachgen pengoch yn y darlun o "Salem" y cyfeiriais ato o'r blaen. Ef a roddodd y gwaith i Mr Roberts, pan oedd yn llanc ifanc, i drefnu'r llwyfan yn y capel pan ddaeth Cwmni Drama Engedi, Caernarfon, i berfformio "Y Dreflan".

P'run bynnag, o Goleg Drama Llundain, ymunodd â'r *BBC* ym Mangor fel cynhyrchydd drama a rhaglenni nodwedd ar y radio. Datblygiad naturiol oedd symud i faes teledu gan gymryd swydd yn Llundain cyn dychwelyd wedyn i Fangor i ddechrau uned ddrama Gymraeg. Yn y cyfnod hwn, gwnaeth dipyn o waith llwyfan mewn Gwyliau Drama ac yn yr Eisteddfod Genedlaethol, ac o hyn, mae'n debyg, y daeth y pendantrwydd ei fod yn mynd i ymgymryd â rhywbeth a oedd am lwyddo.

Cymerai ddiddordeb mawr mewn cael theatr Gymraeg nad oedd wedi ei seilio ar ddim byd tebyg yn Lloegr. Credai fod yn rhaid i'r fenter fod yn wahanol os oedd am lwyddo. O ganlyniad i siarad ac ysgrifennu am y peth, gwahoddwyd ef "i'w thrio hi er mai ychydig o ffydd oedd gan neb yn y syniad". Roedd y chwilen wedi bod yn y pen rhy hir i wrthod. Gyda'r syniad "Boed anwybod yn obaith" yn ei ben, daeth i Fangor chwe blynedd yn ôl i sefydlu Cwmni Theatr Cymru. Erbyn hyn, roedd y Theatr wedi datblygu y tu hwnt i obeithion neb. Un o'r bobl a geisiodd ei berswadio i beidio ymgymryd â'r gwaith oedd Cynan ond ef oedd y cyntaf i ddod ymlaen i hyfforddi actorion ifainc pan sefydlwyd y theatr.

Os rhywbeth, roedd y gwrthwynebiad i'r syniad o gael theatr genedlaethol yn rhoi hwb iddo i sicrhau ei bod yn llwyddo ond, er ei hyder, bu ond y dim i'r fenter fethu yn y flwyddyn gyntaf. Roedd prinder staff, prinder adnoddau, prinder actorion, prinder cyfarpar, a chostau trwm, yn gwneud i bethau edrych yn dywyll ond, erbyn heddiw, mae deunaw ar y staff, a gobeithion i gynyddu'r nifer i ddeg ar hugain yn fuan, digon o le i ymarfer a gwerth £15,000 o gyfarpar.

Polisi'r Cwmni yw perffformio cynhyrchiad Cymraeg bob mis ac, ar hyn o bryd, mae ganddynt ddigon o ddramâu gwreiddiol neu gyfieithiadau i gynllunio am bymtheng mis ymlaen llaw. Un o'r gofidiau wrth sefydlu'r Cwmni oedd na fyddai digon o ddramâu i gynnal Cwmni amser llawn ond teimlai Mr Roberts yr adeg honno y byddai theatr yn symbylu pobl i ysgrifennu a phrofodd hynny'n wir.

Staff y Cwmni fydd yn gyfrifol am redeg Theatr Gwynedd sydd bron wedi ei chwblhau ym Mangor. Nid oes neb yn gwybod i sicrwydd a fydd yn llwyddiant ond o gymryd Aberystwyth a Chaerdydd yn llinyn mesur fe ddylai lwyddo. Pwysleisiodd Mr Roberts fod hon yn theatr i'r gymdeithas gyfan ac nid rhywbeth i'r Colegau neu'r Cwmni. Roedd yn ffyddiog y byddai'n llwyddiant, am ei bod yn rhywbeth yr oedd ei wir angen yn y rhan yma o Ogledd Cymru. Fis ar ôl mis, roedd perfformiadau gan y Cwmni wedi profi'n llwyddiant mewn neuaddau yma ac acw, felly tybiai y byddai hyd yn oed gwell ymateb gan y cyhoedd mewn adeilad pwrpasol.

Cred fod y Cwmni wedi ei sefydlu ar yr union amser priodol, pan fo pobl yn dechrau bod yn ymwybodol o'u Cymreictod a phethau fel nosweithiau llawen a chyngherddau pop yn eu bri. Er hynny, rhaid oedd sicrhau nad brwdfrydedd dros dro oedd yn gyfrifol am y llwyddiant ac fe sefydlwyd Cymdeithas Theatr Cymru, sydd erbyn hyn yn hawlio aelodaeth o 3,000.

Bu ymweliadau â gwledydd bychain Scandinavia yn symbyliad i'r rhai a gredai yng Nghwmni Theatr Cymru i ddod o hyd i batrwm theatr a oedd yn fwy addas i anghenion Cymru na'r patrwm Saesneg y buont yn ei chysgod am flynyddoedd, meddai.

Er y ffyniant a'r tyfiant, roedd prinder actorion Cymraeg o hyd, a dylid gwella yn y maes yma. Dylai hynny ddigwydd pan sefydlir cwrs Cymraeg yng Ngholeg Cerdd a Drama Caerdydd. Mae'n rhaid cael digon o actorion Cymraeg da ar gyfer y teledu ac at gynyddu Cwmni Theatr.

Yn gysylltiedig â'r maes drama, mae'r Cwmni'n hyfforddi pobl ifainc mewn agweddau technegol a thrydanol ac, yn ddiweddar, penodwyd dau, Gwynfryn Davies, Mynydd Llandygái, ac Alwyn Evans, Rhiwlas, yn rheolwyr llwyfan gyda'r Cwmni. Hwy yw'r ddau Gymro cyntaf i ddal y swyddi.

O safbwynt y dyfodol, dywedodd Mr Roberts mai'r peth pwysicaf bellach oedd fod gan Gymru sefydliad cenedlaethol Cymraeg nad oedd yn bod o'r blaen. Roedd yn rhaid sicrhau bod lle i syniadau newydd, pobl newydd a datblygiadau newydd fel y bydd bob amser yn berthnasol i'r iaith a'r genedl. Ni ddylai byth fod yn amgueddfa ond yn labordy a gweithdy, meddai.

Hefin Wyn Jones

Mae cyfnod o newid yn well na chyfnod o orffwys, yn ôl y rhai sy'n gwybod am y pethau hyn. O dro i dro, clywir am rywun, neu fe gyfarfyddir â rhywun, sydd wedi manteisio ar neges y dywediad er eu lles eu hunain. Dyna fu profiad Mr Hefin Wyn Jones, Llys Fair, Porthaethwy. Ganed ef yr unig blentyn i Mr a Mrs G. G. Jones ym mhentref Dwyran. Wedi iddo orffen yn yr ysgol, penderfynodd fod arno eisiau mynd ar y môr. Nid oedd traddodiad morwrol o gwbl yn y teulu ond penderfynodd gymryd ei siawns ar y môr ymhlith pobl hollol wahanol eu cefndir iddo ef. Ymunodd yn gyntaf â chwmni Lambert and Holt, ac er i'w yrfa fod yn gymharol fyr bu gyda dau gwmni arall, y Bank Line a'r Prince Line, gan hwylio ledled y byd.

Ni ŵyr hyd heddiw pam yr aeth i'r môr ond nid oes dadl, meddai, na lwyddodd y profiad i ehangu ei orwelion. Ond, tua'r flwyddyn 1921, daeth dirwasgiad; roedd yn anodd i bobl gael gwaith a sylweddolodd y byddai'n rhaid iddo fynd ati i chwilio am yrfa newydd. Gydag addysg yn Ysgol Uwchradd Llangefni y tu cefn iddo, ymunodd â chwrs i athrawon yn y Coleg Normal, Bangor, ond wedi iddo gwblhau'r cwrs yn 1924, gwelodd unwaith eto nad oedd yn hawdd cael gwaith.

Llwyddodd i gael swydd yn Ysgol y Bechgyn, Cybi, Caergybi, lle bu tan 1935. Yn ystod y cyfnod hwnnw, gwnaed yr ysgol yn un ganolog i'r plant hynaf. Yr un pryd, roedd arbrawf newydd ar dro yn y sir ac fe ofynnwyd i Mr Jones sefydlu ysgol gwbl wahanol yng Nghaergybi i bobl ifainc hyd at ddeunaw oed a oedd wedi methu â chael gwaith. Galwyd hi'n *Junior Instruction Centre* a chafodd Mr Jones benrhyddid i'w rhedeg fel y gwelai orau. Fel mesur o'i lwyddiant, roedd rhai o'r bobl ifainc yn gofyn am gael aros ymlaen yn y ganolfan ar ôl cyrraedd eu deunaw oed.

Erbyn hynny, roedd cymylau duon y rhyfel wedi dechrau codi dros Ewrop a phwyswyd ar amryw o'r bechgyn ifainc i ymuno â'r Lluoedd Arfog. Wrth i'r nifer yn y ganolfan ostwng, bu'n rhaid ei chau ac yn 1938 symudodd Mr Jones yn brifathro i Gemaes a oedd yn bentref bywiog iawn gyda phob math o weithgareddau'n mynd ymlaen yno. Cofia gôr a dau gwmni drama yno. Ond y peth bythgofiadwy am Gemaes oedd gweld rhyw bnawn Sul gwyntog yn 1950, pan oedd yn cerdded ar y traeth, ddynes a bachgen bach yn cerdded ar lan y môr. Mynnodd y bachgen fynd i'r dŵr; cydiodd y gwynt ynddo ac aeth ei fam i'r dŵr ar ei ôl. Ymhen eiliadau, roedd y ddau mewn trafferthion. Aeth Mr Jones a dyn o'r Llu Awyr ar eu hôl a'u hachub. Derbyniodd wobr y *Royal Humane Society* am ei ymdrechion.

Arwydd o'i boblogrwydd yng Nghemaes oedd i rieni'r ardal drefnu deiseb yn gofyn iddo aros yno pan ymgeisiodd am swydd newydd. Ond ymlaen yr aeth wedi hynny i ysgol arbennig ym Mryngwran ar gyfer disgyblion a oedd yn barod i fynd i'r Ysgol Gyfun. Yn 1954, penodwyd ef yn Brifathro Ysgol Gynradd Porthaethwy ac yno y bu nes iddo ymddeol wyth mlynedd yn ôl.

Dechreuodd gymryd diddordeb mewn llywodraeth leol pan oedd yng Nghemaes ond yn 1956 y cafodd ei ethol ar Gyngor Porthaethwy, a bu'n gadeirydd yr awdurdod rhwng 1967 ac 1969. Etholwyd ef yn aelod o Gyngor Sir Môn yn 1967 ac mae'n is-gadeirydd pwyllgor cynradd ac uwchradd y Cyngor. Ef hefyd yw cynrychiolydd y Pwyllgor Addysg ar Gyd-bwyllgor Addysg Cymru ac oddi yno penodwyd ef yn un o Lywodraethwyr y Coleg Llyfrgellwyr yn Aberystwyth. Mae hefyd yn un o reolwyr ei hen ysgol ac yn llywodraethwr Ysgol Gyfun David Hughes.

Cafodd ei gefndir diwylliedig a'r ffaith ei fod wedi gweithio mewn pentrefi cyfeillgar a diwylliadol ddylanwad mawr ar ei fywyd, meddai, fel y cafodd y cartref, y capel a'r ysgol. Cymer ddiddordeb ers blynyddoedd lawer mewn cerddoriaeth ac yn enwedig mewn canu corawl. Y mae wedi codi ac arwain corau ieuenctid, corau meibion, corau merched a chorau cymysg, a chael cryn lwyddiant mewn sawl eisteddfod. Mae hefyd yn feirniad ac yn arweinydd cyngherddau. Y llynedd, yn Rhuthun, fe'i hurddwyd yn aelod er anrhydedd o Orsedd Beirdd Ynys Prydain.

Wrth daflu trem yn ôl tros y 42 mlynedd y bu'n athro, dywedodd Mr Jones fod llawer o newidiadau wedi digwydd. Roedd yn gadael y gwasanaeth pan oedd y dulliau presennol o addysgu plant yn dechrau ennill tir. Gan iddo gael ei fagu gyda'r dull traddodiadol o addysgu plant, nid oedd yn rhy barod i dderbyn pob agwedd o'r dull newydd. Er hynny, gwêl werth mawr ynddynt dim ond iddynt gael eu gweithredu yn y ffordd briodol. Cred fod y dull newydd yn fwy diddorol i'r plant, gan eu bod yn cael eu dysgu i ddarganfod pethau drostynt eu hunain. Mae gan blant heddiw fwy o ryddid, ond un perygl yw i'r rhyddid hwn droi'n benrhyddid. Ond mae'n rhaid cydnabod, meddai, fod plant heddiw yn llawer mwy parod i fynd i'r ysgol na phlant 40 mlynedd yn ôl pan oedd yn rhaid eu gorfodi i fynd. Yn yr awyrgylch newydd hwn, gobeithia nad yw'r pwyslais wedi symud gormod oddi wrth safon dda a dysgu moesau da i'r plant a'u cael i sylweddoli bod pobl eraill yn y byd heblaw hwy. Ni hoffai weld pethau fel darllen, ysgrifennu a mathemateg yn cael eu hesgeuluso. Er nad yw Mr Jones yn cytuno â rhai o'r dulliau presennol o ddysgu plant, hoffai'n fawr fod yn athro heddiw oherwydd bod mwy o ddysgu gyda'r plant yn hytrach na dysgu atynt.

Llewelyn Jones

Fferyllydd o Langefni, wedi ei eni yn Llanfaethlu, yw'r Henadur Llewelyn Jones, Nant y Môr, Porth Llechog, Amlwch. Pan ddaeth i fyw i Amlwch yn 1936, gresynai nad oedd ysgol ganolraddol yn y dref i blant a phobl ifainc a oedd yn haeddu mynd ymlaen â'u haddysg. Ei freuddwyd oedd cael gweld pob plentyn disglair o Amlwch yn mynd i ysgol yno yn hytrach na gorfod teithio'r holl ffordd i Langefni lle'r oedd ysgol ganolraddol. Hyd heddiw, y mae'n dra diolchgar i'r rhai a oedd yn rheoli'r Neuadd Goffa am iddynt gael digon o weledigaeth i roi benthyg y Neuadd i'r Pwyllgor Addysg i'r pwrpas hollbwysig hwn.

Ond wedi dyfodiad yr ysgol ganolraddol i'r dref, roedd lle i resynu unwaith eto; y tro hwn am na ddaethai'r ysgol ynghynt a bod o fendith i laweroedd o bobl ifainc yn ystod y cyfnod wedi'r Rhyfel Cyntaf. Erbyn heddiw, mae Mr Jones yn un o reolwyr yr ysgol gynradd ac ar fwrdd llywodraethwyr Ysgol Syr Thomas Jones, a gychwynnodd ei hoes yn y Neuadd. Mae'n argyhoeddedig fod Ysgolion Uwchradd Môn erbyn heddiw yn unedau rhy fawr a charai weld wyth ysgol o hanner maint y pedair sydd ohoni. Teimla, hefyd, fod dylanwad yr ysgolion wedi lleihau oherwydd eu bod mor enfawr. Roedd yn amhosibl disgwyl i brifathro ddod i adnabod pob un o'i 2,000 o ddisgyblion. Serch hynny, mae'r manteision o gael addysg uwchradd i bawb sy'n ei haeddu, yn hytrach nag i'r ychydig sy'n gallu talu amdano, yn fendith. Peth arall na sylweddolir yn aml, meddai, yw fod plant heddiw yn cael cinio poeth bob dydd os oes arnynt ei angen, rhywbeth a all fod o fendith i deuluoedd nad oes ganddynt lawer o arian wrth law.

Bu fferyllwyr yn nheulu Mr Jones ers blynyddoedd ac nid rhyfedd, felly, iddo yntau gymryd diddordeb yn y gwaith. Yn ystod y Rhyfel Cyntaf, gwasanaethodd yn Ffrainc gyda'r *Royal Army Medical Corps*. Wedi'r rhyfel, bu mewn Coleg Fferyllwyr yn Llundain am ddwy flynedd. Daeth oddi yno i weithio ym musnes y teulu ac yn 1930 cymerodd drosodd yn Llangefni. Dilynwyd y siop hon gyda siopau eraill yn Amlwch, Cemaes, Rhosneigr a Llannerchymedd.

Daeth i fyd llywodraeth leol yn 1922 pan etholwyd ef yn aelod o Gyngor Dinesig Llangefni. Ddeuddeng mlynedd wedyn, daeth yn aelod o Gyngor Dinesig Amlwch ac yn 1946 etholwyd ef yn un o gynrychiolwyr Amlwch ar y Cyngor Sir. Wedi symud o Langefni i Amlwch, gwelodd fod pethau'n ddigon cyntefig yn y dref - tref a fu ychydig ynghynt yn ganolfan fasnach y byd am gopr. Yn wahanol i Langefni, nid oedd dŵr cyhoeddus, cynllun carthffosiaeth na goleuni stryd yn Amlwch. Er cymaint yr angen, ni ddaeth dŵr cyhoeddus i'r dref tan ar ôl yr Ail Ryfel Byd, gyda gwaith carthffosiaeth yn dilyn yn ei sgîl. Yn y cyfnod cyn y rhyfel, effeithiai'r dirwasgiad ar Amlwch fel ar rannau eraill o'r wlad. Gresynai Mr Jones wrth feddwl mai rhyfel oedd yr unig beth a roddai waith llawn i bobl, yn arbennig pan welwyd ond ychydig o flynyddoedd cynt, tua'r flwyddyn 1936, fod pethau'n gwella.

Gwnaed Mr Jones yn Henadur y Cyngor Sir yn 1957, ond er iddo fod ar y cyngor am sawl blwyddyn, ni welodd newidiadau chwyldroadol. Teimla'n awr mai camgymeriad yw uno Sir Fôn ag uned enfawr Gwynedd. Mae'r Sir yn addas i'w chynnal ei hun yn annibynnol.

Dr D. Eirwyn Morgan

Oherwydd y lleihad yn nifer gweinidogion y Bedyddwyr, mae capeli'n awr yn eu gwahodd i dderbyn galwad gymaint â blwyddyn cyn iddynt gwblhau eu cwrs. Un sy'n gorfod dygymod â'r newid hwn ym mywyd crefyddol Cymru yw'r Athro D. Eirwyn Morgan, Prifathro Coleg y Bedyddwyr, Bangor.

Brodor o Benygroes, Sir Gaerfyrddin, ydyw, wedi ei addysgu yn yr ysgol gynradd yno ac wedyn yn Ysgol Ramadeg Dyffryn Aman, Rhydaman. Oddi yno aeth i Goleg y Brifysgol, Abertawe, lle graddiodd yn y celfyddydau, gydag anrhydedd yn y Gymraeg. Yng Ngholeg Presbyteraidd Caerfyrddin, enillodd radd B. D. a chafodd ei Ddoethuriaeth yng Ngholeg Bedyddwyr Regents Park, Rhydychen.

Ei eglwys gyntaf oedd Pisgah, Bancffosfelen, ryw saith milltir o'i gartref. Bu yno am ddeuddeng mlynedd tan 1956 pan symudodd i'r Tabernacl, Llandudno. Yn 1967, daeth i Goleg y Bedyddwyr yn athro Athroniaeth Crefydd yng nghyfadran Coleg y Brifysgol, gan ddysgu diwinyddiaeth fugeiliol yng Ngholeg y Bedyddwyr. Yn 1971, penodwyd ef yn Brifathro'r Coleg. Dywedodd nad oedd erioed wedi meddwl gadael y weinidogaeth ac er iddo gymryd y swydd, ni chollodd gysylltiad â chapeli'r cylch, gan y byddai'n pregethu'n gyson bob Sul.

Yn ôl trefn y Bedyddwyr, cael ei wahodd i'r swydd a wnaeth yn hytrach na gorfod ymgeisio amdani. Dewiswyd y rhan fwyaf o brifathrawon y Coleg o blith gweinidogion yr enwad. Credai mai dyma'r ffordd iawn i wneud penodiad, gan fod y rhai sy'n ymgymryd â'r swydd yn gwybod am y cefndir ac wedi gweithio'n ymarferol ymhlith pobl. Anodd iawn fyddai i unrhyw un geisio dweud wrth fyfyrwyr sut i ddelio â phroblemau aelodau eu capeli heb iddynt hwy eu hunain fod wedi cael profiad o'r gwaith.

Erbyn hyn, mae wyth o fyfyrwyr amser llawn yn y Coleg, ond gan fod cydweithio agos â Choleg Bala-Bangor, yr Eglwys a'r Brifysgol, mae oddeutu 25 yn cael eu hyfforddi. Yn ei anterth, roedd 30 o ddisgyblion yn y Coleg. Er i'r nifer ostwng, a mwy o gapeli nag sydd o weinidogion i'w llenwi, teimla'r Athro Morgan fod pethau'n mynd i wella. Ar hyn o bryd, mae Comisiwn yn ymchwilio i faterion megis nifer myfyrwyr a faint o alw sydd am yr hen ddull o'u haddysgu.

Mae'n falch bod elfen o gydweithio rhwng Coleg y Bedyddwyr a Choleg Bala-Bangor - cydweithio sy'n mynd yn ôl ryw hanner can mlynedd. O safbwynt y ddau Goleg, y Brifysgol a'r Eglwys, bu cydweithredu yn ateb boddhaol, er mwyn sicrhau bod myfyrwyr yn cael sylwadau goreuon pob enwad. Dylai pawb rannu'r adnoddau gorau sydd ganddynt.

Teimlai fod y Coleg yn ganolfan i Fedyddwyr drwy'r Gogledd a'i fod, dros y blynyddoedd, wedi cynorthwyo i gynnal pulpudau mewn sawl ardal. Â'r holl fyfyrwyr allan bob Sul i wasanaethu mewn gwahanol ardaloedd ac er bod hyn yn rhan bwysig o'r hyfforddiant, efallai y byddai'n beth doeth iddynt weithiau, meddai, fynd i gapeli i wrando. Hyd yn hyn, ni fu arbrofi gyda'r syniad o gael myfyriwr i fynd i edrych ar ôl gofalaeth yn ystod misoedd yr haf, ond efallai y deuai hynny yn y dyfodol, gan eu bod hwy, a phregethwyr cynorthwyol, eisoes yn cyfrannu'n helaeth tuag at ddyfodol y capeli.

Dywedodd fod amryw o fyfyrwyr y Coleg yn amheus o'r Eglwys Gyfundrefnol ac yn teimlo y deuai'r dydd pan fyddai'n rhaid iddynt fynd allan i chwilio am eu cynulleidfa. Mae cenhadu, tystiolaethu trwy ganeuon pop, ac ymddangos ar deledu a radio, yn awr yn rhan hanfodol o hyfforddiant y gweinidog ifanc. "Beth bynnag yw gwendidau myfyrwyr heddiw, mae'n rhaid cydnabod bod ganddynt gymaint o argyhoeddiad dros ryw achos arbennig nes eu bod yn fodlon aberthu rhyddid dros yr hyn a gredant", meddai. Dyma yw sail Cristnogaeth, a dangosodd amryw o'i fyfyrwyr eu teimladau ynglŷn ag annhegwch sefyllfa'r iaith ac ail gartrefi yng nghefn gwlad Cymru. Ond, ar yr un pryd, nid yw'r Coleg yn fewnblyg gan y dilynir cyrsiau yn ymwneud ag Ewrop a'r byd yn ogystal â materion Cymreig.

Mewn etholiadau rhwng 1949 ac 1957, ymladdodd yr Athro Morgan am sedd Llanelli dros Blaid Cymru ac yn ystod y cyfnod hwnnw chwyddodd ei bleidlais o 2,000 i 7,500. Yn 1960, aeth i'r America am flwyddyn ar gwrs astudiaethau crefyddol uwchradd gyda chwmni eciwmenaidd o ugain o wledydd a phymtheg o enwadau drwy'r byd.

Ef yw Cadeirydd Eglwysi Rhyddion Gogledd Cymru ac mae'n aelod o Gynghorau Undeb Bedyddwyr Cymru, Undeb Bedyddwyr Prydain Fawr ac Iwerddon a Chymdeithas Genhadol yr enwad.

Dywedodd fod yr ardal lle ganed ac y magwyd ef, ei gartref a'i gapel, wedi cael dylanwad mawr ar ei fywyd, yn grefyddol a diwylliannol. Mae ganddo ddyled i'w enwad ac i bobl ragorol pob enwad am eu cymorth drwy ei oes, meddai.

B. N. Young Vaughan

Wedi iddo gwblhau'r gwaith a roddodd iddo'i hun dan haul y Caribî, daeth B. N. Young Vaughan i Fangor yn Esgob Cynorthwyol. Bu'r Esgob Vaughan yn y Caribî yn lledaenu gwaith yr Eglwys yn addysgol a chrefyddol, a phan wahoddwyd ef i gymryd swydd ym Mangor daeth i'r ddinas gan ei fod wedi gorffen y gwaith yr oedd wedi ei osod iddo'i hun ac wedi gadael sylfaen gadarn i'w olynydd fel Esgob British Honduras.

Ganed yr Esgob Vaughan yn y rhan Gymraeg o Sir Benfro. Derbyniodd ei addysg bellach yng Ngholeg Llanbedr Pont Steffan, Prifysgol Rhydychen, lle'r astudiodd Ddiwinyddiaeth, ac wedyn yn Westcourt House, Caergrawnt. Oddi yno, fe aeth yn gurad i'r Tymbl ac wedyn i Gaerfyrddin. Treuliodd ychydig amser yn ddarlithydd mewn Coleg yn Barbados cyn dod yn ôl yn ddarlithydd i Goleg Llanbed. Pan oedd yno, cafodd wahoddiad i fynd yn Ddeon i Trinidad. Derbyniodd y gwahoddiad, er ei fod yn amheus ar y pryd, meddai. Credai mai ei ddyletswydd oedd mynd, ac er bod pethau'n ansicr ar y dechrau, roedd yn ffyddiog y byddent yn gwella, er gwaethaf yr hyn a dybiai a ddigwyddai ar y ffordd.

Roedd y Gadeirlan yno yn un o'r rhai mwyaf bywiog o eiddo'r Gymuned Anglicanaidd, gyda miloedd o bobl yn troi i mewn i addoli ar y Sul. Nid oes amheuaeth nad oedd ganddo gariad at ei waith yn yr ynysoedd hyn a'i fod yn teimlo'i fod yn gwneud rhywbeth gwerth chweil. Gadawodd ei farc yno, hefyd, trwy sefydlu ysgol gynradd ac uwchradd ac o ddechreuad bychan mae'r ddwy erbyn heddiw yn ysgolion llwyddiannus dros ben.

Yna, cafodd wahoddiad arall, y tro hwn i fod yn Esgob Mandeville, Jamaica. Yno y sylweddolodd cymaint yr oedd Cymry yn ei gyfrannu i'r wlad. Cofia am

Bob Innes o Sir Fôn, yn y busnes siwgwr, Bryn Davies, Pennaeth Cwmni Aliwminiwm yno, sy'n awr yn byw yn Rhuthun, Jerry German, prifathro'r ysgol sy'n awr yn brifathro ar ysgol yn yr Wyddgrug, ac R. G. Williams, yr Arglwydd Raglaw, brodor o Dregaron. Ond pan ddaeth newid, daeth yn sydyn. Cymerodd y bobl leol y swyddi hynny drosodd fel roeddynt yn haeddu ei wneud, meddai.

Tra oedd yno, sefydlodd Goleg Hyfforddi Athrawon, a'i bennaeth oedd Gerallt Jones, brodor o Rosybol, a fu'n athro yn Ysgol Syr Thomas Jones, Amlwch, am gyfnod ac sydd erbyn heddiw yn Brifathro Coleg Llanymddyfri. Trwy ei weithgarwch, fe sefydlwyd Cartref i'r Henoed ac ysgol. Oddi yno aeth i British Honduras, neu Belise fel y gelwir y lle heddiw. Ei waith yno oedd dwyn y brodorion ymlaen i dderbyn cyfrifoldeb yn yr eglwys ac, o'i holl waith, credai mai hwn a ddaeth â'r mwyaf o falchder iddo. Pinacl y balchder oedd sefydlu un o'i gyn-ddisgyblion yn Esgob i'w olynu.

Yn ystod y cyfnod hwnnw, sefydlwyd canolfan eciwmenaidd a fu'n llwyddiant mawr wedi i brifddinas Belise gael ei chwalu gan gorwynt yn 1961. Penderfynwyd ailadeiladu'r ddinas rhyw 50 milltir i mewn yn y wlad a llwyddodd i berswadio'r enwadau eraill i ddod ynghyd mewn un adeilad. Daeth y rhan fwyaf o'r arian i adeiladu'r Eglwys hon o Gymru. Ei nod oedd gweld un Eglwys ac un wlad ac un bobl, rhywbeth a oedd yn hanfodol mewn gwlad ifanc ar fin datblygu. Ni welai fawr o wahaniaeth ym mywyd Bangor o'i gymharu â'r Caribî. Roedd addysg yn un llinyn a'i dilynodd ef drwy gydol ei oes. Roedd Bangor yn ddinas academaidd ac roedd wedi cael croeso mawr gan bawb yn gysylltiedig â hi.

Bu'r offeiriaid hefyd yn groesawgar iawn a chredai fod ei waith fel Esgob Cynorthwyol yn dilyn yn hapus ar y patrwm a gymerodd ei fywyd erioed. Carai deimlo ei fod am roi cymorth i adfywio'r Eglwys yn y cylch a chael cydweithrediad rhyngddi ac enwadau eraill heb amharu dim ar ryddid neb i addoli fel y mynnont. Credai fod mwy o gydweithio nag yr oedd pobl yn ei feddwl ac roedd llawer o deimlad da rhwng y gwahanol enwadau ac roedd yn obeithiol iawn ynglŷn â'r dyfodol. Y duedd yw ein bod yn dyfod yn nes at ein gilydd yn lleol, yn enwedig mewn ardal fel Llŷn, lle caiff daliadau pawb eu parchu a phawb yn parchu ei gilydd.

Y gwahaniaeth rhwng yr Eglwys yng Nghymru a'r un Eglwys yn y Caribî yw mai maes cenhadol ydyw yn yr ynysoedd. Y pwrpas yw helaethu'r gwaith, ehangu'r

Eglwys ac adeiladu. Ym Mangor, y gwaith blaenaf yw trefnu'r hyn sydd wedi ei adeiladu, creu dealltwriaeth. Ad-drefnu ac adfywio yw'r peth mawr.

Syr Ben Bowen Thomas

Yn ystod ei gyfnod fel gweithiwr sifil, cyfarfu Syr Ben Bowen Thomas, Y Wern, Bodlondeb, Bangor, amryw o arweinwyr diddorol o wahanol wledydd. Cofia'n arbennig am yr adeg y cyfarfu â'r Canghellor Adennaur yn yr Almaen. Ar y pryd, roedd Syr Ben yn Gadeirydd Corff Llywodraethu *UNESCO* yn ei bencadlys ym Mharis. O glywed yr Almaenwyr yn sôn am amryw o Gymry fel Lloyd George ac Aneurin Bevan, gresynai nad oedd gwlad Geltaidd ar ôl ar y cyfandir. Dywedodd y gallai gwlad Geltaidd gref gadw cydbwysedd pwysig rhwng y Ffrancwyr a'r Tiwtoniaid, yn hytrach na'u bod yn gwrthryfela â'i gilydd dros y blynyddoedd.

Un arall a gyfarfu yn ystod y cyfnod hwn oedd Shah Iran a ddaeth i fwy o amlygrwydd y dyddiau hyn oherwydd yr argyfwng olew. Cymharai ef ei hun â brenhinoedd Prydain yn yr ail ganrif ar bymtheg. Eu hymdrech gyntaf oedd ceisio sicrhau nad oedd y bobl yn lladd ei gilydd a'u hail ymdrech oedd sicrhau nad oeddynt yn eu lladd hwy.

Brodor o Gwm Rhondda yw Syr Ben ac yno y bu yn yr ysgol. Am gyfnod cyn mynd i'r Coleg, bu yn y Llynges rhwng 1914 ac 1918. Manteisiodd ar ysgoloriaeth a gafodd i fynd yn fyfyriwr i Goleg y Brifysgol, Aberystwyth, ac wedyn ymlaen i Goleg yr Iesu, Rhydychen. Oddi yno aeth yn ôl i Aberystwyth yn athro yn yr Adran Efrydiau Allanol, ac yn 1927 symudodd i Goleg Harlech fel ei Warden cyntaf. Bu yno am dair blynedd ar ddeg cyn cael i benodi'n Bennaeth Adran Efrydiau Allanol, Aberystwyth.

Ymhen dwy flynedd, cychwynnodd ar ei yrfa yn y gwasanaeth sifil pan ofynnwyd iddo fynd i'r Weinyddiaeth Lafur a'r Gwasanaethau Cenedlaethol yn gadeirydd *Manpower Board* y De. Ei waith oedd sicrhau bod digon o bobl ar gyfer gwaith, a hefyd eu lleoli mewn gwahanol ardaloedd yn ôl yr angen. Ar ddiwedd y Rhyfel, gofynnwyd iddo fynd yn bennaeth Adran Gymraeg y Weinyddiaeth Addysg, ac yno y bu tan Medi 1963, pan ymddeolodd. Roedd hwn yn gyfnod pwysig gan iddynt orfod rhoi argymhellion Deddf Addysg 1944 ar waith, ynghyd â'r holl ad-drefnu addysg uwchradd a thechnegol.

Yn 1952, gofynnwyd iddo fod yn gyfrifol am gysylltiadau ag UNESCO. Roedd hon hefyd yn swydd ddiddorol, meddai, yn rhoi cyfle iddo gyfarfod arweinwyr y byd fel Adennaur, Nasser, De Gaulle, Ymerawdwr Siapan, ac amryw o bobl eraill. Hyd heddiw, mae ganddo gyfeillion ym mhob rhan o'r byd.

Pan ddaeth yn amser iddo ymddeol, gadawodd Syr Ben i'w wraig ddewis lle'r oeddynt am fyw. Mae hi'n ferch i gyn-aelod seneddol Caernarfon, Ellis W. Davies, a'i dymuniad oedd dod yn ôl o Lundain i Gymru a chael bod yn agos at ei theulu. Yn drist iawn, bu farw o fewn deufis ar ôl iddynt symud i'w cartref newydd.

Am chwe blynedd, bu Syr Ben yn gwasanaethu ar yr Awdurdod Darlledu Annibynnol, ac ymfalchïa fod gwell dealltwriaeth rhwng yr awdurdod hwnnw a'r *BBC* wedi cael ei sefydlu yn ystod y cyfnod hwn, gyda'r ddau gorff yn gweithredu er lles Cymru. Roedd yn gyfnod tyngedfennol pan ddaeth cytundeb y cwmnïau annibynnol i ben a'r awdurdod yn gorfod dewis naill ai rhoi cytundeb i gwmni newydd neu adnewyddu un yr hen gwmni. Penderfynwyd rhoi cytundeb Cymru i *HTV* ac roedd dau reswm am hynny. Yn wahanol i *TWW*, roedd ar *HTV* eisiau ymgartrefu yng Nghaerdydd a Bryste, tra oedd *TWW* am aros yn Llundain. Hefyd teimlwyd y gallai *TWW* fod wedi gwneud mwy i hybu diwylliant yng Nghymru. Nid oedd amheuaeth, meddai, nad oedd Harlech wedi cyfrannu mwy yn ariannol i bethau'n ymwneud â Chymru mewn blwyddyn nag a wnaeth *TWW* yn ei holl gyfnod.

Bu Syr Ben yn aelod o Gomisiwn Kilbrandon ar y Cyfansoddiad, a chred yn gryf fod Cymru wedi datblygu cymaint erbyn hyn fel y dylai trigolion y wlad gael mwy o gyfrifoldeb. Er bod datganoli gweithredol yn bwysig, dylai'r datganoli fod yn un deddfwriaethol pe bai modd. Gan fod llywodraeth leol yng Nghymru'n cael ei haddrefnu i wyth ardal, dylai Cymru gael corff iddi'i hun a phwerau tros yr wyth uned newydd. O ddechrau bychan, gallai pobl Cymru ddangos bod Senedd o'r fath yn ymarferol ac wedyn dylai gael hyd yn oed fwy o bwerau dros faterion Cymreig. Cred llawer na fyddai Senedd o'r fath yn gallu gweithio, ond dywedodd Syr Ben y byddai'n rhaid iddi. Mae'n drueni, meddai, fod llawer o bobl ofn mentro neu gymryd cyfle ar rywbeth am eu bod ofn na fyddai'n gweithio. Dylent ymgymryd â rhywbeth newydd a sicrhau ei lwyddiant. Bwgan arall a godir yn aml yw na all Cymru fforddio i sefyll ar ei thraed ei hun. Ond profodd economegwyr fod gan Gymru ddigon o adnoddau i gynnal gwasanaeth sylweddol i bobl y wlad.

John G. Jones

Un o wendidau'r dyddiau hyn mewn llawer o feysydd yw na roddir yr holl egni meddyliol a chorfforol y tu ôl i gynllun i sicrhau ei lwyddiant. Dyna gred Mr John G. Jones, Aberpwll, Y Felinheli, sydd wedi ymgymryd ag amryw o weithgareddau yn y pentref dros y blynyddoedd. Teimla mai'r unig ffordd i wneud rhywbeth yw gyda'r holl galon. Os na wneir hynny, bydd y cynllun, dim ots pa mor agos i'r galon yw, yn methu.

Ganwyd a magwyd Mr Jones yn y Felinheli, a derbyniodd ei addysg yn Ysgol Genedlaethol Llanfair-is-gaer a'r Ysgol Sir yng Nghaernarfon. Wedi hynny aeth i weithio gyda chwmni bwyd yng Nghaernarfon a phan ddechreuodd y rhyfel symudwyd ef at y Weinyddiaeth Fwyd yn y dref. Wedi'r rhyfel, ymunodd â Chwmni Chwarel Dinorwig yn adran yr harbwr sych, fel clerc, gan orffen ei yrfa yno fel rheolwr yr harbwr, pan gaewyd y cwmni rai blynyddoedd yn ôl. Yn ystod y cyfnod hwn, gwelodd yr hen harbwr yn ei fri, yn cael ei ddefnyddio gan y Swyddfa Ryfel i atgyweirio llongau. Ar y pryd, roedd 80 o bobl yn gweithio yno. Gresynai fod yr harbwr sych wedi ei gau, gan y byddai modd ei ddefnyddio i atgyweirio llongau bychain. Nid oedd yr un tebyg iddo ar hyd yr arfordir nes cyrraedd Lerpwl, meddai.

Mr Jones yw un o'r rhai a sefydlodd Eisteddfod yn y pentref a bu'n ysgrifennydd arni am un mlynedd ar hugain. Bu hefyd yn gyfrifol am atgyfodi'r eisteddfod yn ddiweddar ar ôl deng mlynedd o ddistawrwydd. Sefydlwyd yr eisteddfod, meddai, gan iddo ef a rhai eraill deimlo y byddai'n well cael un ŵyl yn lle'r amryw gylchwyliau a gynhaliwyd gan y capeli. Dros y blynyddoedd, datblygodd yr eisteddfod o fod yn gyfarfod un noson i fod yn achlysur pedair noson. Mae'n un o eisteddfodau gorau'r cylch a beirniaid enwog yn dod i gymryd rhan yn y gweithgareddau. Teimla'i bod wedi rhoi'r cyfle cyntaf i amryw o bobl sydd erbyn heddiw yn flaenllaw yn y cylch.

Dan nawdd y Pwyllgor Addysg, sefydlwyd Clwb Ieuenctid cyntaf y sir yn y pentref. Galwyd ef yn Glwb y Fenai ac mae'n dal mor gryf heddiw ag yr oedd pan etholwyd Mr Jones yn ysgrifennydd arno yn 1942. Ymddeolodd o'r clwb yn ddiweddar wedi pum mlynedd ar hugain o fod yn arweinydd arno. Erbyn heddiw, wrth gwrs, mae gweithgareddau'r clwb wedi newid o'r cylchoedd trafod a gafwyd ar y dechrau i fiwsig pop, tenis bwrdd a biliards. Efallai mai'r hyn sydd i gyfrif am hynny yw fod ieuenctid heddiw yn cael mwy o gyfle i drafod pethau yn yr ysgol nag oeddynt ac, o'r herwydd, mae'n well ganddynt eu mwynhau eu hunain gyda'r nosau. Dywedodd Mr Jones fod y Clwb wedi bod yn llwyfan i amryw o bobl ifainc ac mai yno y gwnaethant eu hareithiau cyhoeddus cyntaf. O ddechreuad fel hyn, symudasant i swyddi pwysig yn y cylch. Amser y rhyfel, galwyd amryw o fechgyn y clwb i wasanaethu ac mae gan Mr Jones rai o'r llythyrau a dderbyniodd gan ieuenctid o'r Felinheli yn gofyn am hanes y clwb.

Yn sgîl y clwb ieuenctid, sefydlodd Glwb Diwylliant Corfforol a ddaeth yn amlwg iawn drwy Gymru. Derbyniodd ddiploma fel arweinydd adloniant corfforol yn 1942 a chafodd ei gydnabod gan gymdeithasau yn y maes am ei waith.

Ar hyn o bryd, ei ddiddordeb pennaf yw hwylio ac roedd yn un o'r aelodau a sefydlodd Glwb Hwylio'r pentref. Bu'n gyfrifol am y ras iotiau flynyddol am dros ddeng mlynedd ar hugain, ac fel aelod o Glybiau Iotio Biwmaris a Chaernarfon cymerodd ran, pan allai, i drefnu eu gweithgareddau yn ystod y tymor hwylio.

Diddordeb arall sydd ganddo yw ei waith fel ysgrifennydd y Clwb Ceidwadol lleol; bu hefyd yn drysorydd a chadeirydd iddo. Pan ddechreuodd ymddiddori yn y clwb, nid oedd ynddo ond rhyw 60 o aelodau. Erbyn heddiw, mae'n llawn bri gyda chyfanrif o thua 800 o aelodau. Dywed mai un o'r prif resymau am y ffyniant hwn oedd y penderfyniad i werthu diodydd yno ond, ar yr un pryd, newidiwyd ei ddelwedd o fod yn lle i bobl fawr gyfarfod i fod yn lle y gall pobl gyffredin ddod at ei gilydd. Agorir y clwb yn y prynhawn er mwyn i bensiynwyr gael man cyfarfod mewn awyrgylch gynnes a hapus. Gallant naill ai eistedd i lawr a chael sgwrs neu gymryd rhan mewn gwahanol gemau. Cred Mr Jones fod hyn yn rhan bwysig o'r gwasanaeth a roddir gan y clwb i'r henoed, gan y clywir yn aml am hen bobl nad oeddynt yn gweld neb o un pen o'r wythnos i'r llall.

Dywedodd Mr Jones ei fod wedi treulio'i holl oes yn trefnu pethau ac iddo gael hapusrwydd wrth wneud hynny. Wrth gwrs, meddai, os yw pobl am wneud llwyddiant o rywbeth, mae'n rhaid iddynt roi eu calon yn y gwaith.

George Roberts

Wedi iddo gael ei saethu mewn awyren dros yr Almaen adeg y rhyfel a'i ddallu am gyfnod, penderfynodd gŵr o Farian-glas, Sir Fôn, y byddai'n gwneud rhywbeth i ddiolch, pe bai'n cael ei olwg yn ôl. Dyna fu hanes Mr George Roberts, Egryn, Brynteg, a fu'n hedfan gyda'r Llu Awyr dros yr Almaen adeg y rhyfel fel *navigator* nes i'w awyren gael ei saethu i lawr. Am gyfnod byr pan garcharwyd ef, roedd wedi colli ei olwg yn llwyr. Gweddïai am gael gweld unwaith eto, a phan ddaeth ei olwg yn ôl, penderfynodd wneud rhywbeth i ddiolch am y wyrth. Dyna pryd y dewisodd fynd i'r Coleg i gael ei hyfforddi'n athro ac erbyn heddiw mae Mr Roberts yn brifathro ar ysgol fach gysurus yn Llangaffo.

Wedi iddo dderbyn addysg yn ysgolion cynradd Llangefni, a'r ysgol uwchradd yno, dechreuodd yr Ail Ryfel Byd. Ymunodd â'r Llu Awyr yn 1939 ac am gyfnod, tan 1941, bu'n hedfan gyda *Group Captain* Leonard Cheshire. Yn ystod y cyfnod hwnnw, gwnaeth 36 o deithiau gydag ef dros y cyfandir. Cofia hyd heddiw am y gŵr medrus a ymddangosai fel pe na bai ganddo ofn dim. Roedd ganddo hefyd y gallu i wneud i bawb a oedd gydag ef deimlo y byddai popeth yn iawn.

Dywedodd Mr Roberts fod Leonard Cheshire, hyd y gallai ef ei ddadansoddi, yn berffeithydd, a phob amser am wybod yr union reswm pam yr aethai rhywbeth o'i le. Roedd yn arweinydd dynion, ac er bod llawer yn credu nad oedd yn gwneud fawr ei hun, ei ddawn oedd ei fod yn gallu ysbrydoli eraill i gymryd cymaint o ddiddordeb ag a wnâi ef mewn gwahanol gynlluniau. Credai Mr Roberts, mai'r ddawn gwbl bersonol hon a alluogodd Leonard Cheshire i sefydlu cartrefi i anffodusion ar hyd a lled Prydain. Oherwydd ei fod ef yn meddu ar y ffydd y byddai'r fenter yn llwyddo, parai i eraill weithio'n galed i sicrhau llwyddiant.

Ni welodd Mr Roberts Leonard Cheshire am gyfnod go faith wedi'r rhyfel. Ond yn 1959, y gŵr adnabyddus oedd gwrthrych y rhaglen "This is your Life" a gwahoddwyd Mr Roberts i fynd i lawr i Lundain i gyfarfod ei hen beilot a rhoi teyrnged iddo. Y tro arall y gwelodd ef oedd wedi i lyfr yn adrodd hanes ei fywyd gael ei gyhoeddi, a thipyn o wledd yn cael ei chynnal yn Llundain i ddathlu'r achlysur.

Er i Mr Roberts a llawer eraill, mae'n debyg, fynd yn bur agos i'w diwedd wrth hedfan gyda dyn o gymeriad Cheshire, mae'n arwyddocaol o'i fedrusrwydd mai gyda pheilot arall yr oedd Mr Roberts pan saethwyd eu hawyren i lawr dros yr Almaen. Roedd wedi llosgi ei lygaid wrth hedfan ei awyren yn fentrus gyda Cheshire ond wedi penderfynu bwrw ymlaen. Carcharwyd ef ac eraill yn Stalag Luft 3, y gwersyll carcharorion rhyfel y sonnir amdano mewn llyfrau fel y *The Great Escape* a *The Wooden Horse*. Bu yno tan 1944 gyda'r ddihangfa fawr newydd ddigwydd. Roedd ei olwg wedi mynd a phenderfynodd y *Swiss Red Cross Repatriation Board* y dylai gael mynd adref. Gwnaed y trefniadau a chyrhaeddodd Belfast cyn yr ymosodiad mawr ar Normandi.

Nid anghofia byth yr adeg yr aeth ar fwrdd y llong a oedd i'w gludo adref. Wedi rhai blynyddoedd o fwyta dim byd ond bara du a blasu ambell becyn o fwyd gan y Groes Goch, roedd yn nefolaidd cael blasu bara gwyn ac amryw o ddanteithion eraill.

Gwersyll arall y bu ynddo oedd Badsultza ac un o'r rhai oedd gydag ef yno oedd Mr Peter Thomas a fu, hyd yr etholiad cyffredinol diwethaf, yn Ysgrifennydd Gwladol Cymru. Gwaetha'r modd, collodd enw dyn o Lanfairfechan a fu gydag ef yn Stalag Luft 3 ond efallai bydd y stori hon yn atgoffa rhywun, meddai.

Wedi'r rhyfel, aeth i Goleg yn Cheltenham i gael ei hyfforddi'n athro. Bu'n gweithio mewn ysgol yn Llundain am oddeutu pum mlynedd cyn cael ei benodi'n brifathro ar ysgol gynradd yn Aberllefenni, Meirionnydd. Wedi pum mlynedd yno, symudodd i ysgol Gynradd Llanegryn, eto ym Meirionnydd, lle bu am bymtheng mlynedd. Dair blynedd yn ôl, daeth i Langaffo.

Y llynedd, gwelodd newid hapus iawn yn nhrefniant yr ysgol gan iddi gael ei hailwampio ar gyfer y cynllun agored. Gan mai dim ond 36 o ddisgyblion sydd yno, gweithia'r cynllun yn foddhaol iawn, meddai, gyda phlant o bob oed yn derbyn mantais o gael eu haddysgu mewn cylch teuluol naturiol. Ar un adeg, meddai Mr Roberts, roedd athrawon o Fôn yn mynd i Lundain i weld sut yr oedd rhyw gynllun neu'i gilydd yn gweithio ond erbyn heddiw, gyda'r arholiad 11 *plus* wedi diflannu, pobl Llundain sy'n dod i Langaffo i dystio i lwyddiant yr arbrawf, ac mae hynny'n galondid mawr iddo.

⁂

W. R. Owen

Damweiniol hollol oedd i Mr W. R. Owen, 10 Bryn Eithinog, Bangor, ddechrau gweithio gyda'r *BBC*, ond wedi iddo fynd yno cafodd gyfle i ddatblygu dulliau newydd ac i gyflawni gwaith gorchestol yng ngwaith y cyfrwng ar adeg gyfnewidiol.

Brodor o Kingsland, pentref bach ger Caergybi, yw Mr Owen. Tua 70 mlynedd yn ôl, nid oedd sôn am leoedd fel *Trearddur Bay* - Tywyn Capel oedd y lle i Mr

Owen a'i deulu. Gadawodd Fôn, pan oedd yn wyth oed, i fynd gyda'r teulu i fyw i Benbedw. Bu'n ddisgybl yn y *Borough Road Council School*, a chofia'n iawn am ei ddiwrnod cyntaf yno - mynd i ganol plant Saesneg ac yntau tan hynny heb glywed yr un gair o'r iaith honno erioed.

Symudodd y teulu i fyw i Bwllheli am gyfnod byr ac yno, pan oedd yn un ar ddeg oed, yr arweiniodd Mr Owen ei eisteddfod gyntaf. Eisteddfod y Plant yn Neuadd y Dref oedd hi a chadeirydd y pwyllgor oedd Mr R. A. Jones, tad Cynan. Yn ystod y cyfnod hwn, roedd ei dad wedi ymuno â'r fyddin ond, pan oedd y rhyfel drosodd, aeth yn ôl i weithio ar y rheilffyrdd a daeth y teulu i fyw i Fangor. Nid oedd gan Mr Owen unrhyw syniad beth oedd arno eisiau ei wneud. Chwaraeodd â'r syniad o geisio mynd yn fargyfreithiwr, a chymerodd ddiddordeb mawr ym myd y gyfraith gan ddarllen hynny a allai am ddigwyddiadau mewn llysoedd ac yn y blaen.

Trwy garedigrwydd Mr John Morris, prifathro'r Ysgol *Central*, cafodd gyfle i ymuno â staff y Brifysgol ym Mangor, yn swyddfa'r Cofrestrydd, gyda Major Weldon. Ymhen ychydig, daeth cyfle iddo symud i weithio gyda llyfrgellydd y Brifysgol, y Parchedig Thomas Shankland, dyn a oedd yn hoff iawn o gasglu llyfrau. Roedd hynny yn 1924, a thra oedd yno sefydlodd Mr Owen ystafell ymchwil, ystafell hanes, ac yn y blaen. Daeth i adnabod cannoedd o fyfyrwyr, ac yn eu plith T. Rowland Hughes a'r Athro Tom Parry.

Teimlai y byddai'n ddoeth cael profiad mewn llyfrgell gyhoeddus a llwyddodd i gael swydd yn Llyfrgellydd Dinas Bangor. Yn y cyfnod hwn, roedd llyfrgelloedd yn bethau cyntefig heb draddodiad iddynt. Yr arferiad oedd i bobl ddod i mewn a gorfod gofyn am lyfr yn hytrach na chael cyfle i chwilota o amgylch. Un o'r pethau cyntaf a wnaeth Mr Owen oedd gwneud y llyfrgell yn agored fel bod pobl yn cael dewis drostynt eu hunain.

Ar ddechrau'r Ail Ryfel Byd, methodd Mr Owen ag ymuno â'r fyddin oherwydd ei olwg ond ymunodd â'r *Home Guard* gan orffen ei wasanaeth fel *Major*. Erbyn hyn, yn ogystal â bod yn llyfrgellydd, roedd yn glerc pwyllgor Amcanion Cyffredinol y Dref, y Pwyllgor Rhandiroedd, y Pwyllgor Gofal rhag Cyrchoedd Awyr, a Phwyllgor y Frigâd Dân. Ef hefyd oedd Swyddog Cyhoeddusrwydd y dref ac ef fu'n gyfrifol am y teithlyfr cyntaf am y ddinas. Pan oedd y *BBC* yn chwilio am le addas fel stiwdio ym Mangor, Mr Owen a aeth â hwy i weld Neuadd y Penrhyn yn gyfrinachol gan nad oedd ond dyrnaid o bobl yn gwybod am gynlluniau'r Gorfforaeth.

Daeth Mr Sam Jones ato tua'r flwyddyn 1936 a gofyn iddo ysgrifennu rhywbeth ar gyfer y radio. Cofiodd yn sydyn am erthygl yr oedd ef a newyddiadurwr o'r dref, Mr Glyn Rees, wedi ei pharatoi sbel ynghynt, ac fe'i darlledwyd hi; hon oedd y rhaglen nodwedd gyntaf o Fangor. Rhoes hyn yr ysfa ddarlledu yn ei waed a bu'n cymryd rhan mewn amryw o raglenni yn y blynyddoedd a ddilynodd. Ymhen amser, daeth cyfle i fynd ar y staff yn yr adran recordio, ac ef oedd tad y drefn recordio yng Nghaerdydd. Am y tro cyntaf, gallai'r *BBC* fynd allan at y bobl i'w pentrefi, recordio eitemau a'u darlledu'n hwyrach ymlaen o'r stiwdio. Roedd y cyfnod yn un chwyldroadol, er na sylweddolwyd hynny gan lawer o bobl ar y pryd. "Radio Record" oedd y rhaglen gyntaf ac, ar ôl cael profiad yn y maes, daeth rhaglen Gymraeg "Rhegolau".

Datblygodd pethau'n weddol gyflym wedi hyn, a rhaglen arall a ddechreuodd oedd "Pedwar Ban", gyda Chymry o bob rhan o'r byd yn cyfrannu rhyw eitem neu'i gilydd. Un o'r rhai cyntaf, gyda'i lythyr o'r America, oedd Mr John Williams Hughes, Marian-glas. Cam arloesol arall yn ei hanes oedd mynd i ymweld â Nantes yn Llydaw, rhywbeth cwbl newydd y dyddiau hynny, a gwneud rhaglen ar y ddinas. Daeth â Ffrancwr yn ôl gydag ef i wneud rhaglen gyfatebol ar Gaerdydd.

Dal i gynyddu yr oedd y gwaith ac fe'i penodwyd yn Bennaeth y *BBC* yng Ngorllewin Cymru, swydd wedi ei lleoli yn Abertawe. Chwaraeai Eisteddfodau ran bwysig yn natblygiad y *BBC* gan ddechrau gyda'r rhaglen gyntaf o'r Eisteddfod yn 1943. Erbyn Eisteddfod Bae Colwyn, roedd y rhaglen "Pigion y Dydd" wedi ei hen sefydlu a fo fu'n ei rhedeg tan 1959. Dilynwyd hon gan "Tocyn Wythnos", rhaglen yn cynnwys pob agwedd ar fywyd yn ystod wythnos yr Eisteddfod.

Mr Owen oedd y cyntaf i fynd i Eisteddfod Ryngwladol Llangollen i ddarlledu yn 1947 gan nad oedd gan neb arall fawr o ffydd yn ei dyfodol.

Pan ymddeolodd Mr Sam Jones, gofynnwyd i Mr Owen ddod i'w le ym Mangor ac yn y ddinas lle dechreuodd mewn swyddfa y gorffennodd ei yrfa ddeng mlynedd yn ôl fel Pennaeth y *BBC* yng Ngogledd Cymru. Roedd ei deimlad ynglŷn ag ymddeol yr un fath â theimlad hen gyfaill iddo. Pe bai'n gwybod fod ymddeol cystal, byddai wedi gwneud hynny ar ôl gadael yr ysgol!

Arthur Evans
(Llanllechid)

Gan i ni fod wedi symud i gyfnod newydd mewn llywodraeth leol erbyn heddiw, mae'n debyg y bydd llawer o bobl yn cymryd trem yn ôl dros wendidau neu lwyddiannau'r Cynghorau Plwyf, Dinesig a Sirol. Nid oes amheuaeth na fydd y rhan fwyaf yn cofio gwendidau'r hen drefn ond yn tueddu i roi'r cryfderau o'r neilltu. Hawdd iawn yw dwyn i gof bob methiant.

Un a fydd yn edrych yn ôl yn hapus dros y blynyddoedd a fu ac a fydd yn edrych ymlaen yn hyderus at y dyfodol yw Mr Arthur Evans, Bronallt, Llanllechid, Clerc Cyngor Plwyf Llanllechid er 1956.

Yn aml iawn, clywir nad oedd y cynghorau plwyf yn gwneud llawer i drigolion eu hardal. Ond yn 1968 daeth y cyfle i Lanllechid, o leiaf, ddangos i gynghorau plwyf eraill yng Nghymru beth y gallent ei wneud wrth gydweithio â'r bobl yr oeddynt yn eu cynrychioli. Yn 1968 y cafodd y cynghorau gyfle i gynorthwyo deiliaid y cylch trwy sicrhau cofrestriad tir Comin, a thrwy hynny warantu eu hawl drosto am byth. Fel amryw o bobl eraill, credai Mr Evans y byddai rhywun yn ceisio cymryd tir comin y cylch a oedd yn ymledu dros 7,000 erw trosodd er eu mwyn eu hunain pe bai cyfle. Roedd Stad y Penrhyn yn un a fu'n ymrafael â'r mater yn 1912 ond heb lwyddiant. Pan gymerodd yr Ymddiriedolaeth Genedlaethol y stad drosodd wedi marwolaeth yr Arglwydd Penrhyn, fe sicrhawyd hawliau pori ar y tir er i'r Ymddiriedolaeth gymryd meddiant ohono. Yn ogystal â hynny, er mwyn sicrhau hawliau'r trigolion, roedd y fenter fawr yma a gymerwyd hefyd yn sicrhau y byddai unrhyw berson newydd a ddeuai i fyw i Lanllechid yn cael hawl i bori defaid ar y mynydd.

Cynhaliwyd cyfarfod cyntaf Cyngor Plwyf Llanllechid ar Ragfyr 31, 1884, ychydig wedi etholiad yn y plwyf. Y cadeirydd cyntaf oedd Mr Owen Ellis, Tynhendre, Talybont, a diddorol yw sylwi bod rhai o'i wyrion yn aelodau o'r Cyngor presennol. Ymgeisiodd 25 am dair ar ddeg o seddau yr adeg honno, ychydig yn wahanol i'r etholiadau diweddar ar gyfer y Cynghorau Cymuned.

Ganed Mr Evans yn Llanllechid ac am 33 o flynyddoedd bu'n swyddog gyda Chyngor Dinesig Bethesda. Addysgwyd ef yn Ysgol Llanllechid ac Ysgol y Sir, Bethesda, ac wedi iddo ymadael, aeth i weithio mewn siop ym Mangor. Ond roedd ganddo ddiddordeb mawr mewn llywodraeth leol a phan ddaeth y cyfle, cafodd swydd yn swyddfa'r Cyngor ym Methesda. Pan ymddeolodd ddwy flynedd yn ôl, roedd yn ddirprwy glerc.

Bwriada barhau gyda'r gwaith o fod yn Glerc i'r Cyngor newydd. Bydd gan hwn fwy o hawliau i drafod cynlluniau i'r plwy cyn iddynt ddod i fodolaeth. Hefyd cânt fwy o arian ar gyfer angenrheidiau yn y cylch, ond dywedodd fod yn rhaid iddynt fod yn ofalus rhag gwario gormod oherwydd mai o boced y trigolion y daw'r arian yn y pen draw.

Ef yw trysorydd Clwb Methedig Dyffryn Ogwen, mae'n aelod o'r Pentan, ac yn ddiacon yng nghapel Tabernacl. Hefyd, mae'n aelod o fwrdd llywodraethu'r ysgol gynradd ers chwe blynedd ar hugain a bu'n gadeirydd fwy nag unwaith. Mae'n briod, a chanddo ef a'i wraig un ferch, Gwen, sy'n byw gyda'i gŵr yn Leeds.

Byddai wedi hoffi gweld mwy o dai yn cael eu hadeiladu yn Llanllechid naill ai gan y Cyngor neu gan gwmnïau preifat. Credai y byddai'r pentref yn well lle na llefydd tros Bont Borth i bobl a oedd yn gweithio ym Mangor ond ddim eisiau byw yno.

Ond er bod newid enw o Gyngor Plwyf i Gyngor Cymdeithas, bydd y rhan fwyaf o'r Cynghorwyr yn adnabod ei gilydd gan eu bod wedi gwasanaethu dan yr hen drefn. Bydd dau newydd sef Gareth Williams, Talybont, a Daniel Jones, Llanllechid. Ond un na welir mohono ar y Cyngor newydd fydd Mr R. B. Evans, Fferm Pentrefelin, Talybont, a fu ar y cyngor am flynyddoedd. Ef oedd "tad" y Cyngor ond penderfynodd beidio â sefyll eleni.

Mae'r newid diweddaraf yn gam i'r tywyllwch i lawer o bobl ond bydd o leiaf un sydd wedi gweld y cwbl o'r blaen, sef Mr Edwin Jones sy'n gyfrifol am lwybrau'r cylch. Gan ei fod dros ei 80 oed, hwn yw'r ail ad-drefnu llywodraeth leol iddo'i weld.

Peter Jones

Byw am ugain mlynedd dros oed yr addewid a meddu ar gof clir fel crisial - dyna gamp Mr Peter Jones, Penrhos, Gwalchmai, y bûm yn ei weld yr wythnos ddiwethaf. Cyn mynd yno roeddwn wedi cael ar ddeall y byddai yn ei wely ond pan alwais roedd yn eistedd yn ei gadair yn y gegin. Dywedodd ei fod wedi dioddef sawl gwaeledd dros y blynyddoedd ond iddo ddod drostynt i gyd. Y carchar mwyaf iddo yw'r gwely ac oherwydd hynny gwna'n sicr y bydd yn codi bob dydd.

Un peth na hoffa yw fod yn rhaid iddo, yn ddiweddar, ddechrau defnyddio ffon i'w gynorthwyo i fynd o gwmpas. Er hynny, nid yw wedi colli'r un Ffair Borth ers 81 o flynyddoedd. Gresyna nad yw'r ffeiriau diweddara' yn meddu'r un awyrgylch ag a gofia ef pan oedd yn fachgen ifanc.

Trwy gydol ei oes, merlod fu pethau Mr Jones ac mae'n dipyn o arbenigwr ar ferlod Cymreig. Cofia'r ferlen gyntaf a gafodd, o Ffair Borth. Prynwyd hi iddo gan ei dad, a fu'n gigydd yng Ngwalchmai am flynyddoedd. O'r atgofion cynnar hyn, o gynnwrf a hwyl ar strydoedd y Borth adeg y Ffair, y dechreuodd Mr Jones droi ei sylw o ddifrif at ferlod.

Arferai ef a'i frawd, Jack Dreiniog, fel y gelwid ef, fynd i ffeiriau trwy Brydain ac Iwerddon. Cafodd brofiad dychrynllyd yn mynd mewn llong drosodd i ffair yn Nulyn. Cododd tywydd enbyd ar y môr a'r noson honno fe suddwyd y *Primrose Hill*, heb fod ymhell o'r llong yr oedd ef arni, gan golli'r criw i gyd. Cofia'r digwyddiad yn arbennig gan fod ei dad yn wael yn ei wely ar y pryd. Roedd wedi ymweld â dyn yr oedd yn ei adnabod ychydig wedyn, a chafodd gan hwnnw ddwy botel a ddaeth o'r llongddrylliad. Wisgi oedd yn un ohonynt a rhywbeth gloyw yn y llall. Ni wyddai beth oedd ond aeth â'r ddwy botel adref. Roedd y meddyg yno pan gyrhaeddodd a dangosodd y botel loyw iddo "Dyma sydd ar dy dad eisiau", meddai'r meddyg, "*glycerine* i esmwytho'i fron".

Yn Nulyn y collodd ei ddannedd top i gyd, meddai. Roedd wedi mynd yno i werthu merlod. Yr arferiad oedd gwneud iddynt rasio, gyda'r prynwyr yn sefyll yn eu gwylio ar y naill ochr. Ceisiodd Mr Jones wneud i geffyl fynd yn gyflymach ond stopiodd hwnnw'n stond a chicio Mr Jones yn ei wyneb. Ffarweliodd â'i ddannedd top yn y fan a'r lle, ond nid tan y llynedd y cafodd fadael â'r pedwar diwethaf am eu bod yn fwy o niwsans na'u gwerth.

Adeg arall yn Iwerddon, cofia i dincar ddod ato ar yr orsaf a gofyn iddo brynu merlen ganddo. Roedd yn un denau dros ben ac wedi'i chleisio lle'r oeddynt wedi ei tharo i wneud iddi hi fynd. Fe'i prynodd beth bynnag am £1.12s.6c. Daeth â hi adref a dechrau'i phesgi hi. Ymhen ychydig, roedd yn cymryd rhan mewn rasys yn y sir ac nid oedd ceffyl arall gwerth ei roi wrth ei hochr. Gallai ddal ei thir yn erbyn y goreuon a'r tro diwethaf i Mr Jones glywed amdani roedd yn dal i rasio.

Roedd Mr Jones yn un o saith o blant ac wedi i'w dad farw yn ddeugain a phump oed, bu ei frawd hynaf yn frawd ac yn dad i'r gweddill. Gwnaeth yntau ymdrech deg i gario'r busnes cig ymlaen ond roedd yn rhy rwymedig iddo. "Hefo ceffylau yr oedd fy mryd i", meddai, a chofia'r amser pan oedd yn beth cyffredin gweld cant o ferlod yng nghefn y tŷ. Allforiai geffylau i bob rhan o'r byd gan gynnwys Canada, Awstralia, yr Iseldiroedd, Gwlad Pwyl a'r Eidal. Hyd heddiw, mae'n derbyn cardiau drwy'r post gan bobl y bu'n delio â hwy. Dywedodd ei fod wedi anfon merlod i bobl nad oedd erioed wedi eu gweld ac nad oedd erioed wedi cael ei siomi ynglŷn â chael tâl amdanynt.

Un o'r pethau anoddaf i'w wneud yw cofnodi popeth am fywyd un sydd wedi gwneud cymaint yn ei faes. Teg yw cofnodi ei fod yn aelod am oes o Brimin Môn, er pan oedd yn bedair ar ddeg oed.

Wedi iddo ymweld â rhywun yn Ysbyty Llangwyfan, penderfynodd wneud rhywbeth bach i helpu'r rhai oedd yno. Rhoddwyd merlen ar ocsiwn i godi arian ac fe drosglwyddwyd y cyfan i'r bobl anffodus yno.

Ei bleser mwyaf heddiw yw cymryd amser i fynd i weld merlod mewn sioeau. Rhoddodd y gorau i werthu merlod fel busnes ryw wyth mlynedd yn ôl. Yn awr, hoffa fynd i sioeau, ac astudio merlod, i weld a yw'r beirniad ac yntau'n cytuno ar y dyfarniad terfynol.

Annoeth fyddai ceisio chwilio am baragraff digonol i gloi'r cipolwg hwn ar fonheddwr. Gwell o lawer gadael y cwbl yng ngeiriau Mr Jones ei hun: "Dw i wedi delio hefo pob cenedl. Dw i ddim yn sgolor nac yn Sais, ond rydw i wedi medru gwneud efo pawb erioed".

R. K. Bowen

Mewn oes sy'n mynd fwyfwy tuag at addysg gyfun, mae un a fu'n athro dan y system mor bendant heddiw ag erioed nad yw addysg gyfun yn iawn, am nad yw plant yn y graddau isaf yn cael chwarae teg.

Treuliodd Mr R. K. Bowen, Gwyddfor, Y Benllech, y deunaw mlynedd cyn iddo ymddeol o fod yn athro yn Ysgol Syr Thomas Jones, Amlwch, lle y bu, heb amheuaeth, yn angor i lawer o blant a phobl ifainc y byddai amryw o athrawon wedi cefnu arnynt. Dywed Mr Bowen nad yw'n bosibl dod â phlant ysgol Ramadeg a phlant ysgol Uwchradd Fodern at ei gilydd dan yr un to. Pe baent yn yr un dref neu adeilad, byddai'r rhai Gramadeg yn edrych i lawr ar y lleill. Yn nyddiau cynnar yr arbrawf, cofia Mr Bowen weld plant o ddosbarthiadau E yn cael eu gosod gyda phlant o ddosbarthiadau A er mwyn cyfiawnhau cynnal gwersi mewn Ysgrythur i bedwar a fyddai'n siŵr o basio arholiad Lefel O.

Lawer tro yn ystod ei flynyddoedd fel athro, gofynnwyd iddo pam na chafodd erioed swydd yn brifathro. Ei ateb yw na fu erioed yn ceisio'r swydd honno. Teimlai'n hapus yn y dosbarth ac os nad oedd penaethiaid yn sylweddoli y gallai fod yn brifathro ni chredai y dylai ef ysgrifennu atynt a'i ganmol ei hun.

Deilliodd ei wrthwynebiad i addysg gyfun o ddarllen mai'r rheswm pennaf dros symud i'r cyfeiriad hwnnw ym Môn oedd nad oedd digon o blant i sefydlu ysgol Ramadeg ac ysgol Uwchradd Fodern ar wahân. Drwy ddod â phawb at ei gilydd, roedd annhegwch, meddai - plant llai galluog yn cael eu gadael ar ôl er mwyn sicrhau bod y rhai disglair yn llwyddo. Ni chred fod fawr o waith dysgu ar blant disglair ac nad oes angen yr un arbenigrwydd i wneud rhywbeth gyda phlant nad oes ganddynt ddiddordeb mewn dysgu. Cofia amryw o athrawon yn dweud wrtho pan fyddai wedi colli diwrnod o'r ysgol iddynt ei chael yn anodd iawn i wneud dim â'i ddosbarthiadau.

Yn aml, wrth gael y rhai o oedd yn anfodlon dysgu unrhyw beth, âi adref yn teimlo iddo wneud gelyn y diwrnod hwnnw, tra byddai athro plant eraill yn mynd adref a dweud ei fod wedi gwneud ffrind am fod ar ei blant o eisiau dysgu. Cyfeiriodd at un adeg pan gollodd ei amynedd. Bu wrthi drwy'r bore yn rhoi gwers i hogia'r pumed dosbarth. Er mwyn eu cael i ddeall rywbeth am bapuro ystafell, eglurodd iddynt sut i fesur y wal ar gyfer y papur, a faint o bapur roedd arnynt ei eisiau. Roedd pawb yn deall yn iawn nes gofynnodd iddynt ailadrodd y wers. Dilynodd cwestiwn ar ôl cwestiwn ac yn y diwedd dywedodd wrthynt am anghofio sut i bapuro'r wal a phrynu distempar i'w phaentio!

Mae saith mlynedd er pan ymddeolodd Mr Bowen, ac un peth sy'n ei boeni'n ddirfawr yw'r dylanwadau gwleidyddol yr honnir sy'n bod heddiw ar blant a phobl ifainc mewn ysgolion. Roedd o'n Geidwadwr drwy gydol ei oes, meddai, ond nid oedd erioed wedi "gwisgo ei gôt boliticaidd" yn yr ysgol. Nid oes dim o'i le mewn cael cylch trafod ar faterion gwleidyddol gyda phobl ifainc yn y chweched dosbarth sy'n ddigon hen i benderfynu drostynt eu hunain ond mae'n gwbl annheg rhoi un farn yn unig gerbron disgyblion ifainc, meddai.

Wedi ymddeol, dechreuodd ymafael mwy mewn gwleidyddiaeth ac yn ystod y tair blynedd ddiwethaf, bu'n Gadeirydd Ceidwadwyr Môn. Anrhydedd iddo oedd cael cadeirio rhan o Gynhadledd gyntaf y Torïaid yng Nghymru ddwy flynedd yn ôl. Roedd ar y llwyfan gydag aelodau o'r Cabinet a Gweinidogion eraill y naill ochr iddo, meddai, a dyna'r agosaf a fyddai byth at gael bod yn Brif Weinidog.

Brodor o Faerdy, y Rhondda, yw Mr Bowen, yn fab i swyddog yn y pyllau glo. Ond roedd y cyffiniau'n lle peryglus i swyddogion yr adeg honno gan ei fod yn nyth Comiwnyddol, meddai. Symudodd y teulu i fyw i Sir Gaerfyrddin. Cafodd ei addysg yn Ysgol Ramadeg Llandeilo ac wedyn yng Ngholeg y Brifysgol, Aberystwyth. Hanes a cherddoriaeth oedd ei brif bynciau, ac ef oedd canwr swyddogol y Coleg ynghyd ag Amy Parry-Williams. Roedd cerddoriaeth yn y teulu ond yr unig un a gymerodd ganu o ddifrif oedd ei nai, Kenneth Bowen. Roedd Mr Bowen yn canu caneuon cyn brysured ag yr oedd Waldo yn eu cyfansoddi ar gyfer y Gymdeithas Geltaidd. Y rhai enwocaf oedd "Siani, Tyrd i Ganu" ac "Un Dyn Bach". Roedd ganddo un arall a gawsai ei chyfansoddi'n arbennig iddo ef i gerddoriaeth "Yr Hen Gerddor". Canodd hi lawer gwaith ond ni chafodd erioed ei chyhoeddi.

Yn wahanol i amryw o rai eraill yn y Coleg, bu'n ddigon ffodus i gael swydd ar ddiwedd ei astudiaethau. Roedd y ffaith ei fod yn gallu dysgu cerdd yn gymorth, meddai. Yn y blynyddoedd a ddilynodd, bu'n dysgu mewn amryw o ysgolion ar hyd a lled Llundain ac yno y daeth i gysylltiad gyntaf â'r math o blant y cyfeiriwyd atynt flynyddoedd wedyn fel rhai anodd gwneud â nhw.

Tra oedd yn Llundain, derbyniodd Ysgoloriaeth i'r Coleg Cerdd Brenhinol ond, yn y cyfamser, priododd ag Olwen, merch y bu'n ei chanlyn yn y Coleg, ac fe gollodd y cyfle i gymryd mantais o'r anrhydedd.

Yn ystod y rhyfel, ymunodd â'r *Territorial*s, a bu gyda hwy yn Aberporth am gyfnod cyn cael ei symud i Lundain i ymuno â'r *London Welsh Heavy Ack-Ack Battery* a oruchwyliwyd gan Gwilym Lloyd George. Wedi iddo fod ar gwrs

Swyddog Cadlanciau yn Llandybïe, cafodd ei symud i'r Orkneys fel *Staff Captain*, ac yno y bu hyd ddiwedd y rhyfel.

Symudodd yn ôl i Llundain fel athro, am gyfnod, ond roedd y niwl a'r mwg yn dechrau mynd yn feistr arno. Yn 1949, cymerodd gyngor gan ei wraig i ddod i Fôn i fyw, lle'r oedd ei theulu hi wedi ymgartrefu. Prynodd dŷ heb gael swydd, ond daeth ei gyfle i ddechrau fel athro ym Môn o fewn chwe mis ar ôl iddo benderfynu gadael Lloegr a dod yn ôl i Gymru.

D. Manley Williams

Rywdro neu'i gilydd, mae'r rhan fwyaf ohonom yn dod ar draws digwyddiad sy'n gwneud ein gwaith yn ddiddorol. Cyrhaeddodd y diwrnod hwnnw i Mr D. Manley Williams, 2 Mountain View, Caergybi, pan oedd yn gyrru trên rhwng y Porthladd a Llundain un bore yn Awst 1963.

Yn Rugby, gwelodd y *Mail* o Glasgow, ac roedd yn sicr y byddent felly'n gwneud amser da am weddill y daith i'r Brifddinas. Wedi ailgychwyn a theithio am beth amser, fe aeth yr arwyddion yn ei erbyn ger Leighton Buzzard a gorfu iddo fynd â'i drên i lein araf. Bu yno am hydoedd, heb ddim trafnidiaeth yn mynd yn ôl nac ymlaen. Methodd â chael trwodd i unrhyw orsaf gan fod y llinellau teleffon wedi torri. Yn ôl y rheolau, cychwynnodd yn araf ar ei daith unwaith eto. Gwelai'r *Mail* yn y pellter a honno ddim yn symud i unman. Daeth ochr yn ochr â hi ond doedd yr injan ddim yno. Aeth ymlaen yn araf i Sears Crossing lle'r oedd llu o blismyn a phobl ambiwlans o gwmpas gweddill y trên. Heb iddo feddwl dim, roedd wedi bod o fewn dwy filltir i'r "*Great Train Robbery*" pan ddygwyd £2.5 miliwn gan ladron.

Un o Gaergybi yw Mr Williams ac mae wedi cymryd diddordeb arbennig yng ngwaith cyhoeddus y dref ers chwarter canrif. Bu'n ddisgybl yn y *National School*, neu'r Ysgol Rad, ac oddi yno cafodd ysgoloriaeth i'r Ysgol Sir. Roedd yn barod i gymryd arholiadau ond, yn groes i ewyllys y teulu i gyd, penderfynodd fynd i weithio, a'i swydd gyntaf oedd yn yr adran drenau, lle dysgodd lawer ar sut i redeg pethau.

Yr adeg honno, rhoddodd ei fri ar fod yn yrrwr trên rywdro. Daeth y dirwasgiad ac fe'i symudwyd i Ganolbarth Lloegr, lle dechreuodd gymryd diddordeb mewn gwaith Undeb. Yng nghyfnod y Streic Gyffredinol, roedd yn Sosialydd er iddo gael ei fagu ar aelwyd Ryddfrydol. Bu'n gadeirydd ac ysgrifennydd ASLEF, ac yn gadeirydd Pwyllgor Adrannau Lleol a oedd yn edrych ar ôl hawliau'r dynion.

Daeth yn ôl i Gaergybi yn 1929 a phriododd y flwyddyn wedyn. Roedd llawer yn ddi-waith yn y dref a chaledi mawr ym mhob man, meddai. Adeg y rhyfel, roedd arno eisiau ymuno â'r fyddin ond gan fod trenau yn *reserved occupation*, ni chaniatawyd ei gais. Wedi i borthladd Lerpwl gael ei fomio, roedd llongau *ammunition* yn dod i Gaergybi a'u llwythi'n cael eu cario yno ar drenau.

Cofia un achlysur a ddaeth â thipyn o hwyl i ganol y difrifoldeb. Roedd angen llawer o weithwyr mewn ffatrïoedd, a deuai'r rhan fwyaf o Iwerddon. Siarsiwyd arnynt yng Nghaergybi nad oeddynt i adael y trên cyn iddo gyrraedd Crewe, y stop cyntaf, lle byddai rhywun yn eu disgwyl. Ond daeth yr arwyddion yn erbyn y trên ym Mhenmaenmawr ac fe fyrlymodd pob Gwyddel oddi ar y trên yn y fan a'r lle. Cymerwyd hanner awr helaeth i Mr Williams a'i gydweithwyr eu cael yn ôl.

Adeg arall, pan oedd yn daniwr, daeth Arolygydd gydag ef a'r gyrrwr o Lundain i Crewe. Credai'r arolygydd fod Mr Williams yn creu gormod o bwysedd a dywedodd wrtho am arafu. Tuchanodd y trên ei ffordd i Crewe, lle gofynnodd y gyrrwr i Mr Williams beth oedd yn bod. Dywedodd wrtho, a throdd y gyrrwr at yr arolygydd a dweud wrtho ef am fynd oddi ar y trên am ei fod yn busnesu gormod.

Pwnc dadl am beth amser fu'r ffaith fod gyrwyr o Gymru yn naturiol yn siarad Cymraeg â'i gilydd pan fyddent mewn gwesty yn Llundain. Ni hoffai'r Saeson hynny a gorchmynnwyd i'r Cymry beidio â siarad Cymraeg yng nghwmni'r Saeson. Ni allai neb ffraeo na gweiddi ryw lawer am y gwaharddiad, meddai Mr Williams, felly gwnaethant y peth nesa at y gorau, sef anwybyddu'r gorchymyn.

Wedi'r rhyfel, etholwyd Mr Williams i wasanaethu ar Gyngor y Dref dan y faner Sosialaidd. Yn 1958, etholwyd ef ar y Cyngor Sir. Cofia adeg pan oedd y Cyngor hwnnw'n penodi Swyddog rai blynyddoedd yn ddiweddarach. Cwynodd aelod ei fod wedi gweld yr ymgeisydd yn dod allan o westy gyda chadeirydd y cyngor a'r clerc, a dechreuodd trafodaeth frwd ar y mater. O'r diwedd, cododd y diweddar

Llew Llwydiarth a dweud, "Gadewch i ni weld y dyn. Beth yw'r ots be' sy'n ei fol o. Y peth pwysig ydi be' sy'n ei ben o."

Mae Mr Williams yn falch o beth sydd wedi digwydd yng Nghaergybi ac ym Môn. Treuliodd ei amser mewn llywodraeth leol yn ceisio denu gwaith i'r cylch gan iddo weld cymaint o ddiweithdra pan oedd yn fachgen ifanc. Cred fod gwaith yn rhan bwysig o fywyd y cylch a gwnaeth yr hyn a allai ar y Cyngor Sir, Cyngor y Dref, ac yn awr ar Gyngor Bwrdeistref Môn a Chyngor Gwynedd, i sicrhau gwaith.

Elias Hughes

Yn aml iawn, mae awyrgylch y cartref yn penderfynu i raddau helaeth pa waith fydd y plant yn ei wneud. Ganwyd a magwyd y Parchedig Elias Hughes, Rheithor Llanfair Mathafarn Eithaf, ar aelwyd Gristnogol ym Mhenmaenmawr, ac fe gymerwyd yn ganiataol yn fuan yn ei fywyd mai offeiriad fyddai ef ryw ddiwrnod. Ond roedd gan y bachgen, pan adawodd Ysgol Friars, Bangor, syniadau eraill. Roedd o eisiau mynd i'r môr, a dyna fu ei hanes. Ymunodd â'r Llynges, gan forio o amgylch Gogledd Affrica, yr Aifft ac Aden.

Roedd dylanwad y cartref a chrefydd yn dal yn eitha cryf arno ac yn 1942, roedd yn teithio ar draws diffeithwch Algeria gyda llyfr emynau dan ei gesail. Am ryw reswm, syrthiodd y llyfr bach o'i ddwylo, a'r tro olaf iddo'i weld oedd fel sbecyn du yng nghanol y tywod melyn. Ond er na ddisgwyliai ei weld byth mwy, gwelodd ei lun yn *Y Cymro* bron i ddeng mlynedd wedyn pan oedd yn offeiriad. Roedd y llyfr emynau wedi cael ei godi gan Arab a'i werthu i Sgotyn am becyn o sigarennau. Yn ei dro, penderfynodd hwnnw mai llyfr Cymraeg ydoedd, a'i roi i'r postmon a oedd ar y pryd mewn ysbyty milwrol.

Yn 1942, roedd yn Ceylon (Sri Lanka erbyn heddiw) ac ef oedd un o arloeswyr y Gymdeithas Gymraeg yno. Gan nad oedd Caplan Cymraeg ar yr ynys, gofynnwyd i Mr Hughes bregethu mewn Eglwys yno ar fore Sul y Pasg. Erbyn diwedd y rhyfel, penderfynodd Mr Hughes mai yn yr Eglwys yr oedd ei ddyfodol ac aeth i astudio i Goleg y Brifysgol, Bangor. Er mwyn sicrhau gwell dealltwriaeth o fywyd yng Nghymru, penderfynodd fynd i weithio yn yr Eglwys ym Mirfield, Swydd Efrog.

85

Rhwng 1945 ac 1956, bu'n gurad yn Nolgellau, ac ym Mlaenau Ffestiniog rhwng 1956 ac 1964, lle'r oedd yn Ddeon Gwlad Ardudwy. Daeth i'r Benllech ddeng mlynedd yn ôl lle rhoes y cynlluniau i adeiladu eglwys newydd ar waith, ac roedd yn falch o gyhoeddi fod y ddyled o £20,000 erbyn heddiw wedi ei thalu. Erbyn i Mr Hughes ddod i'r cylch, roedd y ddadl ynglŷn â lleoliad yr eglwys wedi ei datrys, ond cred y byddai yntau hefyd wedi bod yn dueddol i'w chael yng nghanol datblygiad y pentref. Credai llawer o bobl ar y dechrau mai'r peth doethaf fyddai lledu'r lôn at Eglwys Llanfair Mathafarn Eithaf er mwyn ei gwneud yn fwy hwylus i bobl gael ati. Ond teimlid y byddai hynny wedi creu datblygiad o'i chwmpas gan ddinistrio ei gogoniant a'i lleoliad arbennig. Cred yn gryf y dylai Eglwys a'i neuadd wasanaethu'r pentref, ac yn y Benllech fe ddigwyddodd hyn i raddau helaeth gyda llawer o wahanol fudiadau y tu allan i'r Eglwys yn gwneud defnydd o'r adeilad.

Dywedodd Mr Hughes ei fod yn hoff iawn o hen eglwysi yn enwedig rhai Celtaidd, ac nid oedd dim gwell na chael addoli mewn rhai diarffordd. Ar yr un pryd, mae'n rhaid cofio fod cenhadon yn gorfod adeiladu eu heglwys ymhlith y bobl neu byddai pobl yn gallu dweud ei bod yn rhy bell iddynt fynd ati.

Roedd y Benllech yn tyfu ac yn newid yn flynyddol, ac mae gan Eglwys newydd yng nghanol y bobl fwy o siawns i newid gyda'r amserau, meddai. Cydnabu fod yna dynfa achlysurol at hen Eglwys Llanfair Mathafarn Eithaf a bod llawer o briodasau'n cael eu cynnal yno. O'i safbwynt ef, roedd yr Eglwys honno'n fwy hynafol na'i chysylltiad â Goronwy Owen.

Dros y blynyddoedd, bu'n ymwneud llawer â mudiadau pobl ifainc fel clybiau ieuenctid a'r *ATC*. Ei farn yw fod gweithgareddau gyda'r ifanc erbyn heddiw wedi mynd yn rhy broffesiynol a bron yn cael eu cyfrif yn rhan o addysg. Os pwrpas y clybiau yw gwneud pobl ifanc yn well dinasyddion, dylent gymysgu â chylch ehangach o bobl. Er bod athrawon fel y cyfryw yn gwneud gwaith ardderchog, yn aml mewn ardaloedd lle nad oedd neb arall yn trafferthu fawr amdanynt, credai fod y chwarelwr oedd yn rhoi rhan o'i amser prin yn rhad ac am ddim i ddysgu rhywbeth i bobl ifainc yn fwy o werth yn y pen draw nag arweinwyr cyflogedig. Ar yr un pryd, yng nghanol yr awyrgylch presennol, mae'n llawer rhy hawdd cael offer. Nid oes raid ond codi'r ffôn a gofyn am rywbeth i Langefni. Dylai pobl ifainc weithio tipyn mwy i gael pethau. Drwy hynny, byddent yn eu gwerthfawrogi fwy.

John Willams Hughes

Ychydig iawn ohonom sy'n cael cyfle i wneud y gwaith a hoffwn ac, ar yr un pryd, cael cyfle i deithio ar hyd a lled y byd. Un a gafodd y cyfle yw Mr John Williams Hughes, Gwynfa, Marian-glas, a fu'n darlithio yn yr America er 1938. Wedi iddo adael yr ysgol, bu'n gweithio mewn banc am gyfnod, wedyn yn y Swyddfa Addysg yn Llangefni, cyn symud i weithio fel newyddiadurwr ar *Y Genedl*. Ond roedd yr awydd i fynd allan i'r byd i weld sut yr oedd pobl eraill yn byw yn rhy gryf a phan daeth y cyfle fe aeth i Sbaen.

Dechreuodd yr antur a ddaeth yn fywoliaeth i Mr Hughes adeg Rhyfel Cartref Sbaen. Llwyddodd Mr Hughes, gydag eraill, i godi digon o arian i fynd i Sbaen i yrru ambiwlans i'r Groes Goch. Bob nos roedd yn darlledu o Madrid i Brydain, America a Chanada. Daeth i adnabod Ernest Hemmingway yn y cyfnod hwn a threfnodd y gŵr hwnnw i Mr Hughes fynd i Ganada i draddodi darlith ynglŷn â'r hyn a welodd yn Sbaen.

Wedi dechrau felly, mae'n dal i deithio, ac erbyn heddiw teithiodd o amgylch y byd un ar ddeg o weithiau.

Y peth a'i hybodd i fynd i Sbaen oedd y teimlad y byddai Prydain yn siŵr o gael ei bomio pe bai Hitler a Mussolini yn dod at ei gilydd ac yn llwyddo i drechu Madrid. Bu yno am oddeutu tair blynedd ac ar un cyfnod nid oedd ganddo ef na'r rhai gydag ef ddim mwy i'w fwyta na gwreiddiau a chrwyn orennau. Ar ddiwedd yr "antur", nid oedd yn pwyso ond 110 pwys.

Erbyn heddiw, mae tri'n darlithio i wŷr busnes a seneddwyr America, sef Mr Hughes, Mr Winston Churchill a'r Arglwydd Sackville. Mae'r gwaith yn lladdfa, meddai, ac yn golygu treulio amser maith mewn awyrennau ond, ar yr un pryd, rhydd gyfle iddo gyfarfod amryw o wahanol bobl. Cyflogir Mr Hughes gan wŷr busnes a seneddwyr yn America i deithio o amgylch y byd i weld drosto'i hun sut y mae polisi cymorth yr Unol Daleithiau i wledydd tramor yn gweithio, ac wedyn dychwela i America a darlithio am yr hyn a welodd.

Ychydig cyn y rhyfel, cyhoeddwyd llyfr ganddo yn Efrog Newydd dan y teitl *They Shall Not Perish*. Yn ddiweddarach, cyhoeddwyd llyfr arall a ysgrifennodd gan Lyfrau'r Dryw, *Troi yn Alltud*. Rhyw ddeunaw mis yn ôl, cyhoeddwyd casgliad o storïau byr, *Angels' Tears,* ac mae llyfr arall, *Brief Innocence,* wrthi'n cael ei baratoi gan y cyhoeddwyr.

Daeth i adnabod Fidel Castro, Arlywydd Cuba, yn iawn. Aeth i'r wlad ychydig ar ôl y chwyldro yn y pum-degau ac wedyn ryw bedair blynedd yn ôl. Gresynai weld siopau mawr y brifddinas, Havana, sydd cymaint â Lerpwl, i gyd wedi cau. Nid oedd yno ond digon o fwyd i gadw pobl yn fyw, meddai. Cofia am adeg arall pan gyfarfu â Harry Truman, cyn-Arlywydd America. Roedd ganddo gasgliad o Feiblau o wahanol wledydd ond dim un Cymraeg. Anfonodd Mr Hughes Feibl Cymraeg ei nain iddo, ac mae hwnnw'n awr yn Llyfrgell Truman yn Independance, Missouri.

Pan ddechreuodd ar y gwaith, roedd bywyd yn fwy hamddenol a mwy o amser i feddwl ganddo, ond erbyn heddiw aeth yn fwy proffesiynol ac mae'n cael ei gipio mewn awyrennau o un ganolfan i un arall mewn mater o oriau. Hefyd roedd yn rhaid darlledu bob dydd o wahanol ganolfannau. Er mwyn rhoi cyfle iddo weld ardaloedd mwyaf rhamantus y byd, bu o dro i dro yn darlithio ar longau *cruise,* ac felly y cafodd gyfle i ymweld ag Easter Island a gweld y delwau rhyfeddol sydd yno.

Mae heli'r môr yn ei waed, meddai, ac ar un adeg, pan oedd llongau teithio yn eu bri, roedd wedi ysgrifennu i Gwmni Cunards a gofyn a fyddai'n bosibl cael llogi caban yn barhaol wedi iddo ymddeol. Dywedodd y Cwmni y gellid gwneud hynny, er nad oedd neb arall wedi gofyn am y peth o'r blaen. Ond, gwaetha'r modd, mae oes y math yna o long bron â dirwyn i ben erbyn heddiw ac yntau heb fwriadu ymddeol eto.

Mae'n hoff iawn o'r haul a dyna pam, meddai, y bydd yn treulio rhan helaeth o'i fywyd mewn gwledydd tramor. Ond ym Marian-glas y mae ei wreiddiau, a phan fo oddi cartref, mae'n hoffi meddwl am y tŷ ar y bryn, a phan fo gartref peth braf yw dwyn atgofion melys am San Francisco.

Pe bai'n penderfynu ymddeol, byddai'n falch o weld Cymro ifanc yn barod i ymgymryd â'r gwaith y mae o'n ei wneud yn awr. Mae Americanwyr yn llawer mwy parod i wrando ar Gymro, Sgotyn neu Wyddel nag ar Sais, meddai. Byddai pwy bynnag a ymgymerai â'r gwaith yn cael cyfle i weld y byd, a chyfarfod â phenaethiaid gwledydd ac, efallai, helpu mewn rhyw ffordd neu'i gilydd i ddylanwadu ar bolisi tramor yr Unol Daleithiau.

Edgar Jones

Pan ymddeolodd wedi hanner can mlynedd ar y môr, yr unig beth yr oedd ar y Capten o Borthaethwy eisiau ei wneud oedd dod yn ôl i Gymru er mwyn cael clywed pregeth Gymraeg, a "morio" canu emynau.

Er mai un o Gellilydan, ger Maentwrog, yw'r Capten Edgar Jones, 26 Maes yr Hafod, bu'n byw am gyfnod helaeth yn Hull, gan ei bod yn haws iddo fynd adref at y teulu yno nag a fyddai pe bai'n byw yng Nghymru. Roedd Capten Jones yn bymtheg oed pan aeth i'r môr gyntaf ar y llong 10,000 tunnell, "Penrhydd", o Gaerdydd. Ei chapten oedd Ieuan Prys Ellis. Gwaith Capten Jones oedd glanhau cabanau a golchi llestri, rhywbeth a'i harweiniodd i helynt yn gynnar yn ei yrfa newydd.

Roedd prinder llawer o bethau ar longau ac nid oedd yn hawdd iawn cael rhai yn eu lle. P'run bynnag, roedd Capten Jones wrthi'n golchi llestri ac fe dorrodd gwpan. Fflamiwyd ef gan y stiward a siarsiwyd arno'r canlyniadau pe bai rhywbeth tebyg yn digwydd wedyn. Drannoeth, roedd Capten Jones yn lluchio'r dŵr golchi llestri tros fwrdd y llong ac aeth ei galon i'w wddf wrth weld cyllyll, ffyrc a llwyau yn dymchwel i'r môr. Bu pawb wrthi'n galed am wythnosau yn casglu cyllyll, ffyrc a llwyau o wahanol ardaloedd.

I Naples yr oedd y fordaith gyntaf honno ac wedyn ymlaen i Rwsia. Roedd y llong i fynd i mewn i Odessa ar y Môr Du yn gyntaf. Oddi yno, aethpwyd â chargo o had i Fenis, a morio'n ôl i'r Crimea. Roedd pethau'n ddifrifol o ddrwg yn Rwsia yr adeg honno ac nid oedd yn ddiogel i neb adael y llong, meddai. Roedd yn rhaid i'r bechgyn ifainc fod yn wyliadwrus oherwydd y nifer o bobl a fyddai'n gofyn yn Rwsia iddynt ymuno â'r Blaid Gomiwnyddol. Siarsiwyd ar bawb gan berchenogion y llongau i beidio ag arwyddo dim oherwydd yng ngolwg Prydain yr adeg honno roedd perthyn i'r Blaid Gomiwnyddol cyn waethed â bod yn droseddwr, os nad gwaeth.

Ar yr un fordaith, aeth o Kerson yn Rwsia i Hull ac ymlaen i Catania yn Sisili. Pan oedd yno, dechreuodd Mynydd Etna orlifo a bu'n rhaid iddynt adael y porthladd ar frys. Gwelodd hefyd ddau fynydd tanllyd arall yn yr un ardal, sef Vesuvius a Stromboli.

Cymerodd y fordaith flwyddyn a'r bachgen ifanc o Faentwrog wedi gweld a dysgu llawer erbyn i'r llong gyrraedd yn ôl i Gaerdydd, o ble gadawsai. Erbyn hynny, roedd wedi dysgu llywio llong a'i waith nesaf oedd fel *ordinary seaman* ar wahanol longau. Yn ystod y pedair blynedd a ddilynodd, bu'n teithio i Dde America, i borthladdoedd fel Buenos Aires a Montevideo. Tra oedd yn Buenos Aires, cyfarfu â dynes o Gymru a aethai i'r wlad honno yn sgîl y farchnad am gaethion gwyn.

Wedi dyfod adref, penderfynodd ei bod yn well ganddo long yn hwylio ar arfordir Prydain gan y gallai gadw mewn cysylltiad â phethau fel criced a phêl-droed. Ond wedi ychydig amser penderfynodd fynd am gyfnod arall ar long dramor.

Pan oedd yn ddwy ar hugain oed, aeth am ei docyn mêt ac, wedi llwyddo, ymunodd â chwmni o Glasgow. Ychydig wedyn, aeth am ei docyn Capten, a thra oedd yn sefyll yr arholiad, cyfarfu â'r diweddar Gapten Wil Owen Jones o Foelfre, a buont gyda'i gilydd am ddwy flynedd, gan ddod yn ffrindiau mawr.

Ei long gyntaf fel meistr oedd yr "Yew Hill" a hynny yn 1936. Cofia'i fordaith gyntaf yn iawn gan fod y tywydd yn ofnadwy ac yntau braidd yn amheus o'r sefyllfa. Er hyn i gyd, credai mai'r cyfnod hwn oedd yr un hapusaf, gan fod Capten yn gallu datrys problemau'r criw fel roeddynt yn codi heb orfod siarad ag undeb.

Ar ddechrau'r rhyfel, ymunodd Capten Jones â'r confois a fyddai'n teithio ar hyd arfordir gogledd-ddwyrain Prydain. Roedd ei long hefyd yn Dunkirk, a chofia un achlysur wedi iddo achub criw y "Sequacity" a suddwyd gan fom. Y peth cyntaf a ddywedodd ei Chapten ar ôl glanio ar fwrdd llong Capten Jones oedd ei fod wedi gadael ei ddannedd gosod yn ei gaban.

Yn 1940, achubodd ei long filwyr a oedd yn y sianel mewn rafft. Aed â hwy'n ôl i Ramsgate, cyn i'r capten a'i griw ddychwelyd i Dunkirk drachefn. Llwyddwyd i gael oddeutu 1,100 o filwyr oddi ar y traeth yn ôl i'r llong ac er iddo fod yn falch o fod wedi gallu helpu, nid oedd arno eisiau gweld peth cyffelyb byth eto. Ond yng nghanol y trychineb, roedd ambell eiliad o hiwmor. Ychydig wedi i'r milwyr ddod i'r llong a hwythau'n wlyb diferol, roedd pawb wedi tynnu eu dillad er mwyn iddynt gael sychu. Ffrwydrodd bom yn weddol agos gan luchio dillad pawb yn un twmpath ar ben ei gilydd. Cymerwyd cryn amser i'r cyrff noethion ddod o hyd i'w dillad eu hunain!

Lladdwyd tri ar ddeg o filwyr ar y daith honno ac fe anafwyd wyth deg gan fomiau a syrthiai o amgylch y llong yn ddidrugaredd. Wedi cyrraedd Ramsgate, roedd yn rhaid i'r llong fynd i South Shields i gael ei hatgyweirio a chafodd Capten Jones fis o wyliau. Y flwyddyn wedyn, dyfarnwyd iddo'r MBE ac er ei fod wedi dyfalu am flynyddoedd, ni fu erioed yn sicr pam y derbyniodd yr anrhydedd. Nid am ei waith yn Dunkirk, meddai, gan fod llaweroedd o rai eraill wedi gwneud mwy nag ef.

Roedd gwaith y confois yn parhau, a chofia un adeg ddifrifol yn ei hanes pan oedd yr "Yew Dale" yn teithio rhwng Southampton a Methyl yn yr Alban. Collwyd naw o longau ar un fordaith a'r peth gwaethaf iddo ef oedd clywed y dynion yn galw am gymorth a dim un o'r llongau o'u cwmpas yn cael mynd atynt rhag iddynt hwythau gael eu suddo.

Dechreuodd pethau esmwytho tipyn oddeutu 1943 gan fod yr Almaenwyr yn cael cryn drafferth yn Rwsia. Adeg y glanio yn Normandi, ei waith oedd cario negesau i'r *"floating pontoons"*. Roedd ei long yn rhedeg wedyn i draeth Utah yn Normandi ac yno y collodd y llong wedi iddi daro rhywbeth ar waelod y môr. Llwyddodd i'w chael ar y traeth ond nid oedd neb yn trafferthu llawer gyda llong â thwll yn ei hochr.

Priododd Capten Jones yn 1942 ac aeth ef a'i wraig i fyw i Hull. Yno y magwyd eu merch, Pamela, a'u mab, Brian.

Ar ddiwedd y rhyfel ymunodd â chwmni o Hull, a chafodd gyfle i ddod i gysylltiad â llawer o hen ffrindiau, fel Capten Robert Wynne a'r Capten Norman Hughes o Amlwch, Capten William John Hughes a'r diweddar Gapten Wil Owen Jones, y ddau o Foelfre. Bu gyda'r cwmni o Hull am bedair blynedd ar ddeg cyn symud i weithio ar longau o Middlesborough am dair blynedd. Ei gwmni diwethaf oedd Metcalf a bu ar bob un o'i 23 o longau yn eu tro. Y llynedd, ymddeolodd hanner can mlynedd i'r diwrnod bron y dechreuodd yn llanc ifanc. Erbyn heddiw, mae wedi ei ddysgu'i hun sut i drin a thrafod gardd gan fynd yn fwy anturiaethus fel yr â'r amser heibio. Mae'n darllen llawer, yn cerdded o gwmpas y Borth ac wedi ffeirio golygfa o'r môr o bont ei long am olygfa o fynyddoedd o lolfa ei gartref.

Goronwy Prys Jones

Pan ddywedwyd wrthyf am fynd i'r Ogof yng Nghaergybi yr wythnos ddiwethaf i gyfarfod cyn-Gyfarwyddwr Addysg Môn, roeddwn wedi creu darlun yn fy meddwl o le anghysbell. Ond cael fy synnu a wnes. Mae Yr Ogof, cartref Mr Goronwy Prys Jones, mewn llecyn distaw, sydd yn ddigon agos i dref Caergybi i sicrhau nad oes gormod o deithio am nwyddau ac, ar yr un pryd, yn ddigon pell i sicrhau tawelwch oddi wrth sŵn a miri'r dref. Yn rhyfedd iawn, nid oes ogof ar gyfyl y tŷ. Bu Mr Jones yn ceisio am hir i gael gwybod sut y cafodd y tŷ ei enw ond heb lwyddiant. Clywodd o un ffynhonnell fod cromlech neu rywbeth tebyg wedi sefyll ar y tir ar un adeg ond ni chafodd gadarnhad swyddogol o hynny.

Brodor o Ddolwyddelan yw Mr Jones ac wedi cael ei addysg yn ysgol gynradd y pentref, bu'n ddisgybl yn Ysgol y Sir, Llanrwst. Yng Ngholeg y Brifysgol, Bangor, cafodd radd anrhydedd B.A. a gwnaeth flwyddyn o gwrs hyfforddi i fod yn athro. Mae'n debyg mai yn y Coleg y dechreuodd ymddiddori mewn barddoniaeth ac enillodd Goron Eisteddfod y Coleg am bryddest yn 1924. Ddwy flynedd yn ddiweddarach, enillodd y Goron yn yr Eisteddfod Ryng-Golegol. Ar ddiwedd ei gwrs yn y Coleg, methodd â chael swydd yng Nghymru ac aeth dros Glawdd Offa i ardal y pyllau glo yn Derbyshire. Bu yno am bum mlynedd.

Yn 1929, fe aeth swydd dros dro yn wag yng Nghaergybi i ddysgu Cymraeg a daeth Mr Jones yn ôl i Gymru. Parhaodd y gwaith yn fwy nag y disgwyliodd, fodd bynnag, a bu hefyd yn dysgu Saesneg, Ymarfer Corff a phynciau eraill. Cafodd ei dderbyn yn 1947 yn ddarlithydd Cymraeg a Saesneg yng Ngholeg Brys Wrecsam, a bu yno am ddau dymor cyn i swydd Dirprwy Gyfarwyddwr Addysg fynd yn wag ym Môn. Bu'n gwasanaethu dan y diweddar Mr E. O. Humphreys, a Mr D. Jones Davies, cyn iddo gael ei benodi'n Gyfarwyddwr Addysg am y tair blynedd cyn iddo ymddeol bum mlynedd yn ôl. Cymerai ddiddordeb mawr mewn addysg bellach ers cyfnod maith a bu'n darlithio mewn dosbarthiadau nos yng Nghaergybi, Llannerchymedd, Y Benllech a Bryngwran.

Dywedodd Mr Jones fod Môn wedi cael gweledigaeth ynglŷn ag addysg gyfun cyn i Ddeddf Addysg 1944 ddod i rym. Roedd Cymru wedi colli cyfle rai blynyddoedd ynghynt gyda Deddf arall i greu cyfundrefn addysg berthnasol iddi ei hun, meddai. Roedd Môn wedi paratoi cynlluniau ar gyfer addysg uwchradd cyn bod y ddeddf ac, o ganlyniad, pan ofynnodd y Weinyddiaeth am gynlluniau awdurdodau lleol roedd Môn ar y blaen. Ar y pryd, y bwriad oedd sefydlu pedair ysgol uwchradd yn y Sir, gan gael un newydd yn Amlwch. Gwendid y cynllun, yn nhyb Mr Jones, oedd nad oedd neb wedi rhagweld y byddai Môn yn datblygu cymaint yn y blynyddoedd i ddilyn.

Credai hefyd nad oedd yr ysgolion cyfun yn ateb y pwrpas y sefydlwyd hwy ar ei gyfer. Maent yn rhy fawr ac mae'r ymwneud personol rhwng athro a disgybl wedi ei golli. Credwyd ar un pryd y byddai sefydlu pedair ysgol o'r fath yn fwy economaidd ond nid yw hyn wedi cael ei brofi. Cyn ail bobi'r ysgolion, cafwyd gweledigaeth arall pan sefydlwyd wyth *Intermediate Secondary Modern Departments* yn y Sir yn rhan o ysgolion cynradd. Dewiswyd hufen athrawon yr ysgolion cynradd a'u rhoi yn yr ysgolion cymharol fychan hyn. Wrth edrych yn ôl, teimla Mr Jones efallai y byddai wedi bod yn well datblygu'r math yma o ysgol, a oedd yn llai ac yn gallu cadw perthynas rhwng yr athrawon a'r disgyblion.

Gwelai fod mynd yn Gyfarwyddwr yn gam naturiol o fod yn athro ond gwelodd lawer o ysgolion yn cael eu tlodi am fod athro da, a allai drafod plant, yn cael ei benodi i swydd weinyddol prifathro. Ei golled fwyaf wrth symud i'r ochr weinyddol oedd colli cysylltiad uniongyrchol â'r plant. Ond roedd ei brofiad fel athro yn gymorth iddo deall y problemau a godai mewn ysgolion o dro i dro. Pan ddechreuodd yn ei swydd fel Cyfarwyddwr, roedd y gwaith chwyldroadol wedi cael ei wneud, heb fawr o stŵr, a chafodd yr Adran Addysg gyfle i gadarnhau'r hyn a oedd wedi ei wneud.

Erbyn heddiw, canfu mai'r swydd orau a gafodd yw ymddeoliad. Mae wrthi'n trin yr ardd, ysgrifennu llawysgrifau mewn llythrennau italaidd a gwneud tlysau allan o gerrig glan y môr. Ei nod yw cael un dosbarth ar gynghanedd a mesurau caeth y flwyddyn nesaf. Mae yna griw o bobl ag arnynt eisiau mwy o wybodaeth am hyn, meddai Mr Jones, ac os bydd digon yn dangos diddordeb, bydd yn sefydlu dosbarth nos.

Eric Edwards

Prif nod Mr Eric Edwards, Prif Swyddog Tân Gwynedd, yw codi'r Gwasanaeth o fod yn Cinderella yng ngweithgareddau'r Cyngor Sir i'w le teilwng.

Cof cyntaf Mr Edwards, sy'n byw yn 15 Trefonwys, Bangor, am y Frigâd yw pan oedd yn blentyn ym Mhenmaenmawr. Roedd ei dad yn ddiffoddwr tân rhan amser ac roedd arwydd yn dweud hynny mewn llythrennau coch uwchben y drws. Ond nid oedd Mr Edwards wedi rhoi ei fryd yr adeg honno ar gael bod yn ddiffoddwr tân ei hun. Yn wir, nid oedd rhoi pibellau ar lori Cyngor cyn mynd at dân yn apelio ato o gwbl.

Bu'n ddisgybl yn Ysgol Genedlaethol Penmaenmawr ac Ysgol Pen y Cae ond cafodd adael yr ysgol yn bedair ar ddeg oed ar ddechrau'r rhyfel i fynd i weithio mewn siop. Erbyn iddo fod yn un ar bymtheg oed, roedd yn rheolwr cynorthwyol mewn siop. Ymhen ychydig, aeth i wasanaethu gyda'r *Fleet Air Arm* yng nghyffiniau Camlas Suez ac ym Malta cyn dod adref yn 1946. Aeth yn ôl i'r siop ym Mhenmaenmawr am gyfnod ond nid oedd y gwaith yn plesio. Ymunodd â'r Gwasanaeth Tân Cenedlaethol a chafodd ei anfon i Birmingham yn 1947. Wedi hynny, anfonwyd ef i Landudno. Roedd y gwasanaeth cenedlaethol yn cael ei ddiddymu yn 1948 a chafodd gynnig mynd i rywle yn Lloegr i weithio. Nid oedd arno eisiau mynd yno a chlywodd ar y munud diwethaf fod swydd yn mynd yng Nghaergybi a cheisiodd amdani. Arhosodd yno tan 1951 pan benodwyd ef yn brif ddiffoddwr tân ym Mhencadlys y Frigâd yn Llangefni. Yn 1957, penodwyd ef yn is-swyddog yn Llangefni, gyda chyfrifoldeb am weithgareddau'r gwasanaeth tân cynorthwyol a oedd ar y pryd gymaint â'r gwasanaeth sefydlog.

Trwy gydol ei oes yn y gwasanaeth tân, mae wedi gweld y naill beth yn dod yn fwy blaenllaw na'r llall. Yn 1964, gwahardd tân oedd y peth mawr a phenodwyd ef yn 1968 yn Swyddog Cynorthwyol Rhanbarthol gyda chyfrifoldeb am wahardd tân. Ddwy flynedd yn ddiweddarach, penodwyd ef yn Ddirprwy Brif Swyddog, ac yn 1972, penodwyd ef yn Brif Swyddog ym Môn. Gydag ad-drefnu llywodraeth leol, penodwyd ef yn Brif Swyddog Gwynedd yn 1973. Mae chwech ar hugain o orsafoedd tân yng Ngwynedd gyda thros gant o weithwyr amser llawn. Gyda'r gweithwyr rhan amser, sy'n asgwrn cefn y gwasanaeth, meddai, mae'r nifer yn bum cant. Heb y gweithwyr rhan amser, ni fyddai gwasanaeth o gwbl, meddai, a gwneir ymdrech bob amser i wneud y gwaith mor ddeniadol iddynt ag y bo modd. Y bwriad yn y blynyddoedd sydd i ddod yw creu gwasanaeth y bydd pobl yn gallu edrych i fyny arno gan wybod y gallant ddibynnu arno i'w cynorthwyo pan fo'r angen.

Gydag ad-drefnu llywodraeth leol, daeth ffordd newydd o reoli'r gwasanaeth tân, trwy i swyddogion gyfarfod yn rheolaidd i benderfynu pa gamau oedd angen eu cymryd. Felly mae pob un o'r gweithwyr yn gwybod yn union beth sy'n digwydd.

Bu'r gwaith yn hobi iddo dros y blynyddoedd, meddai, ac nid oedd yr un diwrnod yn mynd heibio heb i rywbeth newydd a diddorol ddigwydd.

Yn sgîl y datblygiad, daeth problemau, wrth gwrs. Pan ddechreuodd wyth mlynedd ar hugain yn ôl, ardal wledig oedd hi ond, erbyn heddiw mae llawer mwy o ddiwydiannau. Oherwydd hynny, bu'n rhaid newid y dull o wasanaethu. Y datblygiad diweddara' sydd wedi creu problemau arbennig i'r gwasanaeth tân yw dyfodiad Cwmni Shell i Amlwch. Mae'n rhaid i'r Frigâd fod yn barod i drafod unrhyw amgylchiad, a chafodd y dynion hyfforddiant mewn ymladd tân ar y môr, a hefyd sut i ymdrin â thân pe bai yn torri allan yn y tanciau olew mawr yn Rhosgoch.

Er bod yn rhaid cael cynlluniau'n barod, ni chred fod y tanciau mor beryglus â phe bai purfa yn y cylch ond tybia y byddai'n cymryd cryn dipyn o amser i ddiffodd tân olew. Dywedodd Mr Edwards fod llawer mwy o agweddau i waith y frigâd dân nag y sylweddola pobl. Mae'r dynion i gyd yn barod i fynd allan ar unrhyw achlysur naill ai at dân mewn cartref henoed neu i ryddhau pobl o geir mewn damwain.

Gresyna nad oes mwy o fechgyn ifainc yn sylweddoli bod dyfodol disglair gyda chyflog da yn eu haros yn y gwasanaeth tân. Mae cyfeillgarwch yn perthyn i'r gwasanaeth nas ceir mewn unrhyw waith arall yn unman.

Percy Ogwen Jones

Calondid mawr i Mr Percy Ogwen Jones, Glan Eilian, Llaneilian, yw ei fod bron yn bedwar ugain oed ac nid yn fachgen ifanc yn edrych tua'r dyfodol yn amheus. Er i fywyd fod yn eithaf caled pan oedd ef yn fachgen ifanc, cred nad oedd cymaint o amheuon yn wynebu'r ifanc yr adeg honno ynglŷn â'r dyfodol. Ni all neb ddweud gyda sicrwydd beth a ddaw gyda'r blynyddoedd nesaf, meddai. Dywedodd Mr Jones i'w fywyd fod yn rhywbeth heb ben na chynffon. Ni fu cynllunio ymlaen llaw yn rhan o'i hanes. Wrth edrych yn ôl, roedd wedi pontio dau gyfnod tra gwahanol i'w gilydd a châi hi'n anodd i ddygymod â ffasiynau newydd.

Bu'n rebel ar hyd ei oes, meddai, ac fel llawer o fechgyn eraill yn ei gyfnod, bu'n gefnogwr y Rhyddfrydwyr ym Môn. Roedd hynny cyn iddo sylweddoli nad oedd ganddynt lawer i'w gynnig iddo ac yntau'n mynd fwyfwy i'r chwith. Pan oedd yn ifanc, nid oedd llawer o arian ar gael ond roedd mwy o hapusrwydd nag sydd heddiw. Ni châi neb deganau wrth y dwsin i chwarae â hwy. Roedd yn rhaid i bawb wneud eu teganau eu hunain ac roedd hynny'n rhoi rhywbeth iddynt ymddiddori ynddo. Cofiai fod ardal Llaneilian ei blentyndod yn ardal braf, lle'r oedd pawb yn adnabod ei gilydd ond, erbyn heddiw, mae'r lle ar wasgar a thai haf yn amlwg.

Nid oedd llawer o bobl yr adeg honno wedi bod trwy'r Ysgol Sir ond, serch hynny, roeddynt bron i gyd yn ddiwylliedig. Yn unrhyw dŷ, gwelwyd cwpwrdd o ryw fath yn llawn o lyfrau. Darllenai pobl lawer mwy nag a wnânt heddiw a chred fod y ffasiwn o lanhau yn y gwanwyn wedi sicrhau bod llawer o lyfrau'n cael eu lluchio y dyddiau hyn.

Ni all ddeall y sut mae pobl ifainc heddiw yn *bored stiff* a heb ddim i'w wneud. Treuliwyd yr amser mewn sawl ffordd pan oedd ef yn ifanc ac nid oedd chwarae ambell dric ar bobl y cylch yn beth dieithr. Un o'r rhai gorau a gofia yw rhoi powdwr tisian yn y llyfrau emynau yn y capel ac eistedd yn ôl i chwerthin am ben y canlyniadau. Cofia Ddiwygiad Ifan Roberts yn 1904. Roedd wedi clywed llawer am y dyn a daeth y cyfle i fynd i wrando arno yn Amlwch, ond y peth rhyfedd oedd na ddywedodd y dyn yr un gair, ac fe siomwyd Mr Jones. Yn ddiweddarach, yn yr un cyfnod, clywodd ddyn o Gaergybi yn siarad, gŵr a feddai'r ddawn i gipio dychymyg pobl. Un peth a ddywedodd a gafodd argraff fawr ar Mr Jones oedd na ddylai pobl gymryd enw Duw na Christ yn ofer. Roedd mwy o hynny'n mynd ymlaen mewn capeli nag mewn unrhyw dafarn, meddai.

Tra oedd yn gweithio ar y tir, cafodd ddigonedd o amser i ddarllen a chymerai ddiddordeb mewn eisteddfodau a gwleidyddiaeth. Yn araf, daeth yr awydd arno am fwy o addysg ac fe aeth i Goleg ail gyfle yng Nghlynnog. Wedi dwy flynedd yno, pasiodd ei arholiadau ond nid oedd cyfle iddo fynd i'r brifysgol gan fod y Llywodraeth wedi penderfynu mynd i ryfel. Roedd hon i fod yn rhyfel i sicrhau na fyddai byth ryfel arall ond ni chredai Mr Jones hyn. Ei deimlad ef oedd fod pob rhyfel yn creu rhyfel arall ac mai'r unig ffordd i sicrhau heddwch oedd trwy i bawb wrthod rhyfela i ddim pwrpas. Teimlai fod y penderfyniad yn anos na'r weithred, gan fod yn rhaid meddwl am lawer o bethau. Ond, yn y diwedd, penderfynodd fod yn wrthwynebwr cydwybodol, a daeth milwyr i'w nôl i fynd i garchar Dartmoor.

Roedd dwy gainc i'w deimlad: fod Crist wedi dysgu bod rhyfela'n ddrwg ac roedd yn rhaid gwrthwynebu'r rhyfel gan fod honno'n un anghywir i'w hymladd. Bu yn y carchar am dair blynedd a dau fis am ei safiad. Ar ddiwedd y rhyfel, daeth adref yn ôl i weithio ar y tir ac ymddiddorodd yn y mudiad Llafur a gwaith undebau. Ond nid oedd hyn yn foddhaol i'r Swyddfa Gartref ac aethpwyd ag ef i garchar drachefn am bum mis. Pan ddaeth adref yn ôl, chwiliodd am waith ym myd papurau newydd a chafodd swydd yn darllen proflenni ar y *Western Mail* yng Nghaerdydd. Ymhen amser, cafodd gyfle i sefydlu *Y Dinesydd*, papur y mudiad Llafur yng Nghaernarfon. Bu yno am bum mlynedd cyn symud ar staff y *Daily Herald* yn Llundain a Manceinion.

Daeth yn ôl i Gymru i sefydlu *Y Cymro* a bu arno tan 1938 pan ddaeth yn ôl i Fôn i amaethu. Yn 1942, dewiswyd ef yn aelod o Gyngor Sir Môn, fel cenedlaetholwr. Bu ar amryw o bwyllgorau, yn enwedig rhai'n ymwneud ag addysg. Mae'n dal yn aelod o Gyngor y Brifysgol er iddo adael y Cyngor Sir ers rhyw dair blynedd. Mae hefyd yn aelod o Gyd-bwyllgor Addysg Cymru.

Dywedodd ei fod wedi gwneud ei orau bob amser i helpu'r iaith Gymraeg ac i wneud yr hyn a all i fod o gymorth i'r ifanc gael manteision. Heb iddynt gael chwarae teg, ni fydd cymdeithas iach yn y dyfodol, a heb ddiogelu'r iaith, ni fyddai dim yn werth i'w ddiogelu ym mywyd Cymru, meddai.

John Bloom Roberts

Hoff bleser plant Ysgol Llanallgo flynyddoedd yn ôl oedd edrych i lawr ar y llongau wrth eu hangor yn y Bae, a'r adeg honno roedd yna nifer ohonynt. Dros y blynyddoedd, daeth yn arferiad i blant yr ysgol gael mynd adref pan oedd llong eu tad ymhlith y rhai oedd yn glanio. Un o'r rheini oedd Capten John Bloom Roberts, Bryn Awel, Llanfaethlu, a ddywedodd fod yna gymaint o fechgyn yr ysgol â'u tadau ar y môr nes bod rhywun yn absennol o'r ysgol bob dydd o'r flwyddyn.

Cofia'n iawn brifathro'r ysgol, Mr Edwards, yn dysgu i'r hogiau sut i ddarllen semaffor a dilyn cwrs ar siartiau, er nad oedd ganddo ef ei hun gysylltiad â'r môr. Serch hynny, roedd mor gydwybodol ynglŷn â dysgu'r plant am siartiau ag yr oedd wrth ddysgu iddynt ddarllen ac ysgrifennu.

Magwyd Capten Roberts gyda'i nain ym Moelfre. Roedd hi'n brifathrawes yn Ysgol Llanallgo. Pan oedd Capten Roberts yn ifanc, roedd y teulu am iddo fynd i weithio yn y Banc, ond roedd ef wedi penderfynu mai i'r môr yr oedd arno eisiau mynd ac er iddo ffraeo gyda'i nain ynglŷn â'r penderfyniad, i'r môr yr aeth.

Felly, yn 1917, ac yntau ryw bedair ar ddeg oed, ymunodd Capten Roberts â'r "Kempock" a oedd yn hwylio o Gaerdydd i Ffrainc. Ar y ffordd ar draws, roedd *mines* yn ffrwydro o gwmpas y llong ac erbyn iddo ddod yn ôl roedd yn barod i dderbyn awgrym cynharach ei nain a chwilio am waith ar y lan. Ond dywedodd ei dad wrtho ei fod eisoes wedi cyweirio ei wely a bod yn rhaid iddo orwedd ynddo. A dyna a fu.

Roedd y "Kempock" yn hwylio o Foelfre yn aml iawn ac wedi i Capten Roberts dreulio ychydig o amser gartref, byddai'n mynd i ffwrdd unwaith eto. Ychydig cyn i'r llong fod yn barod i adael Moelfre un tro, cafodd Capten Roberts ddamwain a bu'n rhaid iddo aros gartref. Yn y Seiat, ychydig yn ddiweddarach, clywodd fod y llong wedi cael ei suddo ar y ffordd i Iwerddon.

Ei long nesaf oedd y "Dragon", yn hwylio o Gaerdydd i Biddeford, ac ar ôl cyfnod ar honno, symudodd i'r "Bryn Awel". Yna, ar long o eiddo Elder Dempster cyn mynd ar long dramor arall, y "Scholar" o eiddo Cwmni Harrison. Roedd yn bedair ar bymtheg oed erbyn hyn ac, fel llawer o fechgyn o'i oed, roedd arno angen cryn dipyn o fwyd. Ond bwyd oedd un o bethau gwaelaf y Cwmni, meddai. Ddau ddiwrnod cyn y Nadolig, a'r llong ger British Honduras, penderfynwyd lladd mochyn ar gyfer cinio. Wedi'r weithred, dechreuodd pawb fod yn ofergoelus, ac yn ddamweiniol - neu beidio - fe dorrodd llyw y llong. Gofynnwyd am wirfoddolwyr i fynd dros ochr y llong i weld beth oedd o'i le ac ar ôl i'r dynion, gan gynnwys Capten Roberts, glymu gwifrau wrth y llyw, llwyddwyd i fynd â'r llong i Lisbon i gael ei hatgyweirio. Pan gyraeddasant Llundain, cafodd y pedwar gwirfoddolwr fis o gyflog ychwanegol, a olygai wyth punt i Capten Roberts.

Ymhen ychydig, penderfynodd fod yn well ganddo hwylio o amgylch yr arfordir ychydig yn nes at Brydain. Aeth at ei dad, Capten John Roberts, ar y "Pine Villa". Pan oedd y tu allan i Gaergybi, aeth y llong ar dân ac fe gollodd ei dad ei fywyd. Am ei ymdrechion i achub bywydau'r criw, anrhydeddwyd ef â'r *DSC*.

Cafodd ei docyn Capten yn 1927 a bu ar amryw o wahanol longau. Adeg yr Ail Ryfel Byd, roedd yn Feistr ar y "Polgrange" a suddwyd yn y Sianel yn 1940.

Ychydig wedyn, troes llong arall yr oedd yn feistr arni, y "Quickthorn", wyneb i waered ger Aberdaugleddau. Bob tro y suddai llong, roedd yn rhaid mynd i adrodd yr hanes i Whitehall, ond dywedodd Capten Roberts fod y bobl yno wedi blino'i weld wedi'r ail dro. Pan gollwyd y "Polgrange", collodd ei holl eiddo, a chafodd fynd i'r ystafell hiraf a welodd erioed i ddewis un siwt allan o'r miloedd oedd yno.

Ar adeg arall, cofia deithio o Dde Iwerddon i Gaerdydd, gan ddod â llawer o nwyddau a oedd yn brin yng ngwledydd Prydain gydag ef. Cofia'n iawn un Nadolig, pan oedd ochr mochyn wedi cael ei adael ar y llong dros gyfnod o fordaith neu ddwy. Nid oedd neb fel pe bai arno'i eisiau a phenderfynodd Capten Roberts y byddai'n gwneud yn iawn at ginio Nadolig. Ond pan aeth ati i ddechrau'i baratoi, gwelodd ei fod wedi llwydo.

Dro arall, gorfodwyd iddo ef a rhai llongau eraill fynd i Brest yn Ffrainc i geisio cael milwyr allan o'r ardal. Pan gyrhaeddodd, dywedodd capten rhyw dynfad wrtho fod yr Almaenwyr wedi glanio yno. Ei long ef oedd y llong Brydeinig olaf i fynd allan o Brest wedi dyfodiad yr Almaenwyr, ac yn yr "Empire Lethe", chwe blynedd yn ddiweddarach, ef oedd y cyntaf i fynd i mewn i Brest wedi iddynt gael eu trechu. Ar ddiwedd y rhyfel, ac yntau wedi cael llond bol ar y bomio a'r miri, ymunodd â Bwrdd Dociau Merswy, wedyn gyda'r *Westminster Dredging Company* gan orffen ei yrfa gyda chwmni Norwest. Yn ystod y blynyddoedd olaf hyn, cafodd fwy o gyfle na chynt i ddod adref yn weddol gyson.

Yn ystod y blynyddoedd diwethaf, treuliodd lawer o'i amser yn paentio o amgylch y tŷ, a dywedodd fod pobl Llanfaethlu erbyn heddiw yn ei weld yn rhyfedd os nad oedd ganddo frws paent yn ei law. Er y byddai'n hoff iawn o fyw ger y môr, dywed y byddai'n anodd iawn dygymod â gwneud dim mwy nag edrych allan arno heb allu mynd â llong allan. Byddai'n anodd dygymod â'r ffaith nad oes cymaint o ddŵr heli yn rhedeg drwy'i wythiennau erbyn heddiw.

Richard Owen

Yn aml iawn, bydd rhywun yn clywed am weinidog yn derbyn galwad i ofalaeth. Tipyn llai cyffredin yw clywed am berson sydd wedi penderfynu ar ei fywoliaeth ac yna'n clywed yr alwad i fynd i wasanaethu Crist. Ond dyna fu hanes *Brigadier* Richard Owen, Boldon, Moelfre. Wedi iddo adael Ysgol Llanallgo, aeth i Lerpwl i gael ei brentisio fel trydanydd gyda Chwmni Chamber ac Isherwoods. Ar ddiwedd ei brentisiaeth, symudodd i weithio gyda chwmni puro siwgwr yn Lerpwl.

Tra oedd yn Lerpwl, bu'n aros gyda dau wahanol deulu. Arferai fynd i'r Capel gydag un teulu ond nid gyda'r llall gan mai Catholigion oeddynt. Oherwydd hynny, roedd ganddo ychydig o amser iddo'i hun ar nos Sul. A dyna pryd y clywodd yr alwad, i fynd i wasanaethu gyda Byddin yr Iachawdwriaeth, gan ei fod yn teimlo fod ganddynt hwy rywbeth gwerth chweil i'w gynnig i bobl.

Pan oedd yn bump ar hugain oed, aeth i Goleg Hyfforddi'r Fyddin yn Llundain. Penodwyd ef i weithio yn Iwerddon ar ôl iddo gwblhau ei gwrs. Roedd hyn mewn cyfnod o ddirwasgiad a thlodi mawr ym mhob rhan o'r gymdeithas. Am gyfnod wedyn, bu yn Glasgow ac yn Ne Cymru.

Am gyfnod, bu hefyd yng Nghaergybi ac un peth na fyddai llawer o bobl yn ei gredu bellach, efallai, meddai, oedd fod tlodi mawr yno hefyd gyda cheginau cawl yn rhywbeth cyffredin. Cofia'n iawn am un dyn eithaf cyfoethog a fyddai'n rhoi arian i'r Fyddin er mwyn iddynt allu rhoi parti Nadolig i blant tlawd Caergybi.

Adeg y rhyfel, roedd ef ac eraill yn edrych ar ôl milwyr mewn gwahanol rannau o Brydain a phan oedd y rhyfel yn dirwyn i ben, anfonwyd ef i'r Almaen i ofalu am y milwyr a oedd am gael dod adref yn ôl. Pan ddaeth y rhyfel i ben, aeth yn ôl i efengylu ac am bron i chwe blynedd bu'n gweithio yn Burnham on Crouch. Bu'n gwasanaethu wedyn yn Aberystwyth am dair blynedd a hanner cyn symud i Swydd Efrog lle bu'n gweithio yn Bradford, Mirfield, a Staningly, ac yn Hartlepool, Swydd Durham.

Pan ymddeolodd ddwy flynedd yn ôl, wedi tair blynedd a deugain o wasanaeth, roedd wedi cyrraedd swydd *Brigadier*. Eglurodd Mr Owen fod y drefn ym Myddin yr Iachawdwriaeth yn dra gwahanol i'r drefn filwrol fel y cyfryw. Ar ôl gadael y Coleg Hyfforddi, roeddynt yn cael *rank* lefftenant ar brawf am flwyddyn. Yn ystod yr amser hwnnw, roedd pawb yn gwneud cwrs manwl ar y Beibl cyn cael eu penodi'n lefftenant. Wedyn, roedd yn rhaid aros am dair blynedd cyn cael penodiad yn Gapten, dwy flynedd ar bymtheg o wasanaeth cyn cyrraedd swydd *Major* a bod yn y swydd honno am ddeng mlynedd ar hugain cyn cael swydd *Brigadier*. Dyna'r rheng ucha' y gall y rhai yn rhan efengylaidd y Fyddin ei chyrraedd. Roedd graddau eraill yn bodoli yn y rhan weinyddol yn y pencadlys.

Mae gan y Fyddin ei chwmni argraffu enfawr ei hun, yn cyhoeddi papurau fel y *War Cry*, *Young Soldier* a'r *Musician*, a'r cwmni yma, Gwasg Campfield yn St Albans, a rwymodd y Beibl a ddefnyddiwyd ym mhriodas y Frenhines Elizabeth II.

Er bod y gwasanaeth y Fyddin yn ddigon tebyg i wasanaeth unrhyw enwad arall, cred Mr Owen eu bod yn fwy dynamig yn eu hagwedd tuag at addoli. Mae mwy o fynd mewn gwasanaethau, mwy o'r gynulleidfa'n cymryd rhan ac, yn bwysicach na dim, mae'r Fyddin yn mynd allan i'r byd i chwilio am ei chynulleidfa yn hytrach na disgwyl iddynt ddod i adeilad.

Dywedodd Mr Owen ei fod, yn naturiol, yn colli ei waith, a'i bod yn anodd iawn dod yn ôl i gapel - mae'n flaenor yng Nghapel Carmel - i addoli. Ond mae'n rhaid gwneud y gorau o'r sefyllfa, meddai, gan ei bod yn anodd iawn teithio i naill ai Gaergybi neu Gaernarfon lle mae'r Fyddin yn cynnal gwasanaethau.

Un rhan o'r gwaith a oedd yn dod â phleser arbennig iddo oedd gallu helpu teuluoedd a oedd wedi colli cysylltiad â'i gilydd. Gwnaed hyn trwy adran y bobl ar goll yn y pencadlys. Mae'r Fyddin yn cael mwy o lwyddiant na neb i ddod o hyd i bobl ar hyd a lled y byd, meddai. Cofia un tro, pan oedd yn Abertawe, am longwr wedi mynd i ffwrdd a 'run o'r teulu'n gwybod lle'r oedd. Cafwyd hyd iddo yng Nghanada mewn byr amser. Dro arall, yn Harrogate, gofynnwyd i Mr Owen ddod o hyd i ddynes na wyddai neb ddim amdani ond ei henw. Cyfarfu â hi ar ôl curo ar dri drws mewn rhan arbennig o Harrogate.

Nid oes amheuaeth, meddai, nad yw'r Fyddin wedi dod â gobaith i lawer o bobl ar hyd a lled y byd er pan gafodd ei sefydlu yn 1865. Roedd hynny'n unig, heb sôn am y cysur crefyddol a roddasai i bobl, wedi gwneud ei amser gyda'r Fyddin yn werth chweil.

Mansel Williams

Gyda thymor cyntaf y flwyddyn pan orfodwyd pobl ifainc i aros yn yr ysgol nes eu bod yn un ar bymtheg oed, yn prysur ddirwyn i ben, mae un dyn mor bendant ag erioed fod yr arbrawf yn un anffodus a'r ddeddf y tu ôl iddo yn gamgymeriad addysgol. Dyna yw barn Mr Mansel Williams, 5 Goleufryn, Penrhos, Bangor, ac fel cyn-Gyfarwyddwr Addysg Sir Gaernarfon, a anrhydeddwyd yr wythnos ddiwethaf gyda'r CBE am ei gyfraniad i fyd addysg, mae'r farn yn un bwysig.

Bob dydd bron, clywir am anhrefn mewn rhyw ysgol neu'i gilydd yn y wlad a chred Mr Williams mai gwreiddyn y drwg yw fod gwleidyddion wedi ceisio gwneud drwy ddeddf rywbeth yr oedd athrawon wedi methu'n glir â'i wneud drwy berswadio - cael pobl ifainc i ddysgu mwy a hwythau wedi hen flino ar rwymiadau ysgol. Cred nad oedd yn deg ceisio cadw pobl mewn ysgol yn erbyn eu hewyllys pan allent wneud rhywbeth mwy defnyddiol wrth fynd allan i weithio. Roedd rhai plant, wrth gwrs, a oedd yn dymuno mynd ymlaen i golegau ac yn y blaen ond y gwahaniaeth oedd eu bod hwy wedi gwneud y penderfyniad eu hunain.

Hoffai'n fawr y syniad o ysgolion uwchradd a welir yn Denmark. Maent wedi eu sefydlu'n bwrpasol i bobl ifainc sydd wedi gadael addysg gyfundrefnol yn weddol ifanc ac sy'n awyddus, wedi rhyw ddwy flynedd o weithio, i gael mwy o addysg. Erbyn iddynt fynd yn hŷn, maent yn fwy parod i sylweddoli gwerth yr hyn y maent yn ei ddysgu heb orfodaeth.

Ganed Mr Williams yn Sgiwen a Chymraeg oedd iaith yr aelwyd. Ni siaradodd fawr o Saesneg nes aeth i Ysgol Gynradd Coed Ffranc lle nad oedd llawer o Gymraeg yn cael ei ddysgu. Wedi iddo gael ysgoloriaeth, aeth i ysgol Castell-nedd, lle'r oedd y Rhyddfrydwr mawr, John Walter Jones, yn brifathro. Roedd hwnnw'n frwdfrydig dros y Gymraeg ac roedd llawer mwy o ddysgu ar yr iaith yno. Pan oedd Mansel Williams yn y chweched dosbarth, penderfynodd arbenigo mewn gwyddoniaeth ac aeth ymlaen i Goleg Abertawe i ennill gradd anrhydedd mewn Ffiseg. Wedi iddo raddio, bu'n ddigon ffodus i gael swydd gydag Awdurdod Addysg Llundain a bu'n gweithio mewn amryw o ysgolion yn y brifddinas. Tra oedd yno, dechreuodd ar gwrs M.Sc. ond nid oedd digon o amser ganddo i'w roi ar waith yn y labordy ac yn 1938, penderfynodd geisio am radd M.A. mewn addysg, ac fe lwyddodd.

Yn ystod y cyfnod yma, nid oedd yn meddwl y byddai rhyfel yn torri allan ond, serch hynny, roedd y paratoadau'n mynd ymlaen a chomisiynwyd ef i'r Llu Awyr. Roedd ar ei wyliau yn Llandudno pan alwyd ef i lawr i Lundain lle clywodd, yn Awst 1939, fod rhyfel yn debyg o ddod a bod angen pobl i hyfforddi fel *navigation instructors* yn y Llu Awyr. Bu'n gwneud y gwaith yma drwy gydol y rhyfel, ym Mhrydain ac yng Nghanada. Tua'r Pasg 1945, gwelodd fod y rhyfel yn dirwyn i ben a dechreuodd edrych o gwmpas am swyddi.

Cafodd ei benodi'n Ddirprwy Gyfarwyddwr Addysg Sir Gaernarfon y flwyddyn honno, tua'r un adeg ag yr aeth Goronwy Roberts i Dŷ'r Cyffredin am y tro cyntaf. Bu'n ddirprwy i Trevor Jenkins am ddwy flynedd cyn cael ei benodi'n Gyfarwyddwr. Yn ystod y blynyddoedd a ddilynodd, bu'n meddwl o dro i dro am swyddi eraill ond nid oedd ganddynt yr un atyniad â'r cyfle i dreulio oriau hamdden mewn cylch mor ddeniadol â Chaernarfon.

Yn ystod y blynyddoedd yma, gwelodd newidiadau mawr yn y byd addysg yn y Sir. Un o'r datblygiadau pwysicaf oedd sefydlu'r Coleg Technegol, yn dysgu amrywiaeth o bynciau. Hefyd, mewn cydweithrediad â Sir Ddinbych, fe sefydlwyd Coleg Llandrillo i baratoi pobl ifainc ar gyfer gwaith mewn gwestai. Dywedodd Mr Williams fod y Sir hefyd wedi bod yn flaenllaw wrth sefydlu Coleg Amaethyddol Glynllifon ac er mai'r cynlluniau cyntaf oedd i'r tair sir yng Ngwynedd gydweithio i'w redeg, Caernarfon a fu'n gyfrifol amdano hyd at ad-drefnu llywodraeth leol yn Ebrill. Gwelodd newid arall hefyd yn ystod y cyfnod yma, sef mwy o Gymraeg yn cael ei defnyddio yng ngweithgareddau pob dydd y Swyddfa Addysg a hefyd yn yr ysgolion. Roedd mwy o bwyslais yn cael ei roi ar ddysgu Cymraeg yn yr ysgolion heddiw nag yn ystod unrhyw gyfnod arall, meddai.

Er ei fod yn awr wedi ymddeol ac yn cael mwy o amser i wneud pethau o amgylch y tŷ, mae'n dal i wasanaethu ar ychydig o bwyllgorau'n ymwneud ag addysg. Anodd iawn fyddai iddo'i dorri ei hun yn llwyr oddi wrth rywbeth a fu'n rhan o'i fywyd am gymaint o flynyddoedd, meddai.

O. T. L. Huws

Pan ddaeth O. T. L. Huws i ddechrau ffermio Ynys Uchaf, Brynteg, prin y gallai fod wedi meddwl y byddai'n eistedd ar ffortiwn fechan wedi iddo sychu'r corsydd ar y tir. Ond dyna fu ei hanes oherwydd, ychydig o dan yr wyneb, canfu wely o fawn ac erbyn heddiw mae ganddo fusnes llewyrchus yn delio gydag amaethwyr a garddwyr ar hyd a lled Gogledd Cymru. Er nad oes archwiliad pendant wedi cael ei wneud, cred fod oddeutu miliwn tunnell o fawn ar ei dir, digon i roi bywoliaeth iddo ef ac i'w ddisgynyddion am gyfnod helaeth.

Un o Sir Fôn yw Mr Huws, wedi cael ei eni ym Mhenysarn a'i fagu yn Llangoed. Wedi cyfnod yn Ysgol Biwmares, aeth ymlaen i Ysgol Sir Llangefni. Wedi gadael y fan honno, penderfynodd nad oedd wedi gweld na chlywed digon am Gymru er bod y gwersi daearyddiaeth a gawsai wedi trafod gwledydd tramor yn llawn.

Penderfynodd fynd i weithio i dde Cymru, yn gyntaf mewn gerddi ac wedyn gyda'r Crynwyr ym Mryn Mawr, lle'r oeddynt wedi dechrau amryw o fusnesau mewn ardal o ddiweithdra llethol. Yn y cyfnod yma, aeth Mr Huws dros ei ben a'i glustiau mewn gwleidyddiaeth, a daeth yn ôl i Fôn yn 1932 lle bu'n gweithio am chwe mis fel ysgrifennydd sirol gwirfoddol i Blaid Cymru. Ychydig wedyn, agorodd siop gigydd gydag un arall ym Mhentraeth, ac ymhen dwy flynedd roedd wedi cymryd y busnes trosodd ei hun. Bu'n cadw'r siop tan 1960.

Yn 1952, cafodd Mr Huws ei ddewis yn aelod o Gyngor Sir Môn, a bu yno hyd at ad-drefnu llywodraeth leol eleni. Nid uchelgais bersonol aeth ag ef yno, meddai, ond ymateb i apêl gan Saunders Lewis a ddywedodd, ar ôl y rhyfel, na ddylai aelodau'r Blaid fynd am seddau seneddol ond yn hytrach ceisio cael gafael ar y Cynghorau Sir.

Trwy gydol ei amser ar y Cyngor, meddai, bu'n ymladd yn erbyn biwrocratiaeth, ond cyfaddefodd mai dim ond yn ystod y ddwy flynedd ddiwethaf y cafodd gefnogaeth carfan o'r aelodaeth. Yn y ddadl ynglŷn â fflworeiddio yn y pumdegau, ef oedd yr unig un i bleidleisio yn erbyn y cynllun. Ond, fel y gwelwyd yn ddiweddar, roedd mwyafrif llethol yn erbyn y driniaeth yma.

Er mai Rhyddfrydwr oedd ei dad, a'i fam yn aelod o'r Blaid Geidwadol, nid oedd gan Mr Huws lawer o ddiddordeb ym mholisïau'r ddwy Blaid yma. Hefyd ni welai bod y Blaid Lafur yr oedd llawer o bobl ifainc ei gyfnod yn ymuno â hi yn cynnig fawr ddim. Pan oedd yn y De, daeth i gysylltiad â mudiad o'r enw *Distributors League*. Gwelodd ymhen ychydig wedyn fod eu syniadau hwy yn agos iawn at syniadau Plaid Cymru.

Yn ystod y blynyddoedd diwethaf, gwelodd gymeriad ei ardal ym Mrynteg yn newid yn ddirfawr. Cofia adeg pan oedd chwech o dyddynnod o'i gwmpas yn cael eu gweithio i gynnal teuluoedd Cymraeg. Erbyn heddiw, maent naill ai wedi troi'n furddynnod neu'n dai haf i Saeson.

Cred fod yna alw mawr ym Môn am fân-ddaliadau, er bod polisïau'r llywodraeth yn ddiweddar wedi rhoi pwyslais ar greu unedau mawr. Ysgol ffermio oedd cael dechrau mewn lle bach a symud ymlaen fel roedd profiad yn caniatáu. Credai, fodd bynnag, y bydd yr amgylchiadau economaidd yn gwneud i bobl feddwl mwy am unedau bychain i dyfu bwydydd.

Y cyfnod a gafodd fwya' o ddylanwad arno, meddai, oedd y tri-degau pan oedd llaweroedd o bobl yn llwgu heb allu galw am gymorth o gwbl oddi wrth y wladwriaeth. Ond, er dyfodiad y Wladwriaeth Les, a oedd yn gweithio'n dda ar bapur, dywedodd Mr Huws ei bod wedi cael ei chamddefnyddio ac wedi arwain y wlad yn anuniongyrchol i'r sefyllfa bresennol.

Cafodd ei galondid mwyaf oddi wrth weithgareddau Cymdeithas yr Iaith, a oedd wedi llwyddo, drwy godi gwrychyn rhai, i ddangos yr annhegwch a oedd yn bodoli yn erbyn yr iaith Gymraeg. Credai mai'r Gymdeithas oedd wedi sicrhau'r newidiadau a ddigwyddasai eisoes yn hytrach na bod y rheini'n newidiadau naturiol. Ni chred mwyach ei bod yn rhy hwyr i wneud dim ynglŷn â'r iaith na chwaith ynglŷn â chartrefi yng Nghymru. Roedd mudiadau fel Tai Gwynedd ac Adfer, a sefydlwyd yn uniongyrchol oherwydd y Gymdeithas, wedi gwneud rhywbeth ymarferol i sicrhau bod tai yng Nghymru yn mynd i deuluoedd Cymraeg. Roedd llawer mwy o bobl yng Nghymru heddiw yn sylweddoli eu bod wedi cael eu bradychu gan Lywodraeth Lloegr ac wedi dod i weld mai'r unig ffordd i'r wlad symud ymlaen oedd trwy iddi ei helpu ei hun.

John Oliver

Roedd seremoni gorwedd baner "HMS Conway" yng Nghadeirlan Lerpwl yr wythnos ddiwethaf yn dod ag atgofion arbennig i Mr John Oliver, Min y Don, Glyn Garth, Sir Fôn. Bu ar staff "HMS Conway" am bymtheng mlynedd tan 1960. Gwelodd y llong ei hun yn cael ei dryllio ar Afon Menai am nad oedd y tynfadau'n ddigon cryf i'w dal. Yn awr, mae'r ysgol forol a sefydlwyd ym Mhlas Newydd yn cau oherwydd bod y cwmnïau llongau wedi penderfynu nad oes lle mwyach ar y môr i'r math o addysg a gynigiwyd yno.

Ond i Mr Oliver, a gafodd ei fagu ar lan Afon Menai, ac sydd wedi ymddiddori yn y môr trwy gydol ei oes, mae'r digwyddiad yn drychineb. Nid wna wahaniaeth, meddai, faint o beiriannau mecanyddol sydd ar fwrdd llong i roi cymorth, yn y pen draw yr hyn y mae llongwr wedi ei ddysgu am y môr a'i dymer fydd yr unig beth a all ei achub pan fo mewn perygl.

Ar ôl mynychu Ysgol Gynradd Llandegfan, symudodd Mr Oliver i Ysgol Ganol St Paul, Bangor. Er bod pont tros y Fenai, gyda chwch yr oedd y rhan fwyaf o bobl yn croesi o Fôn i Fangor. Yr adeg honno, roedd y cwch yn fwy prydlon ac allan haf a gaeaf. Heddiw, wrth gwrs, mae gan lawer o blant gychod wedi eu gwneud yn arbennig iddynt hwy ond cofia Mr Oliver fel y byddai ef a llawer o'i ffrindiau'n croesi'r Fenai dro ar ôl tro ar rafft wedi ei wneud o ddrymiau olew a thwb golchi. Yn un o'r rheini y dysgodd mai'r ffordd orau i sicrhau nad oedd yn suddo oedd eistedd yn llonydd a gobeithio'r gorau.

Yn ystod gwyliau'r ysgol, bu ef ei hun yn edrych ar ôl y cwch a fyddai'n mynd o Lyn Garth i Fangor, a thua'r adeg honno y dechreuodd ei ddiddordeb mewn cychod hwylio a theithio'r môr dan ganfas. Yn 1936, ymunodd â chriw cwch hwylio y "South of England", a oedd i gymryd rhan yn ras Torquay. Ond, gwaetha'r modd, suddo fu ei hanes ym Môr Udd, ac achubwyd ei chriw gan y "Ra Ranga". Llwyddwyd i godi'r cwch ac aeth Mr Oliver a rhai eraill â hi o Selcombe i Southampton.

Yn 1937, ymunodd â'r "Southern Cross 1" ac, yn wir, enw'r cwch hwylio presennol y mae arni yw "Southern Cross 3". Felly, meddai, mae'n debyg y bydd yn gorffen ei yrfa gyda chychod hwylio ar gwch o'r un enw ag y dechreuodd o ddifrif arni.

Y flwyddyn cyn dechrau'r Ail Ryfel Byd, roedd yn pysgota o amgylch bae Caernarfon, Traeth Coch ac unrhyw le arall lle gallai ganfod pysgod i'w gwerthu. Ond roedd cymylau duon y rhyfel ar y gorwel ac yn 1939 galwyd ef i roi gwasanaeth milwrol. Yn ystod y chwe blynedd nesaf, bu'n gwasanaethu ar y confois i Murmansk ac Archangel, yn y Caribi, a Môr y Canoldir, gan orffen yn y Dwyrain Pell. Un o'i orchwylion oedd mynd ar fwrdd llongau tanfor. Tua'r un adeg, bu'n gweithio gydag uned ddifa bomiau ym Mhlymouth adeg y Blitz. Roedd hyn yn achlysurol rhwng mordeithiau ac ychydig wedi iddo adael yr Uned, cafodd pob un ei ladd wrth fynd â bom i ddiogelwch.

Ar ddiwedd y rhyfel, cymerodd fis o wyliau, cyn ymuno â staff "HMS Conway", fel swyddog hwylio yn gyfrifol am forwriaeth a hwylio. Yn ystod ei amser yno, bu'n un o griw y "Creole" a fenthycwyd gan y Llynges i gymryd rhan yn y ras gyntaf i longau tal o Torbay i Lisbon. Ond yn 1960, daeth yr awydd i newid, gan fod bywyd cyfundrefnol "HMS Conway" wedi mynd yn ormodedd. Cafodd waith mewn ffatri yn Llangefni ac fe arhosodd yno am flwyddyn gron, er ei fod yn teimlo'n aml fel brân mewn cell.

Daeth ei gyfle unwaith eto i fynd ar gychod hwylio a'r ddwy gyntaf oedd y "Cefndrefn" a'r "Siwler". Y nesaf oedd y "Wild Venture", a gafodd ei dwyn o Afon Menai yn 1964, ryw ddau ddiwrnod ar ôl i Charles Wilson ac un arall o'r *Great Train Robbers* ddianc o garchar. Galwodd Scotland Yard am gymorth y Llynges Frenhinol a'r Llu Awyr i ddod o hyd iddi ac ymhen ychydig gwelwyd hi ger arfordir Iwerddon. Pan aeth y Llynges ar ei bwrdd, gwelsant mai dau fachgen ifanc a oedd wedi dianc o Borstal oedd wedi ei chymryd. Er hyn i gyd, mae Mr Oliver yn dal i deimlo bod a wnelo'r *Great Train Robbers* rywbeth â'r ffaith fod y "Wild Venture" wedi cael ei dwyn. Roedd amryw o arwyddion, ond dim byd pendant, yn y cwch fod rhywun mwy medrus na dau fachgen ifanc wedi bod arni am gyfnod.

Gadawodd Mr Oliver y "Wild Venture" yn 1970 a symud i'r "Octopus". Y nesaf oedd y "Roehampton", ac yn Ebrill eleni daeth â'r "Southern Cross 3" i lawr o'r Alban i Afon Menai. Ei pherchennog yw Mr Anthony Dean Smith o Chelmford sydd â chysylltiadau lleol gan fod ei chwaer, Mrs Bull, yn byw yng Nghemaes. Yn ystod yr wythnosau nesaf bydd yn mynd â'r cwch a'i pherchennog am daith i ymweld â Corsica a Sardinia ac, efallai, y gaeaf nesaf y bydd yn gorwedd rywle yn y Caribi. Ar gwch hwylio o'r fath, mae'n rhaid iddo fod yn dipyn o bopeth, er ei fod yn cael cymorth gan Mr Donald Roberts o Langoed, sy'n gogydd ac yn aelod o'r criw.

⁂

J. W. Gruffydd

Nid oes amheuaeth nad yw Mr J. W. Gruffydd, Bodfryn, Gaerwen, yn brifathro o'r hen stamp, yn credu mewn rhoi sylfaen gadarn i'w ddisgyblion yn y tair R ac adeiladu ar hynny yn hytrach na gweithredu'r syniadau newydd sy'n bodoli heddiw. Yn ei gyfnod ef, nid oedd cymaint o angen dysgu Cymraeg yn yr ysgol gan fod y rhan fwyaf o'r plant yn dod o gartrefi cwbl Gymraeg a hefyd yn cael hyfforddiant yn yr iaith yn yr Ysgol Sul. Ond cyfaddefa bod y sefyllfa'n dra gwahanol heddiw. Mae dylanwad yr Ysgol Sul wedi dirywio, meddai, a'r plant yn colli oherwydd hynny. Ar yr yn pryd, mae dylanwad y teledu gyda'r pwyslais ar raglenni Saesneg yn fawr iawn ac mae'n rhaid i athrawon ddysgu Cymraeg a Saesneg ochr yn ochr â'i gilydd.

Bu Mr Gruffydd yn byw yn Siop Fferm, Llanfaelog, tan oedd yn naw oed ac oddi yno symudodd y teulu i Dyddyn Gyrfa, Llandrygarn. Hyd at hynny, meddai, roedd yr aelwyd yn un hapus ond, mewn cyfnod o ddwy flynedd, bu farw ei fam yn ddeugain a dwy oed, bu farw ei chwaer yn dair ar ddeg oed ac fe aeth dwy chwaer arall iddo i ffwrdd i gael eu magu. Gadawodd hyn oll argraff arno drwy gydol ei oes, meddai, ond cafodd fendith ym myd addysg.

Gweinidog oedd ei dad, Thomas Gruffydd, dyn cadarn, piwritanaidd, ac yn un anodd iawn cael trwodd iddo. Cafodd gymorth mawr gan ei ysgolfeistr ar y pryd, Mr Griffith Williams, a fu'n ddylanwad ar ei fywyd. Pan oedd yn bedair ar ddeg oed, gofynnwyd i Mr Gruffydd a hoffai fynd yn *pupil-teacher* i ysgol Llandrygarn. Bu hynny'n ddechrau gyrfa a oedd i ymestyn dros ddeugain a chwech o flynyddoedd. Yr adeg honno, meddai Mr Gruffydd, roedd plentyn ag ychydig yn ei ben yn cael y cyfle i ddysgu plant eraill yn yr ysgol. Gweithiai ar ôl yr ysgol ar y ffarm a phan oedd gweddill y teulu yn ei gwelyau, roedd yntau'n cymryd y cyfle i ehangu ei orwelion addysgol. Pasiodd Ysgoloriaeth Frenhinol ac, yn bedair ar bymtheg oed, cafodd le yn y Coleg Normal, Bangor. Ef oedd y *pupil-teacher* olaf ym Môn, os nad yng Nghymru, i lwyddo i fynd ymlaen i wneud addysg yn yrfa.

Yn ystod ei gwrs ym Mangor, anfonwyd ef i ysgol yn Lerpwl fel myfyriwr ac yno y gwelodd yr anfantais i fechgyn ifainc o Fôn os nad oeddynt wedi cael hyfforddiant trwyadl mewn Saesneg. Penderfynodd yr adeg honno mai ar hyn y byddai ef yn seilio'i wersi yn yr ysgol. Anfonwyd ef wedyn i Ysgol Llanrhuddlad, ond nid oedd wedi bod yno fawr cyn iddo gael ei symud i edrych ar ôl Ysgol Genedlaethol Caergybi, gan fod y prifathro wedi cael ei daro'n wael.

Yn 1915, ymunodd â'r fyddin gyda'r Ffiwsilwyr Brenhinol Cymreig. Anfonwyd ei gatrawd i Ffrainc lle cafodd Mr Gruffydd gynnig comisiwn ond nid oedd am ei gymryd. Hwy fu'n gyfrifol am ryddhau Lille yng ngwlad Belg oddi wrth yr Almaenwyr. Cofia'n iawn am un adeg arbennig yn Ffrainc, a'r rhyfel bron â dod i ben, pan ddaeth y gatrawd wyneb yn wyneb ag Almaenwyr mewn cae. Credai fod y diwedd wedi dod ac yntau'n barod i fynd adref ond, ymhen ychydig oriau, roedd yr Almaenwyr wedi codi baner wen ac wedi cael eu cymryd yn garcharorion. Arhosodd ar y Cyfandir gyda'r fyddin warchodol am oddeutu dwy flynedd wedi diwedd y rhyfel a threuliodd y rhan fwyaf o'i amser yn dysgu mathemateg i filwyr Prydain a oedd heb fynd adref eto.

Ar ôl dod adref, cafodd le unwaith eto yn Ysgol Caergybi. Ar un cyfnod, ychydig cyn hynny, ystyriodd fynd i'r weinidogaeth, ond ar ôl ei brofiadau yn y Rhyfel, a'r angen i wneud rhywbeth yr oedd yn gyfarwydd ag ef, fe anghofiodd y syniad. Yn 1942, penodwyd ef yn brifathro Ysgol Gynradd Garreglefn lle cymerodd ddiddordeb mawr mewn materion lleol. Roedd yn awyddus iawn i fechgyn a genethod yr ysgol fod y rhai gorau yn y Sir, ac ni chafodd ei siomi chwaith, meddai. Bu yno am bedair blynedd cyn symud i'r Gaerwen lle cafodd y fraint o gymryd rhan flaenllaw ym mywyd y gymdeithas. Ond yr ysgol oedd yn dod gyntaf, er iddo fod yn ysgrifennydd gwahanol fudiadau, a chafodd oddeutu 75 y cant o'r plant ysgoloriaethau. Gresynai'n fawr fod llawer iawn o fechgyn disglair iawn wedi gorfod gadael yr ysgol a mynd i weithio am fod rhaid dod ag arian i mewn i'r cartrefi.

Ymddeolodd Mr Gruffydd yn 1952 a chymerodd ddiddordeb unwaith eto yn y tir, er mwyn ei gadw'i hun yn ddigon prysur. Mae'n aelod o Glwb yr Henoed yn y pentref a chanddo gôr yno. Dywedodd Mr Gruffydd na fu erioed mor hapus ag yn ystod y cyfnod hwn o'i fywyd. Ei gyfrinach, meddai, yw peidio byth ag edrych yn ôl. Mae gan yfory bob amser rywbeth newydd a diddorol i'w gynnig.

⦅∞⦆

Dr T. Alun Griffiths

Mewn distawrwydd gardd ger y Fenai yr wythnos ddiwethaf, teflais drem yn ôl dros ddatblygiadau mewn meddygaeth gyda Dr T. Alun Griffiths, Llwyn Idris, Brynsiencyn. Ac wrth edrych ar draws ar Eryri, sydd wedi aros yr un fath am filoedd o flynyddoedd, syndod mawr oedd sylweddoli fod meddygaeth wedi brasgamu cymaint mewn cyn lleied o amser.

Un o Gei Newydd yw Dr Alun Griffiths, ac wedi cyfnod yn Ysgol y Sir, Tywyn, aeth i Brifysgol Aberystwyth ac wedyn i Brifysgol Lerpwl, lle graddiodd yn feddyg yn 1924. Y newid sylfaenol, wrth gwrs, yw nad oedd grantiau a lletyau i fyfyrwyr yr adeg honno. Roedd yn rhaid byw ar arian yr oedd rhywun arall yn gwneud hebddo. Wedi iddo raddio, aeth yn feddyg i Dregaron am gyfnod cyn symud i

Ysbyty Bwrdeistref Bootle lle'r oedd yn swyddog damweiniau. Bu yno am naw mis cyn i'r dŵr hallt yn ei wythiennau ei ddenu i'r môr i ddilyn ei dad a'i deidiau.

Fel meddyg ar y môr, hwyliodd gyda chwmni'r *Blue Funnel* am naw mis i'r Dwyrain Pell, cyn dod yn ôl i'r lan i gynorthwyo fel meddyg yn Llanidloes am flwyddyn. Yn 1932, daeth i Sir Fôn ar ôl iddo fod yn Nhywyn, Meirionnydd, am bedair blynedd. Bu mewn partneriaeth â'r diweddar Dr Williams, Taldrwst, hyd ei farwolaeth yn 1940. Am ugain mlynedd wedyn, bu'n feddyg yng nghylch Brynsiencyn. Ond yn 1960, daeth newid ym mywyd Dr Griffiths, pan ymunodd, ar gais y diweddar Dr Glyn Penrhyn Jones, i sefydlu uned geriatrig gyntaf Gogledd Cymru. Roedd hwn yn faes cwbl newydd ac wedi ei sefydlu yn Llundain gan Dr Marjorie Warren, a benderfynodd na ddylai hen bobl orfod aros yn eu gwelyau yng ngaeaf eu bywydau.

Pan ddechreuodd Dr Griffiths fel meddyg teulu hanner can mlynedd yn ôl, nid oedd y fath bethau â ffôn, ambiwlans na darpariaeth pelydr X. Yn wir, roedd yn haws meddwl am fynd i'r lleuad nag i ysbyty. Daeth llawer o newid er gwell ond roedd perygl i'r gwasanaeth iechyd dorri i lawr yn gyfan gwbl wrth ddod â gwleidyddiaeth i mewn. Heddiw, roedd byd meddygaeth yn bopeth i bawb lle, yn y gorffennol, roedd yn rhywbeth i rywun.

Dywedodd Dr Griffiths fod dyled pawb - y meddygon a'r boblogaeth - yn fawr i ddynion yr ystafell gefn a fu wrthi'n ddi-baid yn darganfod ffyrdd i ymladd afiechydon. Trwy ddyfalbarhad, rhoddwyd arf i feddygon ar ffurf antibiotigau i ddileu llawer o afiechydon ac i gadw rhai eraill dan reolaeth. Yn y pen draw, fodd bynnag, meddai Dr Griffith, natur yw'r bos, ac roedd yn gredinol mai'r rheswm am salwch yw fod dyn trwy anwybodaeth wedi torri un o ddeddfau natur.

Pan sefydlwyd y gwasanaeth iechyd, dywedwyd y byddai'n edrych ar ôl pobl o'r crud i'r bedd. Fel un o'r hen ysgol o feddygon, bu Dr Griffiths ei hun yn gyfrifol am ddod â rhai cannoedd o blant i'r byd, eu gwylio'n tyfu, priodi, pasio drwy ganol oed ymlaen i henaint. Creai hyn linyn cyfeillgarwch nad oedd yn hawdd ei dorri, meddai. Roedd yn gam naturiol iddo fynd ati i helpu sefydlu gwasanaeth geriatrig a oedd yn cydnabod fod gan yr henoed hawl i fyw eu blynyddoedd olaf mewn awyrgylch hapus. Wrth gofio bod un o bob pump o'r henoed yn byw ar eu pennau eu hunain, ac nad oes gan un o bob saith unrhyw berthynas, roedd angen lleoedd addas ar eu cyfer pan nad oeddynt yn gallu edrych ar eu hôl eu hunain. Gan ddechrau heb ddim, llwyddodd Dr Penrhyn Jones a Dr Griffiths i sefydlu cartref henoed yn y cylch, lle gallai pobl fyw eu bywydau eu hunain a chael cwmni ei gilydd yr un pryd.

Anodd iawn, meddai, yw dychmygu pa ddatblygiadau a ddaw mewn meddygaeth yn ystod y blynyddoedd nesaf ond gobeithia'n fawr na fydd y to ifanc o feddygon sy'n codi yn rhoi mwy o bwysigrwydd i'r bensil na'r *penicillin* a chyrraedd sefyllfa o feddwl mwy am drin papur na thrin pobl.

Lynn Ebsworth

Roedd y nifer o dai newydd yng nghyffiniau Caergybi a'r llu o geir ym maes parcio Cwmni Aliwminiwm Môn yn arwydd pendant fod dyfodiad y cwmni i'r ynys wedi bod yn fendith i weithwyr y cylch.

Daeth Mr Lynn Ebsworth, Trem Alaw, Penrhodyn, Y Fali, i Fôn yn 1969 fel rheolwr gweithwyr gyda'r Cwmni. Erbyn iddo gyrraedd, roedd y dadleuon dros ac yn erbyn sefydlu'r cwmni wedi eu trafod. Pe bai wedi cael dewis, byddai wedi bod yn ddigon balch o fod i mewn ar y fenter newydd o'r cychwyn cyntaf ond, ar yr un pryd, mae'n cydnabod ei bod yn fantais nad oes raid iddo weithio mewn awyrgylch o geisio profi i bobol bod angen cwmni o'r fath ar Fôn. Er nad oes ond un rheolwr erbyn heddiw ym Môn a oedd â chysylltiad â chwmnïau *Kaiser RTZ* a *BICC*, cred Mr Ebsworth ei bod yn bwysig i'r tîm presennol gadw at yr addewidion a wnaethpwyd ar y dechrau.

Mae'r Cwmni'n rhoi gwaith i Fôn a hefyd roedd yn rhaid i beth bynnag a sefydlwyd doddi i mewn i'r gymdeithas. Ar yr un pryd, yr oedd, erbyn heddiw, yn cyfrannu £3m mewn cyflogau tuag at economi'r ynys. Mae'n cydnabod bod y Cwmni'n newid rhywfaint ar y gymdeithas sydd o'i gwmpas, trwy roi i'r bobl y modd i brynu ceir newydd a thai gwell. Ar y llaw arall, rhaid cydnabod nad oedd ar bawb eisiau gweld gwaith o'r fath yn dod i'r ynys, gan eu bod wedi cael breuddwyd am flynyddoedd y byddent yn ymddeol i ynys ddistaw ymhell o sŵn diwydiant. I'r sawl sydd wedi ymddeol i'r ynys, roedd corn mawr y cwmni yn difetha'r olygfa. I'r rhai sydd wedi byw yn y cyffiniau am flynyddoedd mewn ansicrwydd, roedd yn fara 'menyn, meddai.

Ni welwyd dim byd tebyg i'r Cwmni ers dyddiau Mynydd Parys, meddai Mr Ebsworth. Roedd yn waith caled ac yn waith poeth, brwnt a stwrllyd, ond nod y

Cwmni oedd gweld pob un o'r gweithwyr yn mynd allan ar ddiwedd y dydd cyn laned ag yr oeddynt wrth ddod i mewn yn y bore. Mae'n rhagweld y bydd pawb a fu'n gysylltiedig â'r Cwmni, ymhen dwy neu dair blynedd, yn ymfalchïo yn y ffaith honno, a hynny mewn cyfnod helbulus ym myd diwydiant y wlad. At y dyfodol, dywedodd efallai y bydd angen ehangu'r gwaith ond, ar hyn o bryd, bum mlynedd ar ôl ei sefydlu, nid oedd dim dangosiad ymhlith y boblogaeth bod arnynt angen gwaith mwy. Ni allai ragweld beth a ddigwyddai yn ystod y pum i ddeng mlynedd nesaf.

Un o Dŷ Croes, Sir Gaerfyrddin, yw Mr Ebsworth, wedi cael ei fagu yn awyrgylch y pyllau glo, eisteddfodau capeli, gwleidyddiaeth a rygbi. Glöwr oedd ei dad, ac fel sawl glöwr arall roedd yn benderfynol na fyddai ei fab yn dilyn ôl ei droed. Addysgwyd ef yn yr ysgol gynradd leol ac yn ysgol Ramadeg Dyffryn Aman. Arwyr ei oes oedd pobl gyhoeddus y capeli, pobl gyhoeddus mudiad y gweithwyr, a phobl gyhoeddus byd rygbi. Nid oedd yn "sglaig" arbennig o dda yn yr ysgol, meddai, ond gwnaeth ddigon i gadw ei le. Ar ôl ymadael, aeth i weithio i Lundain a Southampton, tan adeg yr Ail Ryfel Byd, pan ymunodd â'r fyddin - y brifysgol orau a welodd. Bu gyda'r Ffiwsilwyr Cymreig am y chwe blynedd a hanner nesaf gan orffen yn *adjutant*. Yr unig ddewis a geid yr adeg honno, meddai, oedd ymuno â'r fyddin neu beidio. Nid oedd yn ddigon o arwr i dderbyn canlyniadau peidio mynd.

Priododd â merch o Bedford adeg y rhyfel ac mae ganddynt ddau fab a merch. Ar ddiwedd y rhyfel, penderfynodd fynd i Goleg y Brifysgol, Abertawe, ac wedi graddio mewn daearyddiaeth, gwnaeth astudiaeth gymdeithasol. Wedi iddo adael y Coleg, bu'n swyddog prawf yng Ngwent am ddwy flynedd a hanner, ond er iddo gael cyfle i ad-drefnu'r gwasanaeth mewn rhan o'r sir, ni theimlai y gallai fyw am byth gydag anffodusiaid bywyd. Symudodd i Gasnewydd yn swyddog hyfforddi a phersonél gyda chwmni Monsanto a bu yno am naw mlynedd. Yn 1960, symudodd i Gaer i'r Swyddfa Atomig, fel rheolwr gweithwyr ac yna, bedair blynedd yn ddiweddarach, cymerodd drosodd fel swyddog llafur i bedair ffatri yng ngogledd Lloegr.

Cofia'r flwyddyn 1969 yn iawn. Cafodd gynnig swydd yn Llundain, a bu bron iddo'i chymryd pan ddaeth y newydd am y swydd ym Môn. Ac yntau'n briod, â thri o blant, teimlai fod y sialens o fod i mewn ar rywbeth newydd yng Nghymru yn fwy atyniadol iddo na berw bywyd prifddinas Lloegr.

D. Victor Jones

Mewn lle sydd wedi tyfu o fod yn bentref i fod yn dref mewn deng mlynedd, hawdd iawn fyddai credu nad yw'r bobl sy'n byw yno'n teimlo eu bod yn rhan o gymdeithas glòs. Ond dywedodd y Parchedig D. Victor Jones, Rheithor Llanfairpwll, i drigolion y pentref bob amser lwyddo i wneud i'r bobl newydd sy'n dod yno deimlo'n gartrefol. Gwelir llawer o fudiadau llewyrchus iawn yn Llanfair, meddai, bob un yn derbyn rhyw nerth a chryfder newydd oddi wrth y bobl sydd yn dod i fyw i'r lle. Wrth iddynt deimlo nad ydynt yn *outcasts*, maent yn barod iawn i roi eu hysgwydd dan y baich. Mewn amryw o fannau eraill yng Nghymru a Phrydain, meddai, gallai pobl fod yn byw mewn cylch am ugain mlynedd a mwy a dal i deimlo nad ydynt y ffitio i mewn.

Ganwyd Mr Jones ym Minffordd, Sir Feirionnydd, ac wedi mynychu'r ysgol leol yno, aeth i Goleg y Brifysgol, Bangor. Graddiodd mewn economeg ac athroniaeth wleidyddol. Symudodd oddi yno i Goleg yr Atgyfodiad ym Mirfield lle y bu am ddwy flynedd. Bu'n gurad yn Nolgellau cyn symud yn gaplan i ddau o Esgobion Bangor. Yn 1950, daeth i Lanfair, ac ychydig wedyn penodwyd ef yn gaplan rhan amser i Dr G. O. Williams, pan benodwyd Dr Williams yn Esgob.

Dywedodd Mr Jones fod swydd caplan esgobol, sydd erbyn heddiw wedi ei diddymu, yn golygu bod y sawl a oedd yn ei dal yn ysgrifennydd cyfrinachol i'r Esgob. Ei waith oedd symud o gwmpas yr Esgobaeth, a phan oedd gwaeledd neu achlysur tebyg, byddai'n cymryd gofal o'r fywoliaeth am gyfnod. Yn ei gyfnod fel caplan, bu'n ymwneud â nifer fawr o fywoliaethau a chael profiad gwahanol ym mhob un. Ychydig o Gymraeg a siaradwyd yn Sir Drefaldwyn, er enghraifft, ond roedd ardaloedd eraill, fel Llŷn a Môn, yn gwbl Gymraeg. Pan ddaeth i Lanfair gyntaf, nid oedd y boblogaeth yn llawer mwy na 1,000 ond erbyn hyn, mae'r cynnydd o 2,000 yn y boblogaeth, fwy neu lai, wedi creu plwyf newydd. Y broblem fawr y dyddiau hyn, meddai, yw ymweld yn gyson ag aelodau'r eglwys ac â'r bobl newydd sy'n dod i'r plwyf.

Ryw ddwy flynedd yn ôl, cymerodd ofalaeth Penmynydd dan ei adain ac er nad yw poblogaeth y cylch hwnnw'n fawr, mae wedi ei wasgaru dros lawer o aceri ac, o'r herwydd, cymer gymaint yn fwy o amser i fynd o amgylch.

Bu'r plwyf yn un bywiog a gweithgar dros y blynyddoedd ond mantais y ffaith fod Llanfair yn hwylus i ddinas Bangor oedd fod llawer o barau ifanc yn byw yno. Felly, roedd cyfartaledd oed mudiadau fel Undeb y Mamau yn llawer is nag ydyw mewn pentrefi eraill. Yn ystod yr ugain mlynedd diwethaf, bu Mr Jones yn arweinydd Clwb Ieuenctid y pentref, sy'n agored i fechgyn a genethod hyd yn oed os nad ydynt yn aelodau o'r eglwys. Yn y pegwn arall, meddai Mr Jones, mae'n gadeirydd cymdeithas y pensiynwyr. Mae ymwneud â dau fudiad cwbl wahanol yn rhoi'r cyfle iddo weld agwedd y naill oed at y llall a cheisio dod â hwy'n nes at ei gilydd. Serch hynny, byd ieuenctid fu ei brif ddiddordeb dros y blynyddoedd, meddai. Ef yw prif gaplan yr *Army Cadet Force* yng Ngwynedd a'r wythnos ddiwethaf dychwelodd wedi pythefnos gyda hwy yn gwersylla yn Strensall. Yn ogystal â hynny, mae'n Gaplan yr "Indefatigable" ac yn athro ysgrythur mygedol i'r ysgol.

Yn y pen draw, meddai Mr Jones, bydd yn ddigon iddo ef wybod iddo wneud ei waith heb lawer o lol, gan helpu cymaint o bobl ag y bo modd.

Ieuan Wyn

Heb amharu dim ar yr uchelgais sylfaenol o adennill Cymreictod cefn gwlad Cymru, bydd Adfer, o hyn tan y Nadolig, yn mynd ati i sefydlu canolfannau lleol, mewn trefi a phentrefi ar hyd a lled y wlad. Yr wythnos ddiwethaf, cefais gyfle i glywed am rai o amcanion Adfer pan gwrddais ag ysgrifennydd cyffredinol rhan amser y mudiad, Mr Ieuan Wyn, brodor o Fethesda sy'n awr yn byw yng Ngheredigion.

Mab i Mr a Mrs Goronwy Evans, Llwyn Onn, Penybryn, Bethesda, yw Mr Wyn. Mae'n briod a chanddo ferch dri mis oed, Menna. Addysgwyd ef yn ysgolion y Gerlan, Penybryn, a Dyffryn Ogwen, cyn iddo fynd i Goleg y Brifysgol, Lerpwl. Ni fu yno'n hir cyn iddo "wneud y peth gorau wnes i erioed a dod yn ôl i Gymru". Aeth yn fyfyriwr i'r Coleg Normal, Bangor, a dilyn cwrs athro am dair blynedd. Am flwyddyn ar ôl iddo adael y Coleg, bu'n ddi-waith, gan dreulio peth o'i amser yn barddoni. Enillodd gadair Eisteddfod Bryn Gwenith ac mae rhannau o'i waith wedi ymddangos yn *Y Faner*. Yn ogystal â hynny, cyhoeddwyd peth o'i waith mewn dwy gyfrol: *Awen Y Normal*, a *Pigion y Faner*, ac yn ddiweddarach eleni, bydd ychydig mwy o'i waith yn ymddangos yn y gyfrol *Cerddi 74*.

Gan iddo fethu â chael gwaith yn y cylch hwn, symudodd i Sir Aberteifi, lle cafodd gynnig swydd athro cynorthwyol yn Ysgol Gynradd Aberaeron, ac yno y mae byth.

Sefydlwyd Adfer yn 1970 gan Emyr Llywelyn ac ymunodd Mr Wyn â'r mudiad ryw ddwy flynedd yn ôl. O'r cychwyn cyntaf, ceisiwyd lledaenu gweithgareddau'r mudiad a gwneud gwaith amserol a phwysig mewn sawl rhan o Gymru, gan gynnwys Dyffryn Ogwen a Llŷn. Dewiswyd yr enw "Adfer" ar y mudiad gan Emyr Llywelyn gan fod iddo sawl ystyr yn Gymraeg, o ddwyn yn ôl i iechyd i ailadeiladu. Sylweddolwyd ar y dechrau fod y gymdeithas Gymraeg yn cael ei dryllio o bob cyfeiriad. Cadarnhawyd hyn, os oedd angen hynny, meddai, gan y frwydr i gadw Ysgol Bryncroes yn agored.

Roedd yn symudiad hollol naturiol iddo ef i ymuno ag Adfer. Teimlai yntau nad oedd yr un mudiad yng Nghymru yn rhoi digon o amser i gynnal a chryfhau'r gymdeithas Gymraeg. Heb unrhyw sail wleidyddol, amcan Adfer yw gwneud hynny gyda'r holl egni, amser a'r gallu sydd ar ei gyfer yn y wlad. Ei hanfod yw cael tai a gwaith ar gyfer pobl, gan ddatblygu o'r gwraidd yr hyn sydd gan bobl eisoes. Ac yn y blynyddoedd a aeth heibio, gwelodd fod y mudiad wedi gallu uno Cymry fel Cymry ac nid am fod ganddynt unrhyw athrawiaeth wleidyddol arbennig.

Teimla Mr a Mrs Wyn fod mwy o angen dadeni diwylliadol ac ysbrydol yn ardal Dyffryn Ogwen ac mewn sawl man Cymreig arall yng Ngwynedd. I'r perwyl hwnnw, mae ef, a Derfel Roberts o'r Gerlan, wedi sefydlu papur cymdeithasol yng nghylch Dyffryn Ogwen, sy'n dwyn yr enw *Llais Ogwan*. Fel y datblyga'r mudiad, gobeithia y bydd gan bob cangen ym mhob pentref neu gylch ei phapur ei hun i adlewyrchu bywyd y fro honno.

Mae cwmni Adfer yn ceisio sefydlu diwydiannau - sefydlwyd un yn ddiweddar yn y Rhiw - yn gwerthu tai ac yn benthyca arian ar log i bobl sefydlu busnes mewn ardal Gymraeg. Wedi iddynt brynu tŷ neu dai, ceisir bob amser gael pobl leol i wneud y gwaith addasu, cyn ei werthu neu ei osod i bobl Gymraeg. Hefyd, mae'n prynu tir gyda'r bwriad o ddenu diwydiannau i'r ardaloedd. Gwaith mudiad Adfer yw meithrin ochr gymdeithasol ardal gan gynnwys noddi gwahanol weithgareddau.

Roedd hefyd yn barod i wrthwynebu datblygiadau a fyddai'n debyg o niweidio pobl ac ardal trwy fod yn anghydnaws. At y dyfodol, dywedodd Mr Wyn y byddai Adfer yn ceisio cael tri pheth: swyddogion amser llawn, swyddfa mewn lle canolog, a gwasg gogyfer eu papur, *Yr Adferwr*, ac unrhyw waith arall. Ond roedd un peth na ddylai pobl Cymru fyth ei anghofio, meddai. Roedd angen i

Gymry eu helpu eu hunain a pheidio â rhoi'r bai am ddiffygion ar y Sais. Trwy ymdrech y Cymry Cymraeg yn eu bröydd eu hunain y byddai modd dod i'r lan yn y diwedd.

Moi Parry

Bob blwyddyn ers tro bellach, bydd dyn a anwyd ym Môn yn dod yn ôl i fro ei febyd ac yn edrych ar yr ynys o'r newydd. Un o Gaergybi yw Mr Moi Parry yn wreiddiol, ond er 1939 bu'n byw yn Portsmouth, a phob blwyddyn bydd yn dod i aros i Gemaes gyda'i chwaer yn Bryniau.

Wedi iddo adael yr ysgol, symudodd i weithio fel prentis yng ngwaith trydan Llangefni. Bu yno tan 1939. Roedd prinder gwaith ym Môn, meddai, a chan fod y rhyfel ar ddod, penderfynodd fynd i weithio yn Lloegr. Dewisodd Portsmouth, un o'r porthladdoedd pwysicaf yr adeg honno, a chafodd waith yno fel ffitiwr trydanol.

Ond yr hyn sy'n gwneud Mr Parry yn anghyffredin yw mai arlunio yw ei hoff bleser ac er pan ymddeolodd un mlynedd ar ddeg yn ôl, bu'r pleser hwn yn cymryd mwy a mwy o'i amser. Dechreuodd ei ddiddordeb mewn paentio pan oedd yn yr ysgol yng Nghaergybi lle bu'n helpu i wneud golygfeydd ar gyfer dramâu. Yr adeg honno, nid oedd llawer o bobl ar yr ynys yn ymddiddori mewn arlunio, meddai, ond ar yr un pryd yr oedd cystadlaethau mewn gwahanol eisteddfodau. Bu'n llwyddiannus mewn amryw yn ystod ei flynyddoedd cyntaf fel arlunydd. Cofia'n arbennig am eisteddfod Llanfairpwll wedi iddo ennill gwobr. Aeth ef a chyfaill i'r dafarn yn y pentref i ddathlu'r llwyddiant. Tra oedd yno, gofynnodd amryw o bobl iddo dynnu llun, a phan adawodd ddiwedd y noson, roedd ei bocedi'n llawn o geiniogau, wedi eu cyfrannu gan gynulleidfa ddiolchgar. Erbyn heddiw, mae gwaith Mr Parry yn gwerthu ar hyd a lled y wlad. Arddangosir amryw o'i ddarluniau yn yr Academi Frenhinol. Pan oedd yn ieuengach, bu'n gwneud cartwnau i'r *Cloriannydd* am gyfnod.

Ryw dair blynedd yn ôl, gwahoddwyd Mr Parry i fynd i Bermuda ar wyliau am fis, ond wedi cyrraedd yno roedd y tywydd mor braf ac yntau'n cael cymaint o hwyl ar baentio fel y bu yno am dri mis. Dywedodd nad oes wahaniaeth ganddo sut y mae'r tywydd ym Môn. Os yw'n braf, gall fynd o amgylch Cemaes yn tynnu lluniau ac os bydd y tywydd yn ddrwg gall aros yn y garafán gyda'i frws a'i olew.

Dros y blynyddoedd, gwelodd newid mawr ar yr ynys. Erbyn hyn, mae gormod o Seisnigeiddio wedi digwydd, meddai. Gresynai fod cymaint o fudiadau Cymraeg yn ceisio gwatwar rhai Saesneg yn lle gwneud y busnes ymwelwyr, er enghraifft, yn rhywbeth cwbl Gymreig.

Wrth daro golwg ar hen gardiau post, gall baentio lluniau llawer o adeiladau yng nghylch Cemaes sydd bellach wedi eu chwalu. Hoffai wneud hyn gan fod y gwaith yn cofnodi hanes rhan o'r pentref a oedd â chymeriad arbennig iddo. Un uchelgais sydd ganddo yw cael arddangosfa yn Llangefni.

Elwyn Roberts

Pan fydd Cyngor Sir Gwynedd wedi setlo i lawr, hoffai un o'i aelodau weld y Cyngor yn mynd ati i hybu diwydiant oddi mewn i'r Sir. Dywedodd y Cynghorydd Elwyn Roberts, Peniarth, Bodorgan, y gallai'r cyngor wneud hyn trwy symbylu pobl yng Ngwynedd i gefnogi ambell fenter eu hunain yn hytrach na disgwyl i ddiwydiannau ddod i mewn i'r cylch.

Ymddeolodd Mr Roberts fel ysgrifennydd cyffredinol Plaid Cymru dair blynedd a hanner yn ôl, gan obeithio y câi ragor o amser hamdden iddo'i hun. Ond nid felly bu hi. Ni chafodd amser i ysgrifennu hanes y Blaid, hanes yr Ymgyrch Senedd i Gymru a'r Eisteddfod Genedlaethol o 1945 ymlaen, ond fe'i hetholwyd yn 1972 ar Gyngor Sir Môn, ac yn ddiweddarach etholwyd ef yn aelod o Gyngor newydd Gwynedd.

Yn ystod ei gyfnod ar y Cyngor, tynnodd sylw at yr angenrheidrwydd o gael swyddog datblygu i'r Sir a'r mis nesaf bydd Dr Eurwyn Ll. Evans, Llanberis, yn dechrau yn y swydd. Syniad arall o eiddo Mr Roberts, sydd wedi ei dderbyn mewn egwyddor erbyn hyn, yw'r posibilrwydd o sefydlu Parc Electroneg yn Eryri, i hybu datblygiad economaidd ym myd electroneg. Trafodir y syniad ar hyn o bryd gan swyddogion y Cyngor Sir, Corfforaeth Ddatblygu Cymru a chysylltiadau cyn belled i ffwrdd â Los Angeles.

Peth arall sy'n agos iawn at ei galon yw cael Cyngor Gwynedd i ymuno â Chyngor Ynys Môn i brynu Ynys Llanddwyn er mwyn sicrhau ei threftadaeth arbennig i'r cenedlaethau a ddaw. Nid yw'n ddigon, meddai, fod gan Gyngor Môn yr hawl cynllunio yn y pen draw, oherwydd ni fyddai'n iawn i Gyngor fel Manceinion brynu'r ynys er mwyn eu plant hwy, a phobl y cylch yn cael eu diystyru.

Un o Abergynolwyn, Meirionnydd, yw Mr Roberts, ac yn y cylch y cafodd ei addysg gynradd cyn symud i Ysgol Ramadeg Tywyn. Dechreuodd weithio gyda Banc Midland, a thra oedd yn gweithio yng nghangen y banc ym Mlaenau Ffestiniog yr ymunodd â Phlaid Cymru. Parhaodd i weithio gyda'r Blaid pan symudodd i Fethesda ac wedyn i Landudno. Dyma gyfnod llosgi'r Ysgol Fomio a Mr Roberts oedd ysgrifennydd Cangen Llandudno pan oedd y Parchedig Lewis Valentine o'r dref yn y carchar am ei ran yn cynnau'r tân yn Llŷn.

Nid oedd y Banc yr adeg honno yn hoff iawn o weithwyr a ymgymerai â gwaith gwleidyddol, a cheisient wahardd y peth, ond nid amharodd y rheol lawer ar Mr Roberts, gan iddo fwrw ymlaen gyda'r gwaith o gryfhau'r Blaid yn y cylch.

Ar ddechrau'r Ail Ryfel Byd, gwrthododd Mr Roberts ymuno â charfan o'r Blaid a ddywedai eu bod yn wrthwynebwyr cydwybodol. Yn hytrach, safodd fel Cymro ar dir cenedligrwydd Cymreig. Rhoddwyd ef ar y rhestr filwrol gan y tribiwnlys cyntaf yr aeth o'i flaen ond, ar apêl, derbyniwyd ei osodiad, er iddo orfod gadael ei swydd a mynd i weithio i fyd amaeth.

Ar ddiwedd y rhyfel, rhyddhawyd ef o'r gwaith amaethyddol ar gais Pwyllgor Eisteddfod Genedlaethol Bae Colwyn, a ofynnodd iddo ddod yn Ysgrifennydd Cyffredinol. Bu'n llwyddiannus yn y gwaith a gofynnwyd iddo gario ymlaen wrth y llyw pan aeth yr Eisteddfod i Lanrwst. Ond ni chytunai'r banc (lle'r oedd wedi ailddechrau gweithio) iddo gael ei ryddhau am gyfnod arall o ddwy flynedd gan y byddai hynny'n amharu ar ei bosibilrwydd o ddyrchafiad. Fodd bynnag, penderfynodd Mr Roberts ymddiswyddo o'r banc a chymryd ei le yn Llanrwst.

Cynghorwyd ef ym Mae Colwyn gan Miss Nansi Lewis ac erbyn i Eisteddfod Llanrwst ddod, roeddynt wedi priodi. Dywedodd Mr Roberts fod ei wraig wedi parhau i fod yn gefn iddo drwy gydol y blynyddoedd.

Ymunodd â staff Plaid Cymru ar ôl yr Eisteddfod ac ymhen ychydig daeth yr alwad am drefnydd Deiseb Senedd i Gymru, gydag 80 y cant yn arwyddo bod angen senedd o'r fath.

Daeth yn ôl i'w waith ym Mangor ar gyfnod pur fflat ond, o dipyn i beth, llwyddodd i gael pethau i symud gan godi'r nifer o ganghennau newydd a chryfhau'r hen rai. Teimlai Mr Roberts fod y Blaid, gan ei bod yn fychan, wedi cymryd amser i dyfu ond er 1966, pan gipiwyd Caerfyrddin gan Gwynfor Evans, dechreuodd pethau symud yn rhyfeddol. Erbyn Etholiad 1970, roedd pleidlais y Blaid wedi codi i 175,000. Syrthiodd y ffigur ryw dair mil yn yr etholiad diwethaf ond cred mai'r rheswm am hynny oedd fod llawer o bobl a fyddai wedi pleidleisio i'r Blaid wedi ceisio sicrhau Llywodraeth Lafur er mwyn rhoi chwarae teg i'r glöwyr. Fodd bynnag, er i nifer y pleidleisiau syrthio, roedd yn etholiad pwysicach na'r un arall i Blaid Cymru gan iddo sicrhau dau Aelod Seneddol.

Er pan ymddeolodd yn 1971, ni thorrodd Mr Roberts ei gysylltiad â'r Blaid yn gyfan gwbl, gan ei fod wedi dal ymlaen yn drysorydd. Rhwng popeth, nid oes ganddo lawer o amser, meddai, i fwynhau'r ardal ddistaw o'i amgylch a'r ardd y mae ei wraig yn ei chadw mor daclus.

Hugh Thomas

Pan gaiff rhywun gyfle i wneud gwaith sy'n golygu helpu eraill, ni phoenir cymaint â hynny os bydd rhaid gweithio goramser. Dyna agwedd Mr Hugh Thomas, Garnedd, Llanrug, y bûm yn sgwrsio ag ef am ei waith fel Swyddog Gwasanaeth Gwirfoddol Awdurdod Iechyd Gwynedd.

Daeth i'r swydd yn 1971, wedi blynyddoedd o waith gwirfoddol gyda sawl mudiad ynghlwm wrth ysbytai. Cyn hynny, swyddog technegol yn adran beirianyddol y Swyddfa Bost oedd Mr Thomas, sy'n enedigol o Fangor. Aeth i'w swydd gyda'r Post yn syth wedi gadael yr ysgol, yn gyntaf fel prentis, gan weithio'i ffordd drwy'r rhengoedd dros gyfnod o ddeng mlynedd ar hugain.

Am gyfnod, bu'n aelod o Bwyllgor Rheoli Ysbytai Môn ac Arfon ac yn gadeirydd y Pwyllgor Ariannol ac Amcanion Cyffredinol. Tra bu'n byw yn y Felinheli, roedd yn Ysgrifennydd Cyngor Eglwysi Rhyddion y cylch ac yn ysgrifennydd y

Clwb Hwylio. Mae hefyd yn Ynad Heddwch ar fainc Gwyrfai ac yn flaenor yng Nghapel Tan y Graig, Llanrug.

Un o'r pethau pwysicaf iddo ef yw cael y cyhoedd i gymryd rhan mewn gwaith gwirfoddol pa le bynnag y bo'r angen. Ei waith ef yw cysylltu'r gwahanol weithgarwch i greu undod yn hytrach na bod pobl y gweithio yn erbyn ei gilydd. I'r perwyl hwn, fe â Mr Thomas o amgylch Gwynedd cyn amled ag y bo modd i annerch mudiadau mewn capeli ac eglwysi a mudiadau megis Sefydliad y Merched a Merched y Wawr, i ddweud wrthynt am y gwaith a sut y gallant hwy helpu.

Arbrawf a fu'n dra llwyddiannus dros y blynyddoedd yw'r Mudiad Cyfeillion Ysbytai, ac erbyn heddiw mae deunaw yng Ngwynedd. Mr Thomas ei hun a sefydlodd fudiad o'r fath i Ysbytai Bangor. Gwneir llawer o waith gan yr aelodau trwy gasglu arian a chynorthwyo mewn ysbytai trwy ymweld â chleifion, paratoi te, a gosod blodau. Maent hefyd, o dro i dro, wedi rhoi llety i deuluoedd pan oedd aelod mewn ysbyty ymhell o'i gartref.

Er bod holl waith gwirfoddol Gwynedd yn ei ddwylo, mae ei bencadlys yn Ysbyty Bryn y Neuadd, lle mae tros 350 o bobl â nam ar eu meddwl. Dywedodd fod yna fur rhwng y math yma o ysbyty a'r cyhoedd ac un o'r pethau cyntaf a wnaeth oedd ceisio tynnu hwnnw i lawr. Gwelwyd llwyddiant a daeth cyngherddau a dawnsfeydd Bryn y Neuadd yn rhan o fywyd cymdeithasol Llanfairfechan. Ceisiodd o'r dechrau gael pobl i sylweddoli nad oes dim yn anghyffredin yn y bobl yn yr ysbyty ac, o dipyn i beth, daeth y cyhoedd i sylweddoli hynny a mynd ati i wneud gwaith gwirfoddol gyda hwy. Cam pwysig arall ym mywyd yr ysbyty oedd sefydlu cangen o Sefydliad y Merched yno a bydd yr aelodau o dro i dro yn mynd ar wibdeithiau. Hefyd, daw disgyblion o wahanol ysgolion i'r ysbyty i helpu a bu mudiadau fel Llewod Bangor, Cylch Merched Bangor a Toc H Conwy yn weithgar dros ben.

Un o'r problemau wrth ddechrau rhoi enghreifftiau o'r rhai a fu'n cynorthwyo yw bod eraill yn teimlo eu bod hwy yn cael eu hanghofio ond mae Mr Thomas yn bendant ei ddiolch i bawb - yn unigolion a mudiadau. Gwnaed llawer o waith yn y gorffennol, meddai, ond fel y bydd y gwasanaeth yn ehangu, gwneir llawer mwy. Yn y pen draw, bydd gwasanaeth gwirfoddol, gan bob rhan o'r gymdeithas, yn rhan annatod o'r Gwasanaeth Iechyd yn gyffredinol.

C. O. Lewis

Er iddo fod yn y weinidogaeth am flynyddoedd, bu cryn dipyn o amser cyn i gynweinidog o Lanfairpwll ddarganfod cryfder crefydd. Roedd y Parch. C. O. Lewis, Pen y Geulan, Llanfairpwll, yn dod yn ôl o sasiwn yng Nghaernarfon ar noson dywyll ym mis Tachwedd ychydig o flynyddoedd yn ôl pan gwympodd ei gar dros ymyl y cei i'r afon. Trodd y car wyneb i waered a dechreuodd Mr Lewis floeddio nerth ei ben. Gyda'r dŵr yn dod yn uwch i fyny ei gorff, dechreuodd weddïo, a chafodd ryw ryddhad "fel pe bai rhyw law anweledig yn cydio ynof i". Llwyddodd i'w gael ei hun hanner ffordd allan o'r car ac fe ddaeth dyn ar hyd y cei. Taflwyd rhaff i Mr Lewis ond nid oedd yn ddigon hir. Am ryw reswm, meddai Mr Lewis, roedd wedi cadw ei ben a gofynnodd i'r dyn fynd i alw am yr heddlu. Ymhen mater o funudau, a ymddangosai fel oriau, cyrhaeddodd y frigâd dân a gollyngwyd ystol iddo. Er ei fod yn protestio, aethpwyd ag ef i'r ysbyty lle cadwyd ef dros nos.

Ganwyd Mr Lewis ym mhentref Llantysilio, ger Llangollen, ac yno yr aeth i'r ysgol. Ni chafodd yr un gair o addysg Gymraeg tra bu yno a dywedodd fod y prifathro, John Jenkins, fel ysgolfeistr clasurol, bron i gan mlynedd o flaen ei oes.

Tyddyn oedd ei gartref cyntaf, Garth y Pistyll, ond symudodd y teulu i ffarm Pentre Dŵr ac yno y bu'n gweithio gyda'i dad. Dymuniad y teulu oedd iddo fynd yn filfeddyg ond nid oedd ar Mr Lewis eisiau gwneud hynny. Penderfynodd ddilyn cwrs amaethyddiaeth ym Mangor, cwrs a oedd braidd yn newydd yr adeg honno. Roedd yn cael hwyl iawn arni ond roedd Diwygiad 1904-05 wedi cael dylanwad mawr arno a rhoddodd ei fryd ar gael mynd i'r weinidogaeth.

Pan ddechreuodd y Rhyfel Byd Cyntaf, roedd Mr Lewis eisoes yn y Bala yn paratoi i fynd i'r weinidogaeth. Rhestrodd ei hun gyda'r *RAMC* a pharatoi i fynd i ryfela. Ond pan oedd ar gyhoeddiad yn Nhalwrn, dywedodd dau gyfaill wrtho am fynd gyda hwy i weithio i ffatri yn Barrow-in-Furness. Gwaetha'r modd, nid oedd ganddo unrhyw fath o bapur swyddogol i ddweud y gallai fynd i weithio i'r ffatri ond penderfynodd fynd gyda'i ffrindiau, a thrwy dwyllo milwr wrth borth y ffatri, llwyddodd i gael i mewn a chael cyfweliad â rheolwr y lle. Aeth i weithio i'r adran gwneud ffrwydron, a chyda'r nos arferai wneud gwaith cymdeithasol ymhlith y cannoedd o Gymry oedd yn gweithio yn y ffatri. O dipyn i beth, sefydlwyd capel i'r Cymry a chynnal y cyfarfodydd mewn neuadd.

Ar ddiwedd y rhyfel, er iddo gael cynnig parhau mewn diwydiant, penderfynodd fynd i'r Coleg i gwblhau ei gwrs am y weinidogaeth. Aeth i Goleg Aberystwyth a'r Bala. Derbyniodd alwad i fynd yn weinidog ar eglwysi Pentrefelin, Cwm-du a Brithdir, yn Sir Drefaldwyn, lle da i ddechrau yn y gwaith, meddai. Gan fod pedair milltir rhwng pob eglwys, benthycai geffylau gan ffermwyr lleol i ymweld â'i aelodau. Bu yno am dair blynedd cyn symud i Harlech lle'r arhosodd am wyth mlynedd. Yno y daeth i gysylltiad â Syr Tom Jones a Syr Ben Bowen Thomas ac yno hefyd y dysgodd chwarae golff. Ar ddiwedd ei gyfnod yno, symudodd i Sir Fôn, a hynny yn 1931; er na wyddai hynny ar y pryd, ym Môn yr oedd i aros am weddill ei gyfnod yn y weinidogaeth.

Daliodd bob swydd bosib gyda'r Methodistiaid Calfinaidd gan gynnwys bod yn Llywydd Cymdeithasfa'r Gogledd. Ymddeolodd chwe blynedd yn ôl ond, serch hynny, deil i bregethu bob Sul.

Un o'r newidiadau mwyaf a welodd yn ystod ei gyfnod yw'r prinder gweinidogion. Mae pob enwad yn ei deimlo erbyn heddiw. Mae hyn yn waeth ym Môn, os rhywbeth, meddai, oherwydd i'r ynys, yn y gorffennol, fod yn fagwrfa gweinidogion.

Cyfaddefodd Mr Lewis ei fod dros ei 80 er nad yw'n edrych ddiwrnod dros 60. Cafodd lawer o hwyl a helyntion yn ystod ei oes, ond y digwyddiad ar y cei yng Nghaernarfon a gafodd yr argraff fwyaf arno.

Peredur Lloyd

Gyda chwe mis wedi mynd heibio ers y chwyldro mawr ym myd llywodraeth leol, dywedodd Mr Peredur Lloyd, Prif Weithredwr Cyngor Ynys Môn, fod pethau'n mynd gystal ag y disgwylid ond ymhell o fod yn berffaith.

Daeth Mr Lloyd i Sir Fôn yn 1967, yn ddirprwy glerc hen Gyngor Sir Môn, a bu yn y swydd honno nes iddo gael ei benodi i'w swydd bresennol y llynedd. Ganed ef yn Llanuwchllyn a bu'n byw yno nes oedd yn wyth oed pan symudodd y teulu i Benrhyndeudraeth. Aeth i'r ysgol yno ac wedyn i Ysgol Ramadeg Porthmadog. Astudiodd y gyfraith yng Ngholeg Prifysgol Cymru a gwnaeth ymchwil yn y pwnc ym Mhrifysgol Birmingham.

Blinodd gydag ymafael mewn llyfrau ac aeth i'r fyddin am ddwy flynedd. Wedyn, aeth i swyddfa twrnai yn Nolgellau ac wedyn Porthmadog, cyn symud i weithio gyda Chyngor Bwrdeistref Wrecsam.

Mae gwahaniaeth sylfaenol rhwng gwaith yr hen Gyngor Sir a'r Cyngor newydd. Yn gyntaf, nid oes gan y cyngor newydd gyfrifoldeb dros addysg, ffyrdd a'r gwasanaethau cymdeithasol, ond mae ganddo gyfrifoldeb am bethau fel tai, adloniant a mwynderau, a chasglu ysbwriel. Cyfaddefodd fod problemau wrth geisio asio tîm cwbl newydd ond cred, oherwydd hynny, i'r cyfnod byr yma fod yn un diddorol i bawb sydd yn gweithio o fewn y gyfundrefn.

Tra oedd y gwaith o adeiladu tîm newydd yn mynd ymlaen, roedd brwydrau ar ran yr ynys yn cael eu cynnal mewn meysydd llawer ehangach. Un frwydr lwyddiannus oedd yr un i gadw mân-ddaliadau o dan reolaeth y Cyngor newydd. Un a gollwyd oedd yr ymgais i gadw llyfrgelloedd o dan ei adain. Brwydrodd y Cyngor hefyd i gael mwy o degwch yn nhrethiant dŵr Môn, a'r flwyddyn nesaf bydd pob rhan o Gymru yn talu'r un faint. Oni bai am hynny, byddai treth dŵr Môn yn llawer uwch y flwyddyn nesaf, meddai. Ond nid dyma ddiwedd y frwydr. Bydd y cyngor yn parhau i geisio cael gostyngiad sylweddol i Gymru gyfan.

Dywedodd Mr Lloyd ei fod yn sylweddoli bod pobl yn gyffredinol yn gofyn beth oedd pwrpas ad-drefnu llywodraeth leol, ac roedd pawb a oedd yn gweithio yn y maes yn ymwybodol o hynny. Y gred gyffredinol yw fod y cyhoedd yn gorfod talu llawer iawn mwy am waeth gwasanaeth. Barn bersonol Mr Lloyd yw y byddai Môn wedi bod yn llawer gwell allan pe bai wedi cael bod yn gyfrifol am ei holl wasanaethau cyhoeddus, fel yr hen gynghorau bwrdeistrefol sirol. Dadleuodd yr hen Gyngor Sir o blaid hynny a chafodd rywfaint o gefnogaeth gan y Comisiwn Llywodraeth Lleol. Wrth gadw Môn yn uned ar wahân, byddai cost yr ad-drefnu wedi bod yn llawer is a byddai llawer mwy o gysondeb yn y gwasanaeth. Pe bai ad-drefnu llywodraeth leol wedi aros nes cael adroddiad Kilbrandon ar y cyfansoddiad, teimlai y byddai'r ffordd o weithredu wedi bod yn hollol wahanol.

Gan nad oedd ganddo unrhyw gysylltiad â Môn cyn symud i'r ynys, gwelai fod Môn yn gwbl wahanol i rannau gwledig Cymru yn gyffredinol. Mae'r boblogaeth yn cynyddu, gyda chymaint o siarad Cymraeg heddiw ag oedd ugain mlynedd yn ôl, y cwbl wedi codi o fuddsoddiadau call gan yr hen gynghorau. Trwy gydol y blynyddoedd, bu pobl Môn, trwy eu cynghorau, yn buddsoddi yn y dyfodol, gan wario mwy ar ffyrdd, llyfrgelloedd ac ystadau diwydiannol nag unrhyw ardal arall. Creodd hyn gymdeithas fodern a chyfleusterau a oedd yn cadw pobl ifainc yn y cylch yn hytrach na'u hel hwy allan i chwilio am bethau mwy deniadol.

Gwerth mawr Cyngor Ynys Môn, meddai, yw y gall pobl Môn ei ddefnyddio fel arf i sicrhau bod y pethau hyn yn cael blaenoriaeth yn y dyfodol. Gellir sicrhau hyn drwy ddylanwadu ar y Cyngor Sir a'r Swyddfa Gymreig. Barn Mr Lloyd yw fod tri maes lle gellir dylanwadu ar ansawdd cymdeithas. Mae'n rhaid cael tai a gwaith ac, yn bwysicach na dim, mae'n rhaid cael cyfleusterau i bobl fwynhau eu horiau hamdden. Yn y tri maes hyn y mae gan y Cyngor gyfrifoldeb uniongyrchol i bobl Môn. Cred fod arwyddion eisoes y bydd y cyngor yn gweithredu'n egnïol i gwrdd â'r anghenion sylfaenol.

Ni chred fod yr hen gynghorau wedi gwneud camgymeriad wrth fynd ymlaen gyda chynlluniau fel pyllau nofio yn eu blwyddyn ddiwethaf. Mae'n rhan o draddodiad Môn, meddai, a hefyd teimla na fyddai'r cyngor newydd wedi gallu adeiladu canolfan fel yr un yn Llangefni oni bai fod y gwaith wedi cael ei ddechrau mewn awyrgylch economaidd gwell. Cred y bydd y dyfodol yn dangos doethineb y polisi.

Un o ddiddordebau mawr Mr Lloyd y tu allan i waith llywodraeth leol yw dringo bryniau a mynyddoedd y cylch. Er ei fod wedi gweithio y tu ôl i ddesg am y rhan fwyaf o'i oes, dyn yr awyr iach ydyw, meddai. Hoff bleser arall ganddo yw ymweld â mudiadau a chymdeithasau a chael y cyfle i'w hannerch ar faterion lawer ehangach nag a ganiateir iddo yn ei waith bob dydd.

Irvon Roberts

Un uchelgais fu gan Mr Irvon Roberts trwy gydol ei oes a hynny oedd cael bod yn brifathro Coleg Technegol. Yn 1974, gwireddwyd ei freuddwyd.

Brodor o Ddyffryn Nantlle yw Mr Roberts, sydd erbyn heddiw yn byw yn The Gables, Groeslon. Chwarelwr oedd ei dad ond nid oedd awydd ganddo ef i'w ddilyn i'r gwaith hwnnw. Wedi cael ei addysg yn ysgol Penygroes, aeth i Goleg Technegol Amwythig lle'r enillodd ddiploma mewn peirianwaith. Erbyn hynny, roedd yn bedair ar bymtheg oed a phenderfynodd fynd i'r fyddin, lle'r arhosodd am bedair blynedd. Pan ddychwelodd oddi yno, wedi gwasanaethu gan fwyaf yn y Dwyrain Canol, aeth i Gaerdydd lle graddiodd mewn peirianwaith mecanyddol ymhen dwy flynedd.

Symudodd wedyn yn athro i'r *Black Country* ac wedyn i Guildford i Goleg Technegol. Roedd yn adnabod yr ardal a fomiwyd yr wythnos ddiwethaf yn dda iawn, meddai, a chan yr ystyriai'r lle yn ail gartref iddo, roedd yn ofid calon ganddo feddwl fod y fath beth wedi digwydd yn y fath le. Yn 1964, daeth yn ôl i Gymru, wedi iddo gael ei benodi'n Swyddog Addysg Bellach i Sir Gaernarfon. Rhoddodd deyrnged i'r cyn-Gyfarwyddwr Addysg, Mr Mansel Williams, a oedd bob amser yn barod ei gymwynas iddo ef a gweddill staff yr hen Adran.

Fel Swyddog Addysg Bellach, roedd ganddo gysylltiad agos â Choleg Technegol Gwynedd ym Mangor, a phan daeth swydd Prifathro'r Coleg yn wag yn 1973, cynigiodd amdani ac fe'i cafodd. Er iddo gyflawni'i uchelgais, nid yw'n hapus iawn gyda'r gair Cymraeg "Prifathro" am "*Principal*". Mae'r swydd yn un eang gyda chyfrifoldeb nid yn unig am y staff a'r myfyrwyr ond am y coginwyr, y glanhawyr, yr ysgrifenyddion a'r clercod. Nid oes ganddo ddim ond clod i bob aelod o'r staff, penaethiaid y pedair adran a'r rhan helaethaf o'r myfyrwyr - y rhai amser llawn a rhan amser.

Cred fod Colegau Technegol ar drothwy cyfnod cyffrous yn eu hanes. Er pan gyrhaeddodd Bangor, ymdrechodd i ddileu'r syniad ym meddwl rhai pobl mai dim ond rhywun israddol sy'n mynd i Goleg Technegol - pobl yn mynd yno am eu bod wedi methu mynd i golegau eraill. Dywedodd fod llawer iawn o fechgyn a genethod da iawn yn dod i'r Coleg Technegol, lle manteisiant ar addysg bellach amrywiol. Mae'r Coleg Technegol yn rhan o'r gymdeithas ac yn adlewyrchu ei gofynion tra bo Prifysgol yn gymdeithas glòs ynddi ei hun a Choleg Hyfforddi Athrawon yn gwneud dim mwy na hyfforddi athrawon.

Pan adeiladwyd y Coleg yn 1957, ni allai neb fod wedi dychmygu'r camau bras y byddai colegau technegol yn eu gwneud mewn cyfnod gweddol fyr. Erbyn heddiw, mae oddeutu 2,500 o fyfyrwyr yn y Coleg ar ryw ben i'r diwrnod neu'i gilydd. Mae ar gyflogwyr heddiw eisiau i'w dynion gael tystysgrif o'u medrusrwydd mewn crefft ac mewn Coleg Technegol y ceir hynny. A chan fod y rhai sy'n dod yno yn gweithio'r rhan fwyaf o'r wythnos, maent yn taro cydbwysedd â'r disgyblion amser llawn nad ydynt wedi gweithio o gwbl. Roedd argraff fod y Coleg wedi tyfu llawer er pan sefydlwyd ef, meddai Mr Roberts, ond y gwir yw nad yw eto allan o'i fabandod. Yn ddyddiol, gwelir anghenion newydd yn codi ynglŷn â gwaith y Coleg Technegol.

Nid yw, fel prifathro, yn barod i sefydlu cwrs newydd dim ond er mwyn ei ddechrau, ond pe bai cyflogwyr yn dod ato a gofyn am gwrs arbennig i'w gweithwyr ac yn sicrhau y byddent yno'n gyson, yna byddai'n falch o sefydlu cwrs ar eu cyfer. Ni all ddweud beth fydd y datblygiadau yn ystod y deng mlynedd nesaf ond, yn sicr, cred y bydd y Coleg yn ehangu. Peth arall nad oes sicrwydd amdano yw perthynas y Colegau Hyfforddi a'r Colegau Technegol. Teimla Mr Roberts y byddai'n llawer rhwyddach i Goleg Technegol ei glymu ei hun wrth Goleg Hyfforddi na'r ffordd arall. Dim ond y dyfodol a allai ateb y cwestiynau llosg hyn ond mae'n hyderus bod blynyddoedd disglair o flaen Coleg Technegol Gwynedd.

Frank R. Jones

Morwr oedd tad Mr Frank Rhys Jones, Foelas, Tregarth, prifathro Ysgol Dyffryn Ogwen, Bethesda, ac nid oedd dim yn rhyfedd yn y ffaith iddo ddilyn ei dad i'r môr adeg yr Ail Ryfel Byd. Ond wrth iddo gofio ei blentyndod ei hun, heb ddylanwad tad ar yr aelwyd, penderfynodd Mr Jones adael y môr er mwyn ei dri phlentyn.

Ganed Mr Jones ym Manceinion ar aelwyd gwbl Saesneg ond pan oedd yn wyth oed, symudodd y teulu i Fethel, Caernarfon, ac yn yr ysgol ddyddiol yno a'r ysgol Sul y dysgodd Gymraeg. Oddi yno, symudodd i'r Ysgol Sir yng Nghaernarfon, lle tyfodd yr awydd ynddo i fynd i'r môr. Bu farw ei dad ar fwrdd ei long yn Sbaen adeg y Rhyfel Cartref yno ac er i Mr Jones barhau'n awyddus i fynd i'r môr, roedd dirwasgiad a llawer o longau'n gorwedd yn segur. Felly, pan oedd yn un ar bymtheg oed, aeth i weithio i Adran Drysorydd Cyngor Sir Caernarfon. Ar ddechrau'r Ail Ryfel Byd, daeth ei gyfle i fynd i'r môr ac ymunodd â'r Llynges Frenhinol. Er mai adeg rhyfel oedd hi, mwynhaodd yr amser yn fawr, meddai, a chafodd saith mlynedd hapus yno. Er mwyn ei blant y penderfynodd ddod adref ond, hyd heddiw, hoffa Mr Jones gael mynd ar y môr yn ystod gwyliau'r haf.

Aeth i Goleg y Brifysgol ym Mangor, lle graddiodd gyda gradd anrhydedd mewn Hanes. Oddi yno, aeth i Ysgol John Bright, Llandudno, lle bu am ugain mlynedd nes cael ei benodi, yn 1971, yn brifathro ym Methesda.

Ei ddiddordebau yw chwarae pêl-droed, hwylio, garddio, gwaith llywodraeth leol (mae'n aelod o Gyngor Arfon), ysgrifennu am y môr, canu corawl a chrefydd.

Yn ystod ei gyfnod ym Methesda, gwelodd broblemau newydd yn codi, fel newid oedran gadael yr ysgol i un ar bymtheg oed ond, ar yr un pryd, dilëwyd llawer o hen broblemau. Ymhen ychydig fisoedd, meddai, byddai'r ysgol i gyd o dan yr un to. Edrychai ymlaen at weld hen Ysgol y Cefnfaes yn cael ei defnyddio fel canolfan gymdeithasol gan y credai fod angen mawr am le o'r fath i bob oedran ym Methesda. Yn ystod y blynyddoedd diwethaf, dylanwadodd y teledu'n arw ar fywyd cymdeithasol ac, o'r herwydd, roedd yn beth da i gael lle i bobl gydgyfarfod. Hoffai weld Ysgol Dyffryn Ogwen ac adeilad y Cefnfaes yn dod yn ganolfan addysg hamdden a diwylliadol i'r dyffryn i gyd.

Mae'n hapus iawn gyda maint yr ysgol sydd ychydig dan 600 gan ei fod yn cael cyfle i ddod i adnabod pob un o'r disgyblion. Mae ynddi chweched dosbarth o 40. Ymfalchïa yn y ffaith fod disgyblion y chweched dosbarth wedi cael eu canolfan eu hunain yn yr adeilad newydd gan eu bod yn bobl ifainc gyfrifol. Rhydd y ganolfan synnwyr o falchder iddynt, rhywbeth sy'n bwysig os ydynt am aros yn y cylch nes byddant yn mynd i'r Coleg. Cred fod dylanwad bechgyn y chweched dosbarth yn bwysig i'r ysgol a'r cylch a hebddynt byddai'r ddau'n dlotach. Ni chred y byddai creu uned ar wahân a'i galw'n Goleg Chweched Dosbarth yn beth doeth. Cyll yr ardal a'r ysgol bobl ifainc ddiwylliedig yn rhy fuan eisoes heb eu colli ddwy flynedd ynghynt.

Er bod Ysgol Dyffryn Ogwen wedi bod yn ysgol gyfun ers pum mlynedd ar hugain, nid oedd y ffaith fod dau adeilad wedi gwneud materion yn hawdd. Credai y byddai posibiliadau newydd unwaith y ceir y cwbl dan yr un to.

Dywedodd fod 70 y cant o ddisgyblion yr ysgol yn aros yn yr ysgol nes iddynt gael naill ai dystysgrif lefel O neu'r TAU, cyn i'r oed gadael gael ei godi i un ar bymtheg. Crëwyd problemau newydd wrth godi'r oedran ond elcni, meddai, mae cynllun newydd ar waith, i adael i fechgyn a genethod yn eu blwyddyn olaf fynd allan at gyflogwyr yn y cylch ryw unwaith yr wythnos er mwyn iddynt gael profiad ymarferol cyn penderfynu beth yr oeddynt yn dymuno'i wneud â'u bywydau. Canmolodd y cyflogwyr sy'n rhoi'r cyfle hwn i'r disgyblion. Cred eu bod yn gwneud cyfraniad gwerthfawr tuag at y byd addysgol. Hydera y byddai'r cynllun yn datblygu gan ei fod yn sicrhau nad yw bachgen neu eneth yn mynd i swydd nad ydynt yn ei hoffi ar ôl gadael yr ysgol.

Bedwyr Lewis Jones

Gobaith Mr Bedwyr Lewis Jones, Bodafon, Bangor, a benodwyd yn Bennaeth Adran Gymraeg Coleg y Brifysgol, Bangor, yw y bydd yn gallu cadw, os nad gwella, y safonau uchel iawn a osodwyd gan ei ragflaenwyr.

Ganed Mr Jones yn Wrecsam, lle'r oedd ei dad yn gweithio ar *Y Cymro*. Bu'r teulu yno am bedair blynedd cyn symud am flwyddyn i Ddinbych, lle bu ei dad yn gweithio ar *Y Faner*. Pan oedd yn bump oed, daeth y teulu'n ôl i ardal mebyd ei dad, Llaneilian, i ffarmio, a barn Mr Jones yw mai Llaneilian yw'r cychwyn iddo ef gan nad yw'n cofio'r pethau dibwys am y lleoedd eraill y bu'n byw ynddynt.

Aeth i Ysgol Penysarn a phan oedd yn ddeg oed symudodd i Ysgol Sir Amlwch a gynhaliwyd yr adeg honno yn y Neuadd Goffa. 'Roedd honno'n ysgol ardderchog, meddai, er nad oedd llawr o gyfleusterau ynddi. Nid oedd chweched dosbarth yn Amlwch, felly gorfodwyd Mr Jones i deithio gyda thrên bob dydd o Amlwch i Langefni ac yn 1950, enillodd ysgoloriaeth i fynd i Goleg y Brifysgol, Bangor. Dair blynedd yn ddiweddarach, graddiodd mewn Cymraeg, a dilynodd gwrs hyfforddi athrawon ym Mangor. Yno, hefyd, gwnaeth waith ymchwil am ddwy flynedd i ennill ei M.A., a rhwng 1956 ac 1958, cafodd gyfle i fynd i Goleg yr Iesu, Rhydychen, i wneud rhagor o waith ymchwil.

Cafodd ei swydd gyntaf yn 1958 pan aeth i ysgol Dolgellau i ddysgu tipyn bach o bopeth, a chan nad oedd ond staff o wyth yn yr ysgol, bu ei flwyddyn yno yn un ardderchog o safbwynt profiad. Yno y dysgodd sut i ddysgu, meddai. Daeth yn ôl i Fangor wedyn yn ddarlithydd yn yr Adran Gymraeg ac yno y mae byth. Cafodd ei benodi'n Bennaeth yr Adran fis Hydref diwethaf. Gwaith y pennaeth, meddai, yw rhedeg yr adran a gofalu bod cyrsiau'n cael eu trefnu, derbyn y myfyrwyr, trefnu arholiadau, a sicrhau bod polisïau cyffredinol y Coleg yn cael eu gweithredu. Mae'n bwysig hefyd gofalu am hawliau a buddiannau'r Adran y tu mewn i'r Coleg. Bwriada barhau i ddarlithio a gwneud gwaith ymchwil. Cred ei bod y bwysig i bennaeth Adran adnabod pob un o'r myfyrwyr dan ei ofal.

Yn rhinwedd ei swydd, mae'n aelod o amryw o bwyllgorau y tu mewn â'r Coleg a mudiadau eraill trwy Gymru gyfan. Problem fawr fydd sicrhau nad yw'n ei gael ei hun ar ormod o bwyllgorau, a fyddai'n peryglu ei waith fel darlithydd ac ymchwiliwr. Y mae'r Adran Gymraeg yn rhan annatod o'r gymdeithas yn gyffredinol, ac mae galw mawr ar staff yr Adran i fynd i feirniadu mewn eisteddfodau neu ddarlithio i gymdeithasau. Mae hyn, meddai, yn rhan bwysig o'r gwaith, ac yn golygu mynd â'r Coleg at y bobl. Mae adegau pan fo'n rhaid gwrthod rhyw gymdeithas neu'i gilydd, meddai, ond nid oherwydd nad oedd arno eisiau eu cyfarfod ond am nad oedd amser yn caniatáu. Ceisiai, bob amser, gael rhai nosweithiau'n rhydd er mwyn cael bod gyda'i wraig, a'u plant, Nia (sy'n ddeg oed), Gronw (sy'n wyth), a Huw (pedair oed).

Ar hyn o bryd, mae newydd gwblhau cofiant i R. Williams Parry ac mae wrthi'n ddygn yn casglu defnydd ar gyfer cofiant i Goronwy Owen. Dewisodd Williams Parry am ei fod yn fardd mor fawr a Goronwy Owen am ei fod mor adnabyddus. Llenyddiaeth Gymraeg yw un o'i brif ddiddordebau ac oherwydd hynny mae'n awyddus i gyflwyno llenorion i'r cyhoedd ac ennyn diddordeb yn eu gwaith fel y bydd pobl yn eu hadnabod yn well. Iddo ef, mae cofiant yn bont rhwng hanes a llenyddiaeth.

Pan ddaeth i Fangor yn fyfyriwr, roedd y Coleg yn llai a phawb yn adnabod ei gilydd fel un teulu, a chred, oherwydd hynny, fod y myfyrwyr yn cael llawer mwy o hwyl. Mae'n falch iawn fod Bangor wedi aros yn gymharol fychan ond, serch hynny, mae cyfartaledd y Cymry yn llai a theimla fod llawer ohonynt yn teimlo allan o'u lle yn eu gwlad eu hunain. Hydera y bydd yr hostel Gymraeg newydd yn gwneud i'r Cymry deimlo bod ganddynt aelwyd naturiol yn y Coleg.

Er bod llwyddiant wedi dod i Mr Jones yn gymharol gynnar yn ei fywyd, achlysur a ddaeth â mwy o bleser iddo na hyd yn oed y graddau, meddai gyda gwên, oedd y tro pan orchfygodd tîm pel-droed Amlwch dîm Niwbwrch o ddwy gôl i un yn 1956 i ennill Cwpan Sialens Gogledd Cymru. Daeth y llwyddiant yn ystod goramser a'r gôl-geidwad ar yr achlysur pwysig hwnnw oedd Bedwyr Lewis Jones.

J. Bennett Jones

Bu bron i addewid y gorfodwyd i fachgen pedair ar ddeg oed ei wneud mewn Seiat fod ddigon i newid cwrs ei fywyd. Y bachgen hwnnw oedd y Parchedig J. Bennett Jones, Tremarfon, Llanfairpwll, a'r addewid oedd y byddai'n mynd i'r weinidogaeth. Aeth rhai blynyddoedd heibio cyn iddo wneud y penderfyniad terfynol, a bu bron iddo â chefnu ar y syniad yn gyfan gwbl.

Ganwyd Mr Jones ym Mhwllheli a phan oedd yn ifanc iawn symudodd y teulu i Fae Colwyn lle'r oedd ei dad yn swyddog gyda'r *Customs and Excise*. Addysgwyd ef yn Ysgol Ffordd Conwy, lle'r oedd yn aelod o'r Urdd dan arweiniad Mr Ifan Pugh, golygydd newyddion gyda'r *BBC* yr adeg honno. Rhyfeddai Mr Jones fod cymaint o addysg Gymraeg yn yr ysgol honno o gofio mai un o'r de, ac eglwyswr, oedd y prifathro.

Gan ei fod yn awyddus i barhau i gael addysg Gymraeg, penderfynodd fynd ymlaen i Ysgol Sir Abergele lle'r oedd y rhan fwyaf o'r disgyblion yn siarad Cymraeg.

Cofia'r tro cyntaf erioed iddo fynd i ffwrdd heb ei rieni. Yr achlysur oedd ymweliad côr yr Urdd ag eisteddfod yr Urdd yn Aberystwyth. Aeth yno yng nghwmni'r Parchedig Fred Hughes, sydd newydd ymddeol o ofalaeth Carreglefn.

Trwy gydol y rhyfel, roedd yn ddisgybl yn ysgol Abergele ac yn 1944 symudodd y teulu unwaith eto, y tro hwn i'r Rhyl gan fod ei dad newydd ymddeol. Rhwng 1946 ac 1949, bu yng Ngholeg y Brifysgol, Bangor, yn astudio Hanes fel ei brif bwnc. Wedi iddo orffen y cwrs, ac yntau'n wrthwynebwr cydwybodol, bu'n gweithio ar ffarm yn Sir Ddinbych am ddwy flynedd. Ar ddiwedd y cyfnod hwnnw, aeth yn ôl i Fangor i wneud gwaith ymchwil i hanes y Piwritaniaid cyn y Rhyfel Cartref, a'u hymdrechion i ddeddfu yn erbyn gor-fwyta, gor-wisgo, meddwdod ac i gadw'r Sabath.

Am dair blynedd wedyn, bu'n llyfrgellydd yn y Llyfrgell Genedlaethol, ac yn ystod y cyfnod hwnnw, gwnaeth gwrs llyfrgellydd yn Loughborough. Dywed iddo chwarae â'r syniad o fynd i'r weinidogaeth er pan adawodd y Coleg, ond roedd arno eisiau penderfynu drosto'i hun ac nid mynd oherwydd iddo addo i weinidog y byddai'n mynd. Er mwyn iddo gael y cyfle i weld yn iawn ai yn y weinidogaeth yr oedd ei ddyfodol, aeth yn Ysgrifennydd teithiol i'r Mudiad Cristnogol yng Ngogledd Cymru. O dipyn i beth, teimlodd y dylai ymgeisio am y weinidogaeth. Gydag ysgoloriaeth Bresbyteraidd, fe aeth i Gaergrawnt lle'r enillodd radd mewn diwinyddiaeth gan gwblhau'r cwrs mewn dwy flynedd. Derbyniodd alwad i Roshirwaen yn 1961 a bu yno nes iddo symud i Lanfairpwll yn 1968.

Roedd ganddo atgofion arbennig iawn am ei gyfnod yn Loughborough oherwydd yno y traddododd ei bregeth gyntaf, i gynulleidfa o aelodau Cymdeithas Gymraeg y dref.

Pan oedd wedi gorffen yng Nghaergrawnt roedd yn awyddus iawn i gael cymaint o brofiad pregethu ag oedd modd. Roedd Capel Morfa Rhuddlan yr adeg honno yn dibynnu'n helaeth iawn ar bregethwyr cynorthwyol i gynnal gwasanaethau ar y Sul. Penderfynodd Mr Jones fynd yno a chynnig pregethu yno pan oedd angen.

Yn ogystal â gofalu am Lanfair, mae hefyd yn gofalu am gapeli Cefn Bach, Llanedwen, a Gilead, Penmynydd. Mae pleser yn y gwaith gan fod y tair eglwys a'u haelodau'n wahanol iawn i'w gilydd. Yn ogystal â phwyllgor cydenwdol sy'n casglu arian at achosion yn y cylch, mae pwyllgor arall wedi ei sefydlu yn paratoi ar gyfer Ymgyrch Cymru i Grist, gan obeithio ei gwneud yn rhan o waith yr enwadau yn hytrach na rhywbeth dros dro.

Medwyn Hughes

Dros y blynyddoedd ers yr Ail Ryfel Byd, daeth mudiad a sefydlwyd drwy ymdrechion gŵr o Landegfan ac eraill â phleser i Gymry drwy'r byd. Y mudiad hwnnw yw Undeb y Cymry ar Wasgar, a'i drysorydd presennol, ac un o'r cyd-sefydlwyr, yw Mr Medwyn Hughes, Camlas, Llandegfan, y bûm yn siarad ag ef yr wythnos ddiwethaf.

Mab y Mans yw Mr Hughes, ac wrth weld ei dad, y diweddar Barchedig J. E. Hughes, yn ymdrin â llaweroedd o broblemau pobl Brynsiencyn, y daeth ef hefyd i deimlo y dylai yntau wneud rhywbeth i helpu ei gyd-ddynion.

Aeth i'r ysgol gynradd ym Mrynsiencyn cyn symud i Ysgol y Sir yn Llangefni. Yno, cafodd y prifathro, S. J. Evans, ddylanwad mawr arno ef yn ogystal ag ar lawer o'r disgyblion eraill, meddai.

Pan oedd yn ddeunaw oed, penderfynodd mai gyrfa yn y Banc fyddai orau iddo ac ymunodd â staff y Banc Midland ym Mlaenau Ffestiniog, cyn symud i Gaergwrle a Biwmares. Erbyn hynny, roedd yn ail flwyddyn yr Ail Ryfel Byd ac fe ymunodd Mr Hughes â'r Llu Awyr, gan wasanaethu am dair blynedd a hanner yn y rhengoedd ac yn swyddog yn India.

Tra oedd yn Calcutta, cafodd y syniad y byddai'n beth da i fechgyn ifanc o Gymru gael rhyw fath o glwb lle gallent gydgyfarfod a thrafod hanesion eu cartrefi neu broblemau eraill. Felly, ym mhoethder y Dwyrain Pell, sefydlwyd clwb i'r Cymry. Ar yr un pryd, yn yr Aifft, roedd dyn arall o Gymru, Mr T. Elwyn Griffith, wrthi'n sefydlu mudiad tebyg, er nad oedd y naill ar y pryd yn gwybod am waith y llall.

Dywedodd bod y Clwb wedi helpu'n ddirfawr i gadw diddordeb y bechgyn ifainc adeg y rhyfel ac, o dro i dro, byddai un o'r cenhadon yn India yn dod i gynnal gwasanaeth ar y Sul. Pan oedd pawb wedi ymgasglu at ei gilydd mewn neuadd ar nos Sadwrn, arferai Mr Hughes gael *roll call* ymhlith y 60 neu'r 70 oedd yn bresennol. Galwyd enwau siroedd Cymru, gyda'r bechgyn oddi yno'n codi ar eu traed. Drwy hyn y cyfarfu dau gefnder o Niwbwrch â'i gilydd am y tro cyntaf ers blynyddoedd.

Ar ddiwedd y rhyfel, aeth Mr Hughes, Mr Elwyn Griffith ac eraill ati i ffurfio Undeb y Cymry ar Wasgar, un o'r digwyddiadau mwyaf pleserus a gododd o ganlyniad i'r Rhyfel Byd. Cred llawr nad yw'r Undeb yn gwneud dim ond cyfarfod unwaith y flwyddyn ar faes yr Eisteddfod ond mae gweithgareddau eraill fel rhoi cymorth i bobl sydd wedi penderfynu ymfudo o Gymru i unrhyw ran o'r byd. Sicrheir croeso i Gymro yn ei wlad newydd.

Ail ddechreuodd Mr Hughes ar ei yrfa yn y banc yn Llangefni cyn symud i'r Rhyl a Dyserth. Bu yn Sir y Fflint am ddeunaw mlynedd, lle'r oedd hefyd yn drysorydd cangen Urdd y Sir. Bu'n ysgrifennydd ariannol Eisteddfod Genedlaethol yr Urdd yn 1947. Yr adeg honno hefyd y mentrodd i waith llywodraeth leol am y tro cyntaf a bu'n aelod o Gyngor Tref Prestatyn am bedair blynedd. Arweiniodd ymgyrch lwyddiannus i gael y cyngor i brynu sinema'r Scala a'i gwneud yn theatr yn ogystal.

Yn 1967, daeth yn rheolwr y Banc Midland ym Miwmares a bu yno nes iddo ymddeol dair blynedd yn ôl. Mae'n aelod o Gyngor Môn ac yn Gadeirydd y Pwyllgor Cyllid.

Yng Nghaerfyrddin eleni, fe'i hurddwyd i'r wisg wen yng Ngorsedd y Beirdd am ei waith gyda mudiad y Cymry ar Wasgar. Mae'n cymryd diddordeb mewn hwylio, criced a phêl-droed ac ef yw un o is-lywyddion clwb pêl-droed Llandegfan.

Pan adawodd y Banc, ni throes ei gefn ar y byd ariannol gan mai ef yw Trysorydd Capel y Drindod, Biwmares, lle mae hefyd yn flaenor, trysorydd Trysorfa

Gweinidogion y Gogledd, a thrysorydd Cartref Bontnewydd ym Môn. Eleni, etholwyd ef ar Gyngor Cymdeithas Llandegfan.

Cymer ddiddordeb hefyd mewn pobl â nam meddyliol arnynt ac mae'n is-gadeirydd Cymdeithas Môn i blant â nam meddyliol. Yn ddiweddar, dechreuwyd Clwb y Gateway ym Mhorthaethwy i roi cyfle i bobl â nam meddyliol gymysgu â phobl ifainc.

John Richard Roberts

Daeth dathliadau diwrnod y Cadoediad ag atgofion melys a chwerw i ddyn o Foelfre a fu'n ymladd ar y Somme yn ystod y Rhyfel Byd Cyntaf. Cofia Mr John Richard Roberts, 3 Penrallt, Moelfre, yn arbennig, am gyfaill iddo a lwyddodd i fynd drwy'r cwrs ym Mharc Cinmel, ymlaen i'r Somme, a marw yn yr Eidal wedi iddo yfed llymaid o ddŵr. Cofia hefyd am gyfaill arall a gafodd ei saethu yn y Somme.

Wrth gwrs, roedd atgofion melys hefyd o'r amser cyn ac yn ystod y brwydrau ar y cyfandir. Cofia Mr Roberts yn iawn am yr hyfforddwyr ym Mharc Cinmel yn dweud wrth y bechgyn ifainc am naill ai dyfu mwstas neu farf. Ar adeg arall, pan oedd yn y Somme, roedd ef a chyfaill yn mynd trwy'r ffosydd pan ddaethant ar draws sach yn llawn o faco pibell. Yn ffodus, ysmygwyr cetyn oedd ef a'i gyfaill a chawsant ddigon o gyflenwad o'r sach i'w cadw i fynd am wythnosau.

Ganed Mr Roberts yn 1891, yn y Grand Lodge, Dulas, yn fab i Richard a Catherine Roberts. Roedd ei dad yn saer i stad y Plas a'i fam yn gogyddes yno. Hefyd, bu ei daid, Mr John Goodman Roberts, yn brif arddwr yno am drigain mlynedd. Pan oedd Mr Roberts yn ifanc, symudodd y teulu i siop Dublin, ac yno y câi bara eu pobi i drigolion cylch eang.

Wedi iddo gael ei addysg yn ysgol Penysarn, dan y prifathro Mr Thomas Hughes, aeth i weithio i Lys Dulas. Bu yno am rai blynyddoedd tra parhaodd y gwaith, ac wedyn aeth yn ôl i bobi bara yn Siop Dublin, a mynd â hwy mewn car a cheffyl i ardal Moelfre, Capel Parc, Rhosybol a mannau eraill. Yna, dechreuodd y Rhyfel Byd Cyntaf ac ymhen dwy flynedd roedd ar ei ffordd i Barc Cinmel i gael ei hyfforddi cyn ymuno â Chatrawd Gyntaf y Ffiwsilwyr Brenhinol Cymreig. Bu yno am chwe mis cyn cael ei symud yn gyntaf i Boulogne, yn Ffrainc, wedyn i

Mametsad, ac yna i'r Somme. Wedi cyfnod ar faes y gad, symudwyd ei gatrawd i Ypres cyn mynd ymlaen unwaith eto i'r Eidal.

Bechgyn o Gaernarfon oedd gydag ef fwyaf yn y Somme, a chofia un adeg pan orchmynnwyd iddo gadw ei ben yn isel gan fod *sniper* yn y cyffiniau. Wrth iddo gerdded trwy'r ffosydd gyda swyddog, daeth ar draws *Lewis Gun*. Cododd ei hun i fyny ychydig i edrych ar y gwn. Maluriwyd y *sights* gan fwled a'r eiliad nesaf syrthiodd siel wrth eu hochr. Neidiodd y ddau i mewn i lecyn diogel ac yno y buont nes i bawb gael eu galw allan i gario'r rhai oedd wedi eu hanafu.

Ychydig cyn iddo fynd adref am seibiant, clywodd fod bachgen a oedd yn byw heb fod nepell o Benysarn wedi cael ei ladd. Pan gyrhaeddodd adref, tarodd ar ei deulu ond oherwydd rheolau cyfrinachedd yn ystod y rhyfel, ni allai ddweud wrthynt am ei farwolaeth.

Aeth yn ôl i'r cyfandir drachefn a bu yno tan 1919, gan gyrraedd adref ar Ddydd Mawrth Crempog y flwyddyn honno ar ôl cerdded dros Fynydd Parys o Orsaf Amlwch.

Aeth i weithio'n ôl i Lys Dulas am gyfnod ac, yn 1922, priododd a daeth i fyw i Foelfre. Yn ystod y chwe blynedd nesaf, bu'n gweithio yn chwarel Traeth Bychan, ac am rai blynyddoedd wedyn bu'n bostman yn y cylch, gan gerdded cylch o ryw bedair milltir ddwywaith y dydd. Bu'n gwneud hynny am un mlynedd ar hugain ac yn ystod yr Ail Ryfel Byd, bu'n gwasanaethu fel gwyliwr y glannau yn ogystal â chyda'r peirianwaith achub bywydau. Wedi iddo orffen gweithio i'r llythyrdy, aeth i weithio at y Cyngor Sir, a bu yno nes iddo ymddeol yn 66 oed.

Ers blynyddoedd bellach, mae Mr Roberts wedi cymryd diddordeb arbennig mewn materion lleol, ac ef yw cadeirydd y Cyngor Cymdeithasol. Bu'n gadeirydd y Cyngor Plwyf cyn hynny. Am y deugain mlynedd diwethaf, bu'n athro Ysgol Sul yng Nghapel Carmel, Moelfre, lle mae hefyd yn ben blaenor ac yn Arolygydd yr Ysgol Sul. Gyda'i wraig, Jane, mae'n gofalu am y Capel, a'r bore Sul diwethaf pan agorodd ddrws y Capel daeth yr atgofion am y rhyfel i'w feddwl eto.

Owen Evans

Er iddo dreulio'r rhan fwyaf o'i oes y tu allan i Gymru, bu'r Parchedig Owen Evans, Llanfair, drwy gydol y blynyddoedd, yn agos iawn at fywyd Cymreig yr ardaloedd y bu'n byw ynddynt. Bellach, mae Mr Evans, sy'n byw yn Hafod y Bryn, Llanfair, wedi bod yn ôl yng Nghymru ers pum mlynedd. Darlithydd ydyw yn Adran Efrydiau Beiblaidd, Coleg y Brifysgol, Bangor. Daeth i Fangor, ar gais y Parchedig Ddr Bleddyn Jones Roberts, Pennaeth yr Adran, pan oedd yn cryfhau'r Adran ac yn ei gwneud yn fwy dwyieithog. Daeth Mr Evans i Fangor fel un o'r darlithwyr Cymraeg yn bennaf.

Ganed Mr Evans yn y Bermo ond magwyd ef yn ystod pum mlynedd cyntaf ei fywyd yn Llundain, lle'r oedd ei dad yn fferyllydd. Yn ystod y blynyddoedd cyntaf hyn, ni siaradai'r un gair o Gymraeg. Pan oedd yn bump oed, bu farw ei dad a phenderfynodd ei fam ddod yn ôl i'r Bermo. Nid yw'n cofio pryd na lle y dysgodd Gymraeg ond cofia iddo arfer siarad Cymraeg tra oedd yn yr ysgol. Wedi'r ysgol gynradd aeth i'r Ysgol Sir.

Un o'i ddiddordebau pan oedd yn fachgen oedd canu penillion ym Mharti Telynor Mawddwy, David Roberts, a chafodd hynny ddylanwad ar ei fywyd, meddai Mr Evans. Gadawodd yr ysgol yn un ar bymtheg oed ac aeth i weithio i'r Gwasanaeth Sifil yn Llundain, lle bu'n gweithio mewn swyddfa treth incwm a threthiant stadau yn Somerset House.

Pan ddaeth y Rhyfel, roedd Mr Evans yn wrthwynebwr cydwybodol a thrwy gydol y rhyfel bu'n gwasanaethu gyda'r Gwasanaeth Amddiffyn Sifil yn Llundain. Yn ystod y blynyddoedd hynny, dechreuodd bregethu'n achlysurol yng Nghapeli Cymraeg Llundain a phenderfynodd yr hoffai fynd i'r weinidogaeth ar derfyn y rhyfel. Yn syth wedi'r rhyfel, pan gafodd ei ryddhau o'i ddyletswyddau, cynigiodd ei hun fel ymgeisydd gyda'r Eglwys Fethodistaidd (Wesleaid). Am flwyddyn cyn mynd i'r Coleg, bu'n weinidog ar brawf ym Meifod, Powys, ac roedd yn hyfryd gadael sŵn bomio Llundain am ddistawrwydd y wlad. Ar derfyn y flwyddyn honno, aeth yn fyfyriwr i Goleg Diwinyddol yr enwad yn Headingley, ger Leeds. Hyd heddiw, meddai, mae'n ddyledus i Brifathro'r Coleg, y Parchedig Ddr Vincent Taylor, un o ysgolheigion mwya'r byd ym maes y Testament Newydd. Heb ei ddiddordeb a'i ddylanwad ef, ni fyddai gyrfa Mr Evans wedi bod yr un fath, meddai. Pan fu Dr Taylor farw, cafodd Mr Evans y fraint o olygu a pharatoi ar gyfer cyhoeddi'r gwaith olaf iddo'i gyflawni, *The Passion Narrative of St. Luke*, a ddaeth o'r wasg yn 1972.

Wedi iddo orffen ei gwrs yn y Coleg, arhosodd ymlaen fel athro cynorthwyol am gyfnod byr. O ganlyniad i hynny, cafodd gyfle i wneud gwaith ymchwil ym Mhrifysgol Leeds, ac yn ystod y chwe blynedd y bu yno mwynhaodd yn fawr y bywyd Cymraeg yn Swydd Efrog.

Yn 1952, symudodd i fod yn weinidog yng Nghricieth am dymor byr ac wedyn fe'i galwyd yn ôl yn Athro ar y Testament Newydd yng Ngholeg Hartley Victoria, Manceinion. Bu'n athro yno am un mlynedd ar bymtheg yn ogystal â darlithio ar y Testament Newydd ym Mhrifysgol Manceinion.

Yn ystod ei alltudiaeth o Gymru, cadwodd gysylltiad agos â'r bywyd Eglwysig. Mae'n aelod o Gyngor Eglwysi Cymru, ac mae wedi gwasanaethu o'r dechrau ar y cyd-bwyllgor sy'n gyfrifol am gyfieithu'r Beibl i Gymraeg heddiw. Bu'n gadeirydd panel cyfieithu'r Testament Newydd. Wedi i'r Parchedig Ddr Bleddyn Jones Roberts ymddeol o fod yn gyfarwyddwr y Beibl Cymraeg, etholwyd Mr Evans yn ei le. Cyhoeddir fersiwn newydd y Testament Newydd ddydd Gŵyl Dewi y flwyddyn nesaf a chynhelir gwasanaeth arbennig yng Nghadeirlan Bangor i gyflwyno'r gwaith newydd i Eglwysi Cymru ac i'r genedl. Maes o law, meddai Mr Evans, bydd y gwaith o gyfieithu'r Hen Destament yn dirwyn i ben, a chyhoeddir y ddau Lyfr mewn Beibl Cymraeg newydd yn y dyfodol.

Arthur Pritchard

Er nad ydych efallai'n ei adnabod yn bersonol, mae'n bosibl fod dyn o Farianglas, rywdro neu'i gilydd, wedi bod yn gyfrifol am eich moddion neu dabledi. Yn ystod ei flynyddoedd fel fferyllydd, bu Mr Arthur Pritchard, Creigle, Marian-glas, yn gyfrifol am gyflenwi'r anghenion ar rai miloedd o bapurau doctor. Er mai un o Fôn yw Mr Pritchard yn wreiddiol, treuliodd y rhan helaethaf o'i fywyd yn Lloegr ac mae'n ymfalchïo yn y ffaith na chollodd erioed ei Gymraeg. Y rheswm pennaf am hynny, meddai, yw mai Cymraeg a siaradwyd ar hyd y blynyddoedd yn ei gartref, rhywbeth y mae'n ddiolchgar i'w rieni amdano.

Gofalwr Goleudy'r *Skerries* oedd ei dad, John Pritchard, a pheilot ar afon Menai oedd ei daid, William Pritchard. Ef, hefyd, oedd llywiwr diwethaf bad achub Penmon. Cofia'n iawn am amser ei blentyndod pan fyddai'n dod i Benmon o Loegr i dreulio gwyliau'r haf. Nid oedd ond rhyw ddwyflwydd oed pan symudwyd ei dad i ofalu am oleudy ar arfordir dwyreiniol Swydd Efrog. Bu'r teulu i gyd yno am gyfnod ond, ar ddechrau'r rhyfel cyntaf, anfonwyd Mr Pritchard a'i fam a gweddill y teulu i Sir Ddinbych. Agorodd ei dad siop ddillad yn Ninbych ac mae'r busnes yn dal yn nwylo'r teulu hyd heddiw, yn cael ei redeg gan ei frawd. Cofia Mr Pritchard yn iawn fod ei rieni bob amser, oherwydd eu busnes, yn gwbl ddiduedd o safbwynt gwleidyddiaeth. Os oedd rhaid cael rhuban glas yn y ffenestr, roedd yn rhaid hefyd cael rhubanau coch a melyn.

Wedi iddo gael ei addysg yn yr ysgol gynradd a'r ysgol ramadeg yn Ninbych, dechreuodd Mr Pritchard ei brentisiaeth gyda fferyllydd yn Rhuthun. Bu gydag ef am gyfnod cyn symud i Ysgol Fferyllwyr Lerpwl.

Y Prifathro'r adeg honno oedd Mr Humphreys Jones, a fyddai'n ymfalchïo yn y ffaith ei fod yn hynod o debyg i Lloyd George, meddai Mr Pritchard. Wedi iddo lwyddo yn ei arholiadau, aeth i weithio i Lerpwl am gyfnod cyn symud i Neston, Wirral, i reoli siop fferyllydd i'w ewythr. Yn 1939, cymerodd fusnes tebyg drosodd yng Nghaer, ac yna, ddwy flynedd yn ddiweddarach, galwyd ef i fod yn dechnegydd labordy yn delio gyda nwyddau ffrwydrol yn Wrecsam. Ar ddiwedd y rhyfel, aeth yn ôl i'r siop a bu ynddi tan 1959 pan werthodd y busnes ac ymuno ag adran fasnach Labordai Ciba, Cyf., cwmni cyffuriau o'r Swistir. Mr Pritchard oedd eu cynrychiolydd yng Ngogledd Cymru a bu gyda'r cwmni yma am un mlynedd ar ddeg, pan ddaeth i adnabod y rhan fwyaf o fferyllwyr Gogledd Cymru, a gwnaeth ffrindiau lawer dros y blynyddoedd.

Drwy gydol y cyfnod hwn, bu'n delio â meddygon, ysbytai, fferyllwyr, ac arbenigwyr. Cofia am un adeg pan oedd y tu allan i Gefn Mawr, Wrecsam. Roedd wedi gadael ei fag o samplau gartref ond penderfynodd fod ganddo ddigon o lenyddiaeth i ddangos i feddygon yn ystod y dydd. Galwodd ar un, a gwelodd yn syth fod ei ystafell aros yn llawn. Eisteddodd ymhlith y bobl a throes un ato a dweud mai "un o'r hen drafeiliwrs 'na sy'n cadw'r doctor". Llwyddodd i guddio'r llenyddiaeth a oedd ganddo rhag codi mwy ar eu gwrychyn.

Daeth Mr Pritchard, ei wraig, Jean, a'u merch, Ann, i fyw i Farian-glas yn 1957, i edrych ar ôl modryb Mrs Pritchard. Pan fu hi farw, penderfynodd y teulu setlo yn Creigle ac un rheswm am hynny oedd fod golygfa ardderchog o'r holl fae draw at Landudno i'w weld o'r tŷ.

Gwelodd Mr Pritchard newidiadau mawr ym myd fferylliaeth dros y blynyddoedd. Erbyn heddiw, nid oes neb yn gorfod paratoi eu meddyginiaethau eu hunain, gan fod y cwbl wedi ei wneud yn labordai'r cwmnïau mawr. Hefyd, gall y teulu i gyd gael meddyginiaeth yn eitha rhad, yn wahanol i'r cyfnod pan ddechreuodd y gwasanaeth lles a neb ond gŵr y tŷ'n ei gael.

Erbyn heddiw, mae Mr Pritchard yn treulio'r rhan fwyaf o'i amser hamdden yn yr ardd, er nad yw'n gallu gwneud cymaint oherwydd gwaeledd mawr a gafodd flwyddyn yn ôl. Nid oes amheuaeth na fu'r cyffuriau y bu'n helpu i'w dosbarthu drwy Ogledd Cymru wedi cymryd rhan bwysig yn achub ei fywyd yr adeg honno.

W. Trevor Hughes

Pan ymddeolodd Mr W. Trevor Hughes, Bryn Tegla, Bryn Eithinog, Bangor, dair blynedd yn ôl, roedd wedi treulio dros ddeugain mlynedd mewn llywodraeth leol ym Môn. Ac mae ei ddiddordeb yn parhau hyd heddiw yn ei aelodaeth o Gyngor Arfon. Yn wir, yn ystod y misoedd diwethaf, etholwyd Mr Hughes yn ddirprwy Faer Arfon, swydd nad yw'n newydd iddo gan iddo wasanaethu mewn swydd gyffelyb am ddwy flynedd olaf Cyngor Bwrdeistref Bangor.

Yn Nhŷ'r Ysgol, Llanddona, y ganed Mr Hughes, ac yn fuan iawn cafodd flas ar waith llywodraeth leol trwy ei dad, Mr John Hughes, a oedd yn swyddog trethiant yng nghylch Aethwy a Biwmares. Fe'i haddysgwyd yn ysgol gynradd Llanddona ac wedyn yn Ysgol Ramadeg Biwmares. Pan oedd yn ddwy ar bymtheg oed, aeth yn glarc i adran Clarc y Cyngor Sir yn Llangefni. Roedd ei droed ar ris gyntaf gyrfa a oedd yn mynd i'w gynnal weddill ei oes gweithio. Ymhen deunaw mis, fe'i dyrchafwyd yn glarc yn Swyddfa Amaeth y Cyngor Sir. Yr adeg honno, y Cyngor Sir oedd yn gyfrifol am addysg amaethyddol yn y Sir ac ef oedd y Cyfarwyddwr arbennig i'r pwrpas.

Ar ddechrau'r rhyfel, bu Mr Hughes, cyfaill iddo, Mr Griffith Jones, a Mr Arthur Williams, dirprwy glarc y Cyngor Sir, yn gyfrifol am sefydlu Pwyllgor

Amaethyddol Rhyfel yn y Sir i sicrhau bod tir yn cael ei aredig a'i blannu. Cofrestrwyd ei swydd yn *reserved occupation* a olygai nad oedd yn rhaid iddo ymuno â'r Lluoedd Arfog. Ond roedd pob un o'i gyfeillion wedi ymuno ac yn 1941 gofynnodd Mr Hughes am gael ei ryddhau fel y gallai ymuno â'r Ffiwsilwyr Brenhinol Cymreig. Ymhen chwe mis ymunodd â'r *Parachute Regiment*, a bu gyda hwy hyd ddiwedd y rhyfel, gan orffen yn Rhingyll.

Erbyn iddo ddod yn ôl, roedd yr adran amaethyddiaeth wedi gwahanu oddi wrth y Cyngor Sir, a chan iddo fod yn awyddus i aros yng ngwasanaeth y Sir, ymgeisiodd yn llwyddiannus am swydd Prif Glarc yn Adran y Pensaer. Arhosodd yn y swydd honno nes iddo gael ei benodi'n glarc a Swyddog Cyllid Cyngor Porthaethwy yn 1962. Ymddeolodd naw mlynedd yn ddiweddarach yn 60 oed.

Yn 1961, enillodd sedd ar Gyngor Bwrdeistref Bangor ac ennill hefyd bob etholiad a safodd, ac eleni fe'i hetholwyd i gynrychioli rhanbarth Bangor Uchaf ar Gyngor Arfon. Mae'n gyn-ddirprwy faer Bangor ac mae'n ddirprwy faer Arfon eleni.

Pan oedd yn ifanc, cymerai ddiddordeb mawr mewn pwyllgorau ac ef oedd ysgrifennydd Neuadd y Pentref Llanddona a'r Eglwys. Mae'n gyn-ysgrifennydd a llywydd cangen Môn o *NALGO* ac yn ysgrifennydd ariannol a blaenor yng nghapel Twrgwyn, Bangor. Erbyn heddiw, wrth gwrs, treulia'r rhan fwyaf o'i amser wrth ei waith fel cynghorydd ac mae ganddo swydd ran amser gyda'r *CEGB* yn astudio eu hystadau yn y cylch.

Gofidia'n fawr am yr ad-drefnu llywodraeth leol sydd, meddai, wedi mynd â'r gwasanaeth ymhell oddi wrth y bobl. Cofia'n iawn am yr amser y bu'n Glarc ym Mhorthaethwy, a phobl yn dod i mewn i'r swyddfa. Roeddynt yn dod yno am y gallent gael sgwrs gyda Chlarc y Cyngor, ac yn aml iawn roedd eu problemau'n mynd y tu allan i ofalaeth llywodraeth leol. Er hynny, roeddynt yn falch fod yna rywun wrth law i wrando arnynt.

Un o'r digwyddiadau a wnaeth fwyaf o argraff arno, meddai Mr Hughes, oedd y peth cyntaf y gofynnwyd iddo'i wneud pan ddechreuodd fel clarc, sef ysgrifennu cofnodion y Cyngor Sir, mewn llyfr cofnodion enfawr yn llawn o ysgrifen *copperplate*. Os oedd Mr Hughes yn wael mewn rhywbeth, llawysgrifen oedd hynny. Sylweddolodd y Prif Glarc yn fuan iawn nad oedd gan Mr Hughes y llaw gymwys at y gwaith. Ryw dridiau wedyn, daeth y Prif Glarc i'r Swyddfa gyda llyfr yr oedd wedi ei brynu. Ynddo roedd bwlch o dan frawddeg i alluogi pobl i'w chopïo. Gwnaeth i Mr Hughes gopïo'r brawddegau yn y llyfr, a hyd heddiw mae'n ddiolchgar i'r dyn hwnnw a newidiodd ei lawysgrifen flêr i fod gyda'r orau yn y cylch.

T. Ceiriog Williams

Chwaraeon fu diddordeb dyn o Farian-glas, felly nid oedd yn annisgwyl ei weld o flaen y teledu yr wythnos ddiwethaf yn gwylio'r gêm rygbi rhwng Caergrawnt a Rhydychen. I atgoffa Mr T. Ceiriog Williams, Gwenallt, Marian-glas, am y blynyddoedd y bu'n cymryd rhan mewn gwahanol gemau, mae cap amatur a dderbyniodd am chwarae pêl-droed i dîm Cymru. Mae ganddo hefyd bêl griced a dderbyniodd am chwalu pedair wiced mewn gêm yn Lerpwl. Ychydig iawn o bobl, meddai, oedd wedi llwyddo i daro'r wiced gymaint o weithiau ar ôl ei gilydd. Ond i ddangos i ddyn beth oedd ei fesur, meddai, y Sadwrn canlynol pledodd bachgen ifanc chwe phêl oddi arno tros y *boundary*.

Brodor o'r Garth, Llangollen, yw Mr Williams ac ar ôl mynd i'r ysgol gynradd a'r Ysgol Sir yno, aeth i Goleg y Brifysgol, Bangor, lle'r aeth trwy radd gyda mwy o ddiddordeb, efallai, yn y bywyd cymdeithasol ac mewn chwaraeon. Bu yn nhîm criced y Coleg am bedair blynedd ac yn Gapten y tîm pêl-droed hannner can mlynedd i eleni.

Aeth yn athro i Lerpwl a phriododd yno. Mae ganddo un ferch, Gwenda, a dau ŵyr, Gareth a Richard. Bu yn Lerpwl am dair blynedd ar ddeg cyn iddo symud i fod yn brifathro Ysgol Ganol, Abergele. Yn 1941, symudodd i fod yn brifathro Ysgol Daniel Owen, Yr Wyddgrug, a bu yno am bum mlynedd ar hugain cyn ymddeol i Farian-glas. Dewisodd ef a'i wraig ddod i'r Marian oherwydd bod Mrs Williams yn un o deulu Refail Fawr a Thy'n Lôn.

Gan iddo fyw a gweithio yn ardal Daniel Owen, roedd yn anorfod iddo gymryd diddordeb mawr yn y nofelydd. O dipyn i beth, dechreuodd gasglu creiriau Daniel Owen a byddant yn gnewyllyn i'r Ystafell Goffa sydd i'w hagor yn yr Wyddgrug. Ymhlith y rhain, mae'r gadair a gadwodd y nofelydd pan oedd yn chwalu ei gartref yn 1890. Rhoddwyd hi i Mr Williams gan y diweddar Mr Tywyn Jones, perchennog siop Daniel Owen. Cafodd hyd i "hen gloc fy mam" mewn tŷ ffarm a daeth bwrdd y gegin a'r llestri te a brynwyd yn yr arwerthiant hefyd i'w feddiant. Yn ogystal â hynny, cafodd afael mewn amryw o anrhegion priodas yr oedd yr hen lanc, Daniel Owen, yn hoffi eu rhoi i'w gyfeillion. Llwyddwyd hefyd i gael gafael ar ei het a'i ffon ond gofynnwyd am i'r rheini gael eu hanfon i'r Amgueddfa Genedlaethol "rhag ofn iddynt fynd ar goll". Ar yr un pryd, cafodd amryw o gopïau prin o'i nofelau sydd erbyn heddiw yn ddrud.

Ond nid ar gasglu creiriau yn unig mae Mr Williams wedi seilio ei ddiddordeb yn Daniel Owen. Mae wedi ysgrifennu cyfrol fechan, *Rhen Ddaniel*, sydd i'w chyhoeddi'n fuan. Mae wedi cyfieithu gwaith Daniel Owen ac ar hyn o bryd mae ar fin gorffen trosi *Y Dreflan*. Cyhoeddwyd trosiad Saesneg o *Gwen Tomos*, a droswyd ar y cyd gan Mr Williams a Mr E. R. Harries, cyn-lyfrgellydd Sir y Fflint. Mae'r trosiad o *Enoc Huws* yn y llyfrgell yn yr Wyddgrug a *Rhys Lewis* yn derbyn sylw cyhoeddwyr.

Dywedodd Mr Williams fod ei ddiddordeb yn Daniel Owen yn hanu o weld ei dad yn darllen ei nofelau a chlywed R. Williams Parry yn darlithio arno pan oedd yn y Coleg. Roedd yn falch ei fod wedi cael rhan yn y gwaith o sicrhau na fyddai siop Daniel Owen yn cael ei chwalu.

Yn ystod y blynyddoedd diwethaf, bu Mr Williams yn cyfieithu, ac yn darparu ambell sgript ar gyfer "Rhwng Gŵyl a Gwaith" ar y radio. Mae'n hoff o ysgrifennu pasiantau a'r un mwyaf llwyddiannus oedd yr un a ysgrifennodd gyda Mr Harries ar arwyddair yr Urdd ar gyfer Eisteddfod yr Urdd yn yr Wyddgrug yn 1958. Y llynedd, perfformiwyd "Gwin a Gwanwyn" yn y Theatr Fach, Llangefni, cyfieithiad o "*Spring and Port Wine*" gan Bill Naughton. Cafodd wobr am y cyfieithiad yn yr Eisteddfod Genedlaethol.

◆

Isaac Parry Griffith

Dywedir yn aml fod rhywun yn nes at Dduw yn ystod gwaeledd ac, yn ôl pob tystiolaeth, mae hynny'n wir.

Morwr oedd y Parchedig Isaac Parry Griffith, Glasnant, Y Benllech, pan gipiwyd ef i ysbyty yn St John's, New Brunswick. Tra oedd yno, cafodd gyfle i feddwl, ac yn ystod y cyfnod hwnnw, daeth i'r casgliad mai yn y weinidogaeth ac nid ar y môr yr oedd ei ddyfodol.

Magwyd Mr Griffith yn fab ffarm yn Sarn, Llŷn, a chafodd ei addysg yn ysgol gynradd y pentref cyn symud i Ysgol Ramadeg Botwnnog. Yn wir, ef oedd y cyntaf ers tro o Ysgol Sarn i gael Ysgoloriaeth i fynd i'r Ysgol Ramadeg. Ond ni chafodd orffen ei gwrs, gan i'w iechyd ballu. Aeth yn ôl ar y ffarm am gyfnod a phan ddechreuodd y Rhyfel Byd Cyntaf, penderfynodd ymuno â'r Llynges Fasnach. Ei gwmni oedd *PSNC*, a bu'n teithio gyda hwy i Ogledd a De America, a sawl rhan arall o'r byd, gan gynnwys Canada. Wedi cyfnod yn yr ysbyty yno, ac ar ddiwedd y Rhyfel, dechreuodd ar ei yrfa yn y weinidogaeth.

Am ddwy flynedd, bu yn Ysgol Eben Fardd, Clynnog, cyn mynd ymlaen i Goleg y Brifysgol, Bangor. Wedyn, bu'n dilyn cwrs diwinyddol yn Aberystwyth. Cwblhaodd y cwrs ymarferol am flwyddyn yn y Bala dan arweiniad y Prifathro David Philips a Gwilym Arthur Edwards, dau o gewri'r weinidogaeth yn eu cyfnod. Yr adeg honno, roedd oddeutu 70 o fyfyrwyr yn ceisio am y weinidogaeth, sefyllfa dra gwahanol i heddiw pan nad oes ond dyrnaid.

Dechreuodd weinidogaethu yng Ngharno, Sir Drefaldwyn, yng Nghapel Penuel, a oedd yn adnabyddus am un o'i gyn-weinidogion, y Parchedig Joseph Thomas. Treuliodd Mr Griffith rai blynyddoedd yno cyn symud i Gapel Paradwys, Llanallgo, yn 1937. Oddi yno, aeth i Landudno ac yn ogystal â bod yn weinidog bu'n cynrychioli'r dref ar Gyngor Sir Caernarfon. O Landudno, aeth i Gapel Moreia, Llangefni, lle bu nes iddo ymddeol chwe blynedd yn ôl. Bu farw gwraig Mr Griffith ddwy flynedd yn ôl, ac mae ganddo un ferch, Eleri, sy'n athrawes ieithoedd modern yn Llanrug.

Dywedodd Mr Griffith fod newidiadau mawr wedi digwydd yn yr eglwysi ac un o'r pethau tristaf yw nad oes llawer o blant i'w gweld yn y capel ar y Sul. Roedd yn un o'r arwyddion gwaethaf, o'r amser sydd ohoni, a chredai ei bod yn angenrheidiol i rieni bwyso mwy ar eu plant i fynd i wasanaethau. Teimlai fod Capeli yn Llanfairpwll yn batrwm i'r gweddill o Fôn, oherwydd bod y rhieni'n mynd â'u plant gyda hwy i'r gwasanaethau.

Cydsynia ag uno'r eglwysi ond y gwendid mawr a wêl dro ar ôl tro yw capeli o'r un enwad mewn tref a phentref yn methu â dod at ei gilydd. Pan fyddant hwy'n methu cytuno ar undod, ni welai fawr o obaith i enwadau gwahanol ddod at ei gilydd. Cred, hefyd, nad yw pobl yn gwneud y defnydd a allent heddiw o'r gweinidog. Mae llawer o bobl eraill wedi cymryd ei le fel person a oedd yn barod i wrando cwyn. Efallai mai'r rheswm am hyn yw fod pobl yn gallu eu helpu eu hunain fwy y dyddiau hyn, gan fod cyfleusterau addysg yn well. Gwneir gwaith y gweinidog yn anos, oherwydd bod pobl yn ansicr o'u crediniaeth. Ei argraff yw fod llawnder materol wedi gwneud i bobl ddiystyru gwerth crefydd. Mae ar bobl eisiau crefydd hawdd a rhad, ond ei farn ef yw mai o bopeth rhad, crefydd rad oedd y peth gwaelaf.

Teimla fod angen gweinidogaeth lawn amser er mwyn i ddyn allu rhoi ei egni i gyd i'r gwaith a dod i adnabod y bobol yn ei gylch. Ond, ar yr un pryd, teimla'i bod yn fantais i rywun wneud rhyw waith arall cyn mynd i'r weinidogaeth er mwyn iddynt gael cyfle i weld y byd.

Evan Owens

Ar y diwrnod y gofynnais i wyliwr rhan amser y glannau a oedd modd cael gair ag ef ynglŷn â'i fywyd, roedd y tywydd yn rhyfeddol o gymedrol. Ond pan es i'w wylfa uwchben creigiau Moelfre i gynnal y sgwrs, roedd y môr yn berwi a'r gwynt yn chwythu'n gryf, fel pe bai'n ceisio dangos ei nerth i mi. Wrth gwrs, nid yw moroedd mawr na gwyntoedd cryf yn ddim byd newydd i Mr Evan Owens, Berwyn, Moelfre, a fu'n fecanic ar fad achub Moelfre cyn iddo gymryd swydd ran amser gyda gwylwyr y glannau.

Yn Llanddeusant y ganwyd Mr Owens ond fe'i magwyd yn Llandyfrydog, lle mynychodd yr hen ysgol gynradd dan y prifathro, Mr William Hughes, "dyn gwyllt ei dymer ond cerddor a llenor medrus", meddai Mr Owens. Bu yn yr ysgol newydd am gyfnod cyn symud ymlaen i Ysgol y Sir, Llangefni, yn y dau-ddegau. Nid oedd ond oddeutu 300 o ddisgyblion yn yr ysgol yr adeg honno, a dyna pryd y digwyddodd y dirwasgiad a effeithiodd ar gannoedd o deuluoedd ym Môn a Phrydain.

Er hynny, dywed Mr Owens ei fod yn ffodus o gael byw mewn ardal ddiwylliedig, lle'r oedd cylchoedd trafod a chymdeithasau llenyddol yn eu bri, a'r oedolion yn gwneud eu gorau i sicrhau bod yr ifanc yn dysgu sut i drin a thrafod bywyd. Cael gwaith oedd y broblem fawr yr adeg honno. Nid oedd ond ffarmio neu'r môr amdani. Penderfynodd Mr Owens fynd ar y môr, a'i long gyntaf oedd y "Wild Rose". Ar un daith yn y Sianel, daethant ar draws llong o'r enw "Opal" a oedd ar fin suddo wedi i'w llwyth lithro. Llwyddwyd i achub y criw i gyd ar wahân i'r Capten a'r peiriannydd. Er na wyddai hynny ar y pryd, roedd y fenter hon yn mynd i arwain i rai eraill a fyddai'n cael dylanwad mawr ar ei fywyd ymhellach ymlaen.

Yng nghanol y dirwasgiad, gorfodwyd i lawer o longau sefyll yn segur am nad oedd gwaith iddynt ac ymunodd Mr Owens am gyfnod â'r fintai o filoedd a deithiai i Langefni i gasglu'r dôl bob wythnos. I gadw dau ben llinyn ynghyd, cafodd waith yn hel yswiriant yn ardal Caergybi am gyfnod. Yr adeg hon, roedd cymylau duon rhyfel yn dechrau casglu uwchben Ewrop a phenderfynodd Mr Owens ymuno â'r Llu Awyr. Yn ystod pum mlynedd diwethaf y rhyfel, bu Mr Owens yn gweithio gyda hwy mewn gwahanol siroedd ym Mhrydain fel peiriannydd.

Ar ddiwedd y rhyfel, ymunodd â'r *RNLI* fel mecanic teithiol yn gweithio mewn gorsafoedd yn yr Alban, Cernyw, Ynysoedd yr Hebrides a lleoedd eraill. 'Roedd hwn yn gyfnod diddorol iawn a phob ardal â gwahanol ofergoelion am fywyd ar fad achub. Mewn un lle, er enghraifft, roedd yn bechod mawr sôn am fochyn ar fwrdd y cwch ac mewn man arall cwningen oedd y bwgan. Gan ei fod yn teithio o amgylch y wlad am gyfnodau eithaf byr, roedd yn rhaid bod yn wyliadwrus iawn rhag ofn defnyddio'r gair anghywir.

Yn 1949, symudodd Mr Owens i Foelfre fel mecanic llawn amser ar y bad achub a bu'r cyfnod nes iddo ymddeol yn 1972 yn un diddorol a llawn o brofiadau. Yn ystod y blynyddoedd hynny, achubwyd 300 o fywydau ym Moelfre, rhai ohonynt mewn amgylchiadau erchyll. Yr achlysuron hynny, wrth gwrs, yw'r rhai bythgofiadwy. Daeth y cyntaf ac, mae'n debyg, y gwaethaf, ym mis Hydref 1959, pan gipiwyd wyth o griw'r "Hindlea" oddi ar y llong a oedd yn cael ei malu ar greigiau Moelfre gan mlynedd i'r diwrnod a'r amser y suddodd y "Royal Charter". Yr achos arall oedd y "Nafisporos", llong o wlad Groeg, a oedd mewn trafferthion y tu allan i Amlwch, pan achubwyd deg o bobl gan y bad achub. Am ei ran ar y ddau achlysur yma, derbyniodd Mr Owens fedal arian yr *RNLI* a chafodd hefyd fedal arian y Frenhines am ei ran yn achub criw'r "Hindlea".

Mae pethau wedi newid yn arw yn ystod y blynyddoedd diwethaf, meddai. Pan ddechreuodd, nid oedd y fath beth â radio ar fad achub, a golygai hynny nad oedd y criw mewn cysylltiad â'r lan unwaith yr oeddent wedi gadael yr orsaf. Ond y peth pwysicaf a ddysgodd yn ystod ei gyfnod gyda'r bad achub oedd pa mor fychan a dibwys y gallai dyn fod pan fo yng nghanol y môr ac ar ei drugaredd.

Yn ogystal â bod yn gynghorydd cymdeithasol, mae Mr Owens yn ddiacon a thrysorydd Capel Carmel, Moelfre. Pan nad yw wrthi fel gwyliwr y glannau, mae'n hoff o fynd o amgylch Môn i ymweld â'r hen eglwysi. Ac wrth iddo sylwi ar eu muriau cadarn sydd wedi sefyll am ganrifoedd, mae ei ffydd yn nyfodol capeli'r cylch yn cryfhau. Efallai y bydd yn rhaid newid rhywfaint arnynt i gyd-fynd â'r oes, meddai, ond byddant i'w gweld mewn rhyw ffurf neu'i gilydd am amser maith eto.

Frank Grundy

Yr oedd Mr Frank Grundy, 8 Corn Hir, Llangefni, a adawodd ei waith fel athro i ymuno â'r Fyddin, yn gwasanaethu yn y Sudan. Wedi dwy flynedd yno, blinodd ar y tywydd poeth a phenderfynodd mai'r peth gorau i'w wneud fyddai ymuno ag Uned Addysg y Fyddin. Nid oedd y swyddog uwch ei ben yn awyddus iawn i sgrifennu tysteb iddo ond doedd ganddo ddim yn erbyn i Mr Grundy sgrifennu un ei hun! Ychydig wedi iddo anfon y llythyr, galwyd arno i Cairo am gyfweliad gyda'r *Brigadier General* Anderson. Ei gwestiwn cynta oedd o ble'r oedd Mr Grundy'n dod ac wedi i Mr Grundy ddweud mai o Fôn, gofynnodd a oedd yn gyfarwydd â'r Fali. Pan ddywedodd ei fod, anghofiodd y *Brigadier* bopeth am bwrpas y cyfweliad a mynd ati i adrodd hanes gwyliau ei blentyndod yn ardal y Fali, ac fe gafodd Mr Grundy y swydd.

Rai blynyddoedd yn ôl, fe ysgrifennodd Mr Grundy hunangofiant, "Hogyn y Rhes", ar gyfer Eisteddfod Môn a gynhaliwyd yn Amlwch. Enillodd y Fedal Ryddiaith, ond er ei fod wedi bwriadu ei gyhoeddi, ddaeth dim o'r syniad hwnnw.

Sais uniaith oedd tad Mr Grundy. Gweithiai mewn siop esgidiau yn y dref. Bu farw pan nad oedd ei unig fab ond pump oed gan adael y fam i fagu teulu o bump ar ei phen ei hun. Pan oedd yn fachgen yn yr Ysgol *British*, arferai ddosbarthu papurau newydd o amgylch y dref cyn mynd i'r ysgol ac ymhen rhai blynyddoedd wedyn aeth i weithio yn hen siop ei dad. Llwyddodd i ennill ysgoloriaeth a mentrodd ei fam ei anfon i'r Ysgol Ganolraddol yn Llangefni. Pêl-droed oedd ei bethau yr adeg honno. Roedd tîm llwyddiannus yn yr ysgol ac yn y dref. Gallai ennill gemau yn erbyn unrhyw dîm o ysgolion Môn, meddai Mr Grundy, ond am ryw reswm neu'i gilydd roedd tîm Ysgol Friars, Bangor, yn rhy gryf iddynt.

Wedi iddo adael yr ysgol, aeth yn ddisgybl-athro i'r Ysgol *British* ac wedi cyfnod yno ac yn Llangristiolus, dilynodd gwrs athro yn y Coleg Normal, Bangor, am ddwy flynedd. Gorfu iddo adael Cymru am gyfnod wedyn i fynd yn athro yn Sheffield ond ni fu yno'n hir cyn cael ei benodi'n athro yn Ysgol Brynsiencyn yn 1932. Bu yno am naw mlynedd, a fu, meddai, yn gyfnod hapus iawn. Ymunodd â'r fyddin yn 1941 ac wedi cyfnod o ymarfer, penderfynodd ef ac athro arall o'r Gilfach Goch, Ian Adam, y byddent yn mynd dros y môr yn wirfoddol. Comiwnydd oedd ei gyfaill - y cyntaf a welodd Mr Grundy erioed.

Aethant ar fwrdd y "Queen Mary" o Portsmouth i Freetown, Simonstown a Port Tewfik yn Suez, ac yno y bu cyn cael ei symud am ddwy flynedd i'r Sudan. Wedi iddo ymuno ag Adran Addysg y Fyddin anfonwyd ef i Beirut, lle'r oedd yn Glarc mewn swyddfa addysg. Rhan o'i waith oedd teithio o amgylch yn darlithio i filwyr ar Bapur Gwyn y Llywodraeth a addawai Baradwys iddynt gartref ar derfyn y rhyfel. Yn ogystal â hynny, byddai'n teithio o amgylch gydag artistiaid a fyddai'n dod ag adloniant i'r milwyr a thrwy hynny cafodd gyfle i weld y wlad. Ar bythefnos o wyliau, manteisiodd ar y cyfle i ymweld â Jerusalem, Bethlehem, Nasareth, Galilea, Jerico a Ffynnon Jacob - rhai o'r lleoedd y clywsai gymaint amdanynt yn yr Ysgol Sul.

Ar ddiwedd y rhyfel, daeth yn ôl i Fôn, a chael ei benodi'n athro yn Ysgol Gynradd Llangefni. Yn ôl i'w hen ysgol o dan ei gyn-brifathro ym Mrynsiencyn, Mr W. Alun Roberts. Wedyn, fe symudodd yn brifathro ar Ysgol Bodffordd am gyfnod cyn symud i Walchmai fel prifathro. Bu yno am ddeuddeng mlynedd cyn iddo ymddeol. Daeth yn ôl i Langefni i fyw a chanfod llawer o newidiadau yn nhref ei febyd.

Mae'n flaenor yng nghapel Ebenezer ac ers rhyw ugain mlynedd bellach mae wedi bod yn bregethwr cynorthwyol. Teimla'i fod yn ffodus iddo gael ei eni yn Llangefni lle'r oedd Ysgol Ganolraddol wrth garreg y drws a'r Coleg Normal heb fod yn rhy bell i ffwrdd. Pan oedd yn ifanc, bu'n gwrando ar amryw o gewri llenyddol Cymru yn annerch yn y dref a chred fod hyn i gyd wedi gadael eu hôl ar ei fywyd ac wedi dylanwadu'n fawr arno dros y blynyddoedd.

John Roberts

Rhwng y Sulgwyn a dechrau Medi, arferai amryw o fechgyn alw yn y Syrcas a oedd wedi aros mewn llain o dir ym Marian-glas rai blynyddoedd yn ôl. Ond nid syrcas gyffredin oedd hon. Nid oedd yr un anifail ynddi ond roedd yn lle cysurus i Mr John Roberts, Minffordd, Moelfre. Pan oedd yn rhedeg becws ym Marian-glas, arferai dreulio misoedd y gwanwyn a'r haf mewn pabell a godwyd ar lain o flaen yr adeilad. Bachgen a fyddai'n gweithio gyda Mr Roberts a fedyddiodd y babell yn Syrcas, gan ei bod yn un anferth ac yn fan cyfarfod i fechgyn ifainc y cylch am sgwrs gyda'r nos.

Ganwyd Mr Roberts yn Eugrad Terrace, Marian-glas. Ail ŵr i'w fam oedd ei dad, ac roedd ei nain yn fydwraig leol. Ond er bod amryw o blant yn y teulu, rhaid oedd galw ar Dr Williams, Llangefni, yn hytrach na nain i fod wrth law adeg yr enedigaeth. Aeth i'r ysgol gynradd yn Llanallgo gan gael ei hebrwng yno bob dydd gan ei athrawes, Miss Williams, a oedd yn byw ym Marian-glas. Rhaid oedd cerdded bob cam, wrth gwrs, a phan oedd yn glawio byddai Mr Roberts yn cael cysgodi dan ei chlog. Wedi iddo orffen yn Llanallgo, fe aeth i Ysgol Uwchradd yn Lerpwl. Arhosai gyda'i fodryb yn y ddinas honno ac un o'i gyd-ddisgyblion oedd y digrifwr, Arthur Askey. Pan oedd ei gyfnod yno'n dirwyn i ben, roedd y teulu i gyd yn awyddus iddo fynd i weithio mewn banc, ond roedd Mr Roberts wedi rhoi ei fryd ar gael mynd i'r môr.

I geisio'i ddarbwyllo, dywedodd rhai o'r teulu nad oedd ei olwg yn ddigon da ond pan aeth am brawf, fe'i pasiodd, ac fe aeth ef a'i ewythr, Capten John Lewis, o amgylch y llongau, i chwilio am fordaith iddo. Cafodd le'n brentis gyda *PSNC* gan ddechrau ym mis Mawrth 1914, a hwyliodd ar ei daith gyntaf i Chile. Un o'i gyfeillion yr adeg honno oedd Ifor Hughes, mab Mr R. R. Hughes, Niwbwrch. Wedi taith a aeth â'r llong i Valparaiso, Lima, Buenos Aires a Rio de Janeiro, daeth y llong yn ôl. Pan gyrhaeddodd adref, cafodd ei argymell i adael y môr oherwydd ei iechyd ac ymunodd â Choleg y Skerries, Lerpwl, i ddilyn cwrs masnachol. Cydymaith iddo yn ystod y cwrs oedd Dick Hughes, Llannerchymedd, ac er bod llawer o arholiadau i geisio am wahanol swyddi, cafodd y ddau filoedd o hwyl. O'r diwedd, penderfynodd Mr Roberts ymuno â chwmni Asiantau Stadau.

Credai fod bron i 50 y cant o boblogaeth Lerpwl yr adeg honno yn Gymry, ac roedd yn arferiad treulio nos Sul yn y Capel. Derbyniwyd ef yn gyflawn aelod o Gapel Princes Road gan y gweinidog, Y Parchedig Hywel Harris Hughes.

Er ei fod yn berffaith hapus ar y lan, roedd galwad y môr yn dal yn gryf a llwyddodd ewythr iddo gael lle iddo ar long a oedd yn mynd ar daith i Dde

America. Ar ôl galw yno, hwyliodd y llong i Efrog Newydd, lle cymerwyd Mr Roberts yn wael a'i orfodi i aros am gyfnod mewn ysbyty yn Long Island. Wedi iddo wella, hwyliodd i Ffrainc a thra oedd am gyfnod byr yn Dunkirk, bu ond y dim iddo golli ei fywyd pan ffrwydrodd bom yn y doc a chafodd anafiadau i'w fraich gan ddarnau ohoni. Pan ddaeth y llong yn ôl i Brydain, aeth ar gwrs gynnau yn Crystal Palace, gan ail ymuno â'r llong cyn iddi hwylio i Malta, drwy Gamlas Suez, gan dynnu llong arall ar ei hôl, am y Persian Gulf. Ond fe dorrodd y lein ar y ffordd a gorfodwyd iddynt angori. Tra oedd y llong wrth angor, daeth pysgotwr ati i geisio gwerthu. Gwaetha'r modd, nid oedd neb yn deall Arabeg ond gofynnodd y Capten i Mr Roberts geisio dangos i'r dyn beth oedd arnynt ei eisiau. Dechreuodd Mr Roberts siarad Cymraeg gydag ef. Cipiodd y 'sgotwr yr arian gan daflu pysgod ar y llawr, lluchio'i fasged dros fwrdd y llong a'u dilyn nerth ei draed. Synnodd y Capten fod rhywun yn deall Cymraeg yng nghanol yr *Indian Ocean.*

Bu mewn amryw o fannau eraill yn ystod y cyfnod a ddilynodd gan gyrraedd adref o Montreal ar gyfer y cadoediad. Yn nhafarn y *Feathers*, yn Lerpwl, cyfarfu â llawer o bobl a oedd newydd ddychwelyd o'r Lluoedd Arfog. Gofynnwyd i Mr Roberts pam nad oedd ef wedi bod yn gwasanaethu ei wlad a phan ddywedodd ei fod wedi bod yn teithio'r byd yn ystod y cyfnod yn cludo nwyddau angenrheidiol ar gyfer yr ymgyrch, codwyd ef a rhai llanciau eraill ar ysgwyddau torf o ddynion a gorymdeithiwyd i lawr at y Pier Head.

Erbyn y cyfnod hwn, roedd chwant y môr wedi mynd ohono a dechreuodd weithio fel pobydd gyda'i ewythr ym Marian-glas. Yn ystod y cyfnod yma, ymddiddorodd mewn beiciau modur a dechreuodd ef a Randall Grise Glwb Beiciau Modur Môn ac Arfon. Ymhen amser, gadawodd ei ewythr y becws iddo. Cafodd bopty newydd a fan fodur i gymryd lle'r drol a'r ceffyl. Ei was ar y pryd oedd Hugh Roberts, Eugrad Villa, ac ef a fedyddiodd y babell ar y llain. Arferai amryw o fechgyn y cylch ddod i mewn i roi cymorth iddo.

Priododd yn 1933 ac mae ganddo ddwy ferch, Dilys a Beryl. Mr Roberts yw aelod sefydlog yr *Anglesey Wildfowlers Club* ac mae hefyd yn llywydd ac aelod am oes o gangen y Traeth Coch o'r Clwb.

Wedi rhai blynyddoedd yn y becws, symudodd i Foelfre lle'r oedd ei dad-yng-nghyfraith, Mr John Williams, yn bostfeistr. Cymerodd y busnes drosodd rai blynyddoedd yn ôl, gan ymddeol ganol 1969. Yn 1970, gorfu iddo fynd i'r ysbyty i dynnu aren a phan ddaeth adref anfonodd hen gyfaill iddo, Mr Dafydd Thomas, y Traeth Coch, ddarn o farddoniaeth iddo:

> Mewn rhyw ffordd rwyt yn llai o ddyn
> Ers blwyddyn i eleni
> Ond syllu ar dy folyn di
> Rwyt fwy o *steak and kidney*.

Vernon Oliver

Wrth iddo'i ddifyrru ei hun drwy gydol ei oes gyda phêl-droed, paffio a hwylio, llwyddodd dyn o Lyn Garth i gadw'i feddwl yn ifanc. Ac wedi iddo ymddeol ddwy flynedd yn ôl o'r busnes a gadwai yng Nglyn Garth, mae Mr Vernon Olivier, Porth y Bryn, wedi cael mwy o gyfle nag ers sawl blwyddyn i ddilyn ei ddiddordebau.

Mae Mr Oliver yn un o wyth o blant, a tharddodd ei ddiddordeb mewn pêl-droed, meddai, o'r ffaith ei fod ei dad, Alf, yn bêl-droediwr medrus a fu'n chwarae i dîm Bangor a thîm Cymru. Anfantais hynny, meddai Mr Oliver, oedd fod pawb yn disgwyl iddo ef a'i frodyr fod cystal chwaraewyr â'u tad ac, o'r herwydd, os byddai gêm yn cael ei chwarae yn yr ysgol, roedd yn rhaid cael dau aelod ychwanegol i bob tîm a fyddai'n gwrthwynebu tîm yr oedd un o fechgyn Oliver ynddo.

Wedi derbyn ei addysg gynnar yn ysgol Llandegfan, aeth i Ysgol Sant Paul, Bangor, gan deithio haf a gaeaf ar gwch dros afon Menai. Oherwydd ei iechyd, gorfu iddo adael yr ysgol yn gynamserol a bu mewn ysbyty am flwyddyn. Ymhen amser, dechreuodd weithio fel prentis mecanic ond er mwyn dod ag ychydig mwy o arian i'r cartref aeth i weithio fel cychwr ac wedyn fel gyrrwr i deulu o Lyn Garth. Erbyn hynny, roedd wedi dechrau chwarae pêl-droed gyda Llandegfan, ond un o'i ddiddordebau mawr yr adeg honno oedd hwylio ar Afon Menai, ac yn y cwch "Betty", cafodd ef, ei deulu, a'i ffrindiau lawer o anturiaethau.

Tua'r flwyddyn 1937, dechreuodd glwb paffio yn Llandegfan a chofia'n iawn am un ornest ym Mhorthaethwy pan enillodd y bencampwriaeth agored i bwysau trwm ac yntau ddim ond yn *welterweight*. Bu wrthi'n gyda'r clwb paffio tan ddechrau'r rhyfel pan ymunodd â'r *Royal Army Service Corps*. Bu'n gweithio gyda'r Swyddfa Ryfel ac yno y cyfarfu ei wraig, Ivy. Mae ganddynt ferch, Anabeth, un ar bymtheg oed, a mab, Gareth, sy'n ddeg oed.

Cyn ymuno â'r fyddin, buasai'n gweithio gyda J. H. Moss fel gyrrwr a gwerthwr, ac yno y dychwelodd wedi'r rhyfel. Bu gydag ef tan 1952 pan ddechreuodd ei fusnes ei hun yng Nglyn Garth.

Ef oedd capten tîm pêl-droed Llandegfan a bu'n chwarae gyda hwy nes oedd yn ddeugain oed. Ailddechreuodd gymryd diddordeb mewn paffio a dechreuodd glwb ym Mhorthaethwy. Gwelodd yn fuan nad oedd y bechgyn yn cael cyfle i fynd ymlaen y ffordd y dylent, a phenderfynodd ef, ynghyd â Mr Walter Sumner o Borthaethwy, godi adran o'r Gymdeithas Baffio Amatur i Ogledd Cymru. Trwy eu hymdrechion, a llwyddiant y bechgyn ifainc dan eu gofal, llwyddwyd i roi deuddeg o hogia' mewn timau Cymreig.

Gwaetha'r modd, oherwydd pwysau busnes, bu'n rhaid iddo roi'r gorau i'r clwb paffio a'r clwb pêl-droed ac yn 1955 cafodd ei anrhydeddu trwy gael ei wneud yn Noddwr y Clwb Paffio. Bu'r clwb paffio mewn llawer o gartrefi yn ystod ei gyfnod ond pan benderfynwyd tynnu'r hen ysgol gynradd i lawr, dyna fu diwedd y clwb. Rhywbeth yn debyg fu hanes clwb pêl-droed Llandegfan, ond oddeutu chwech i saith mlynedd yn ôl, ailgydiodd Mr Oliver yn y gwaith. Ef yw Cadeirydd y clwb, a phenderfynodd o'r dechrau fod yn rhaid iddo gael sylfaen dda ac mae hynny wedi talu oherwydd, erbyn heddiw, mae clwb Llandegfan yn un o'r rhai mwyaf llwyddiannus ym Môn.

Wedi iddo ymddeol, penderfynodd y byddai'n adeiladu cartref i'r teulu, a dyna fu wrthi'n ei wneud yn ystod y cyfnod.

Cofia'r adeg, rai blynyddoedd yn ôl, pan olchwyd i ffwrdd llwybr Esgob Ddu a arweiniai i lawr i'r traeth. Roedd wedi cael ei ddefnyddio am ganrifoedd gan deuluoedd lleol a pheilotiaid ond dywedodd hen Gyngor Sir Môn y byddai'n rhy gostus i'w atgyweirio. Er mwyn profi y gellid gwneud y gwaith, a'i wneud yn eithaf rhad, aeth Mr Oliver ati i'w drin gan lenwi bylchau a lefelu'r wyneb. Llafur cariad yn unig oedd y gost, meddai, ac er bod y Cyngor Sir wedi dweud na ellid gwneud dim ag ef, buont mor garedig ag anfon llythyr at Mr Oliver yn diolch iddo am ei waith.

Dick Edwards

Er bod traddodiad y môr yn gryf iawn yn ei deulu, roedd tad gŵr o'r Benllech yn benderfynol y byddai un o'i feibion, o leiaf, yn aros ar dir sych i ennill bywoliaeth. Ac felly y bu hi, ac er i frodyr, ewythrod a chefndryd Mr Dick Edwards, Isfryn, Y Benllech, fynd i'r môr yn eu tro, arhosodd ef ar y lan, ac erbyn heddiw ef yw postfeistr Llythyrdy Tynygongl.

Ychydig iawn, o bosib, fydd yn berffaith siŵr pwy yw Dick Edwards ond os dywedir y cyfeirir ato gan amlaf fel Dick Stag, dylai hynny glirio'r ansicrwydd. Gan fod ei dad ar y môr am fisoedd bob blwyddyn, arferai ei deulu, sy'n hanu o Lanfairpwll, aros gyda'i nain yn y Stag, tŷ a fu ar un cyfnod yn dafarn. Byth wedyn, cyfeiriwyd ato ef a'i frodyr drwy gynnwys yr atodiad "Stag".

Dywedodd Mr Edwards i'w fywyd fod yn ddim ond cyfres o storïau - y rhan fwyaf yn rhai hapus, yng nghwmni llaweroedd o bobl a ddaeth yn gyfeillion iddo dros y blynyddoedd.

Addysgwyd ef yn Ysgol yr Eglwys, Llanfairpwll, ac Ysgol Ramadeg Biwmares. Ond oherwydd bod yr ysgol honno'n rhy lawn, cafodd ei symud ymhen blwyddyn i Ysgol y Sir Llangefni. Ei brifathro yno oedd Mr Samuel John Evans a chred Mr Edwards, hyd heddiw, na fyddai wedi bod cystal ag y mae oni bai am ddylanwad y dyn hwnnw. Disgrifiodd ei blentyndod fel un pleserus gyda llawer o hwyl. Ar un cyfnod, ef oedd capten tîm pêl-droed, tîm criced a thîm tenis y pentref.

Yn y cyfnod hwnnw, nid oedd gan bawb feic ond gan ei fod wedi pasio ysgoloriaeth i fynd o'r Ysgol Sir, fe gafodd Mr Edwards un. Ar un achlysur, daeth y beic â chymaint o arian poced iddo ag yr oedd rhai o bobl y cylch yn ei ennill mewn wythnos. Yr achlysur oedd pan aned yr Ardalydd Môn presennol ym Mhlas Newydd. Cafodd Mr Edwards y gwaith o fynd â brys negesau i'r Plas o'r llythyrdy. Câi naw ceiniog am bob taith a chan fod llawenydd mawr yn y Plas roedd yn cael glasiad o sieri a theisen bob tro. Ar ddiwedd y dydd, cafodd rhai o weithwyr y stad hyd iddo'n cysgu'n braf yng nghanol y coed a hwy aeth ag ef a'i feic adref.

O Ysgol Llangefni, aeth ymlaen i'r Coleg ym Mangor i ddilyn cwrs i athrawon. Yno, newidiodd ei ddiddordeb o'r bêl gron i'r bêl hirgron. Wedi iddo adael, aeth i weithio i adran beirianyddol y rheilffyrdd yn ardal Gogledd Cymru a Chaer.

Ond bob penwythnos roedd yn rhaid cael dod adref i Fôn. Ei waith ar y rheilffyrdd yr adeg honno oedd mynd gyda thîm ei weithwyr o amgylch y Wirral i adnewyddu pontydd a chledrau a ddinistriwyd gan fomiau. Dywedodd Mr Edwards mai amser i'w anghofio oedd y cyfnod hwnnw.

Yn 1947, daeth yn ei ôl i Fôn. Cafodd swydd mewn ffatri ym Miwmares ac wedi iddo briodi a dod i fyw i'r Benllech, cafodd gyfle unwaith eto i fynd ati i bysgota a hwylio cwch o'r Benllech a'r Traeth Coch. Roedd yn un o aelodau cyntaf clwb hwylio'r Traeth Coch ac arhosodd gyda'r Clwb nes iddo symud i'r Traeth Bychan. Am gyfnod byr, bu'n gweithio gyda Gwaith Dŵr Môn ar Gronfa Cefni, cyn mynd yn ôl i'r ffatri ym Miwmares. Pan ddaeth cyfnod arall o ddim llawer o waith yn y ffatri, penderfynodd Mr Edwards y byddai'n well ganddo fynd i weithio i'r lle dôl yn Llangefni yn hytrach na bod ar y dôl ei hun. Ac felly y bu hi nes iddo weld fod llythyrdy Tynygongl yn mynd yn wag yn 1959.

Mabolgampau fu pethau Mr Edwards drwy gydol ei oes ac, ymhlith pethau eraill, mae'n aelod o Glwb Cychod y Traeth Coch, y *Wildfowlers* yno, Clwb 'Sgota Cefni, ac yn is-lywydd Clwb Rygbi Llangefni. Hyd at y llynedd, roedd yn aelod o Frigâd Dân y Benllech ac ymhlith ei holl ddyletswyddau eraill caiff hefyd amser i fod yn Glarc Cyngor Cymdeithas Llanfair Mathafarn Eithaf. Bu'n Glarc y Cyngor Plwyf lleol cyn hynny.

Yn ystod ei gyfnod yn y llythyrdy, gwelodd newidiadau mawr yn y pentref. Mae yno, erbyn heddiw, gymaint bedair gwaith o bobl ag oedd yno ugain mlynedd yn ôl ac adlewyrchir y math o bobl sydd wedi dod yno i fyw yn y ffaith fod llawer iawn o fusnes yn ymwneud â phensiynwyr. Er hynny, mae carfan gref o ieuentid yn y pentref ac er mwyn ceisio gwell buddiannau iddynt mae'r Cyngor Cymdeithasol wedi prynu cae pêl-droed i'r pentref sy'n cael ei reoli gan Bwyllgor Mabolgampau a Mwynderau.

O. J. Pritchard

Mewn cyfnod pan fo nifer helaeth o bobl o bob oed wedi cefnu ar gapeli, cred gweinidog o Lanfairfechan ei bod yn hanfodol cael ymddiriedaeth y bobl ifainc. Yn ei gartref, Gwynle, Llanfairfechan, yr wythnos ddiwethaf, dywedodd y Parchedig O. J. Pritchard, ei fod bob amser wedi cymryd diddordeb yng ngweithgareddau'r ifanc.

Roeddynt yn cymryd rhan ym mywyd Capel Horeb ac roedd hynny'n galonogol oherwydd mai hwy fyddai rywdro'n cario'r achos ymlaen.

Mab fferm o Roshirwaen yw Mr Pritchard, ac er iddo gael ei eni mewn cyfnod caled ar ganol y Rhyfel Byd Cyntaf, ymfalchïa yn y ffaith fod yr ardal o amgylch ei gartref yn un anghyffredin o ddiwylliedig. Y capel oedd canolbwynt bywyd ond yn ystod yr wythnos roedd llefydd fel gweithdy'r saer neu efail y gof yn fan cyfarfod i hen gymeriadau'r fro. Roedd pob un, bron, yn fardd, a chofia'n arbennig am Gwilym y Rhos, Gwilym y Rhyd a Bugeilfardd. Yn y mannau hyn, roedd llawer o bynciau'n cael eu trin a'u trafod ac ynddynt hefyd yr oedd canolfan lenyddol y cylch. Cofia'r cyfnod pan adeiladwyd neuadd yn y pentref ac ar y muriau oddi mewn iddi torrwyd enwau'r hen gymeriadau wedi iddynt farw.

Pan oedd yn llanc ifanc, daeth R. Williams Parry i'r pentref am bedwar tymor i ddarlithio ar lenyddiaeth a Mr Pritchard oedd aelod ieuengaf y dosbarth *WEA* hwnnw. Prin y gwyddai'r adeg honno y byddai'n ddisgybl i Williams Parry ymhen blynyddoedd.

Wrth edrych yn ôl, roedd bywyd ar y ffarm yn fywyd hapus, er ei fod yn un o saith o blant a chaledi ar bob llaw. Ond gan nad oedd fawr neb wedi gweld gwell ers blynyddoedd, nid oeddynt yn colli dim.

Yn Ysgol y Rhos, ei hoff bleser ef ac amryw o'i gyd-ddisgyblion oedd edrych ymlaen at wyliau'r haf. Nid oedd eu calonnau fawr ar ddysgu. Yr adeg honno, roedd 120 o ddisgyblion yn yr ysgol gynradd o gymharu â thua deugain heddiw - nifer sy'n cael eu tynnu o ddalgylch llawer ehangach hefyd. Er mawr syndod iddo, ac er llawenydd i'w brifathro, roedd Mr Pritchard yn un o'r ddau o Ysgol y Rhos a lwyddodd i fynd i'r Ysgol Ramadeg ym Motwnnog. Ei phrifathro oedd Mr J. L. Roberts, "dyn y gansen", fel y galwai pawb ef.

Roedd yn daith saith milltir bob ffordd i'r ysgol a phan oedd y tywydd yn braf, arferai fynd yno ar feic. O dro i dro, byddai'n cael dod adref yn gyflymach wrth gydio yng nghefn lori Dic y Fantol. Gwnaeth y dyn hwnnw sawl cymwynas heb yn wybod iddo'i hun i blant y cylch! Bwgan Mr Pritchard yr adeg honno oedd yr iaith Saesneg ac oherwydd iddo fethu arholiad yn yr iaith honno, bu'n rhaid iddo sefyll ei holl arholiadau *matric* eilwaith. Ofer fu'r ymdrech honno hefyd a phenderfynodd fynd adref i weithio ar y ffarm.

Wedi cyfnod byr gartref, llwyddodd i gael gwaith yn y Gwasanaeth Sifil ond nid aeth yno. Am ryw reswm neu'i gilydd, nid oherwydd argyhoeddiad brwd, penderfynodd fynd i'r weinidogaeth. Treuliodd flwyddyn yng Ngholeg Clwyd, Y Rhyl, i gael y Saesneg, ac wedyn aeth i Fangor i wneud ei gwrs diwinyddol dan arweiniad Syr Ifor Williams, Dr Tom Parry ac R. Williams Parry. Roedd hyn yng nghanol yr Ail Ryfel Byd a chwestiwn llosg gan bob un o'r myfyrwyr oedd beth oeddynt yn ei wneud yn niogelwch Bangor tra oedd milwyr yn marw yn Dunkirk. Credai amryw ohonynt y dylent ymuno â'r Groes Goch i wneud eu rhan ond clywsant mai i'r fyddin yn hytrach nag i unman arall y byddent yn debygol o gael eu gyrru pe baent yn gadael y Coleg.

Cwblhaodd ei gwrs ym Mangor yn 1944 ac aeth i'r Bala am flwyddyn i baratoi at y weinidogaeth. Roedd hon yn flwyddyn hapus, yn rhoi cyfle i'r deg ar hugain a oedd yno i feddwl am eu dyfodol, heb orfod poeni dim am arholiadau. Ar ddiwedd y flwyddyn, cafodd gynnig mynd naill ai i Sir Fôn neu i Sir Drefaldwyn, ond wedi iddo feddwl am y mater am ychydig, penderfynodd mai'r lle gorau iddo fwrw'i brentisiaeth fyddai'r Rhos, ger Wrecsam. Yno, fel gweinidog cynorthwyol i'r Parchedig James Humphreys, cafodd brofiad gwerthfawr. Yr oedd, ar yr un pryd, yn drefnydd Aelwyd y Cylch a rhoddai hynny'r cyfle iddo gyfarfod a gweithio gyda phobl ifainc, a daeth i ddeall eu problemau. Bu'r profiad hwn yn llawer mwy o werth iddo ar gyfer y weinidogaeth na'r hyn a ddysgodd yn y Coleg oherwydd ei fod yn fwy ymarferol.

Priododd ferch o Ddyffryn Ardudwy ac, ar enedigaeth eu merch, Nia, rhaid oedd iddynt chwilio am dŷ ac eglwys. Cafodd le ym Meddgelert a threuliodd bedair blynedd ddifyr a phrysur yng nghanol berw bywyd pentref bychan diddorol.

Ryw bedair blynedd ar hugain yn ôl, cafodd wahoddiad i fod yn weinidog Capel Horeb, Llanfairfechan, ac yn ystod y cyfnod hwnnw, daeth capel Caersalem dan yr un ofalaeth, ynghyd â Phenmaenmawr, Aber a Dwygyfylchi.

Ef yw Llywydd Cartref Bontnewydd a Llywydd Pwyllgor Lles yr Henoed yn Llanfairfechan. Y cyfnod hwn yw'r un hapusaf yn ei fywyd - yn gweithio gyda'r ifanc ac yn gwneud gwaith cymdeithasol.

Mae'n hoff o ysgrifennu Cymraeg, ac yn ystod y blynyddoedd nesaf, gobeithia ysgrifennu llyfr am un o'i deulu a gafodd ei chaethiwo yn Ninbych dim ond oherwydd ei bod wedi cael plentyn a hithau'n ddi-briod. Roedd rhywbeth mawr o'i le mewn cymdeithas a allai wneud hynny, meddai, a chred fod angen ysgrifennu am yr amgylchiadau a wnaeth hynny'n bosibl.

G. I. Jones

Er nad oes ond dau fis llawn wedi mynd heibio er pan ymddeolodd, mae cynathro Ffrangeg yn Ysgol Gyfun Llangefni yn benderfynol ei fod am gadw at addewid a wnaeth i ddringo Mynydd Twr, Caergybi, ar y dydd cyntaf o bob mis tra gall. Y rheswm am wneud hynny, meddai Mr G. I. Jones, Bryn Horton, Llangefni, yw bod dringo'r mynydd yn rhoi cyfle iddo syllu ar y môr a fu'n rhan mor bwysig o fywyd ei deulu, ac er mwyn iddo weld llongau a wna i berson sylweddoli ei fod yn rhan o'r byd y tu allan.

Un o Gaergybi yw Mr Jones, sy'n ymfalchïo yn y ffaith ei fod yn gallu dilyn llinach ei deulu hyd at 1780. Peiriannydd ar longau Caergybi oedd ei daid, John Jones, ac mae'n debyg mai naturiol oedd i'w dad, Robert Edward Jones, droi at yr un gwaith. Roedd y dynfa yn Mr Jones, hefyd, i fynd i'r môr ond llwyddodd y teulu i'w berswadio i beidio. Ni fu mewn ysgol gynradd ond cafodd ei addysgu yn Ysgol Hibernia, ysgol breifat Miss Dodd, Caergybi, lle'r oedd y disgyblion yn dysgu pethau fel y clasuron ynghyd â Ffrangeg, mathemateg a cherddoriaeth. Roedd gan Mr Jones ddiddordeb mawr yn y byd cerdd. Er nad oedd yn hoff o bethau fel eisteddfodau, roedd yn cystadlu o bryd i'w gilydd ac yn ennill gwobrau.

Wedi cyfnod yn Ysgol y Sir, aeth i Goleg y Brifysgol, Bangor, i astudio Lladin a Ffrangeg. Gwelodd mai mynd yn athro fyddai ei yrfa yn y pen draw a phenderfynodd fynd ymlaen i Goleg yr Iesu, Rhydychen, i ddilyn cwrs cerddoriaeth. Bu yno am flwyddyn pan ddywedodd un o swyddogion y Coleg fod yn rhaid iddo astudio pwnc arall er mwyn cael gradd anrhydedd. Yr unig un a ddaeth i'w feddwl ar y pryd oedd Ffrangeg, ac felly y bu hi. Un diwrnod, digwyddai fod yn cerdded yng nghyntedd y Coleg pan welodd griw o bobl yn sefyll y tu allan i ystafell. Clywodd eu bod yn ceisio am swydd organydd y Coleg. Aeth yn syth i'w ystafell i gael ei daflenni miwsig cyn ymuno â'r criw. Ef gafodd y swydd.

Symudodd i ysgol breswyl ger Perth yn 1936 a bu'n hapus iawn yno. Yn ystod y blynyddoedd y bu yn y Coleg, arferai brynu'r *Times Educational Supplement* i chwilio am swyddi. Stopiodd gymryd y cylchgrawn pan symudodd i'r Alban ond un bore prynodd gopi a dyna lle gwelodd hysbyseb am swydd yn Ysgol Llangefni. Wedi iddo gyfarfod y Prifathro, Mr Edgar Thomas, yn anffurfiol mewn gwesty yng Nghaer, cafodd gynnig y swydd, ac yn 1937, daeth yn ôl i'r ynys heb wneud fawr o ymdrech wedyn i'w gadael.

Rhyw chwe mis cwta ar ôl iddo briodi yn 1940, galwyd ef i'r fyddin. Bu'n gwasanaethu am gyfnod yn ynysoedd Faroe cyn iddo ymuno ag Adran Addysg y Fyddin. Cafodd ei wneud yn Rhingyll a bu'n darlithio i filwyr ar fywyd wedi'r rhyfel. Roedd yn 35 oed pan ymunodd am gyfnod gydag uned cadlanciau swyddogion ar gwrs caled a daeth yn *Second Lieutenant*. Symudwyd ef i Salisbury yn 1945 a chyda'r rhyfel yn dirwyn i ben ei waith oedd trefnu cyngherddau a rhedeg llyfrgell yno. Ond nid oedd gweithgareddau'r rhyfel trosodd i Mr Jones. Cafodd ei symud i India fel lefftenant llawn erbyn hyn. Yn gyntaf, bu yn Pachmali cyn symud i Deolali i edrych ar ôl y milwyr a oedd yn mynd adref wedi blynyddoedd yn y Dwyrain Pell. Yno, cafodd ei ddyrchafu'n Gapten, a darlithiai i'r milwyr ar sut fath o fywyd oedd yn eu disgwyl yn ôl ym Mhrydain. Yn 1946, daeth ef ei hun yn ôl i'r ysgol yn Llangefni ac ailddechrau ar ei waith. Roedd ef yn un o bedwar o athrawon a aethai i'r fyddin o'r ysgol ond ef oedd yr unig un i ddechrau yn y gwaelod a gweithio'i ffordd i fyny.

Yn y cyfnod hwnnw, roedd sôn mawr am yr ysgol newydd a oedd i gael ei hadeiladu ond 'chymerai neb fawr o sylw o'r cynllun. Ond un bore yn 1951, daeth criw o weithwyr i'r cae ger yr hen ysgol a dechrau gweithio ar y sylfeini. Ddwy flynedd yn ddiweddarach, roedd pawb yn yr ysgol newydd. Dywedodd Mr Jones fod y symudiad hwnnw wedi bod cymaint os nad mwy o newid iddo ef na'i gyfnod cyfan yn y fyddin.

Er 1949, bu Mr Jones yn ddarllenydd lleyg yn yr Eglwys yn Llangefni. Cymerai ddiddordeb mawr yn y gwaith ac yn 1968, penderfynodd fod yn offeiriad cynorthwyol. Cafodd ei dderbyn ddwy flynedd yn ddiweddarach, a rhwng popeth, mae mor brysur heddiw ag y bu yn ystod ei gyfnod fel athro.

David Shaw

Yn ogystal â bod yn swydd dra diogel, mae gweithio mewn banc yn rhoi cyfle i'r rhan fwyaf o'r gweithwyr weld gwahanol drefi a chymryd rhan yn y bywyd cymdeithasol. Bu Mr David Shaw, Plas, Llangefni, yn gweithio mewn banc am rai blynyddoedd, ac wrth iddo symud o amgylch y wlad, cafodd gyfle i flasu cymeriad amryw o lefydd fel Caernarfon, Conwy, Llanbedr Pont Steffan a Llangollen.

Yn Llangefni y ganed Mr Shaw ac wedi cyfnod yn yr Ysgol *British* yn y dre, aeth ymlaen i Ysgol y Sir. Y prifathro oedd Mr S. J. Evans, gŵr a feddai bersonoliaeth gref ac a fyddai o dro i dro yn cymryd gwersi Saesneg. Byddai'n darllen barddoniaeth i griw na fyddai'n meiddio symud yn eu cadeiriau. A phan oedd S. J. yn darllen, roedd fel pe bai'n byw drama fawr. Yn ogystal â meddu ar bersonoliaeth gref, roedd S. J. yn ddisgyblwr heb ei ail ac ni hoffai weld yr un plentyn o'i ysgol ef allan ar y stryd ar ôl chwech o'r gloch y nos. Cadw siop ddillad i ddynion oedd tad Mr Shaw a chofia Mr Shaw am un noson arbennig pan anfonodd ei dad ef i'r llythyrdy gydag amlen. Roedd tua chwarter i saith a phwy ddaeth i lawr y stryd ond S. J. Fore drannoeth, roedd Mr Shaw o flaen y prifathro ond ni fodlonwyd hwnnw heb gael nodyn o eglurhad gan dad Mr Shaw.

Pan ddaeth ei amser yn Ysgol y Sir i ben, penderfynodd Mr Shaw mai i'r banc yr hoffai fynd ac am saith mlynedd bu'n gwasanaethu yng Nghonwy. Oddi yno, aeth i Fiwmares cyn cael ei symud i Gaernarfon yn 1937. Gan ei fod mewn *reserved occupation*, nid ymunodd yn syth â'r Lluoedd Arfog ar ddechrau'r Ail Ryfel Byd. Ond yn 1941, ymunodd â'r Llu Awyr ac am gyfnod bu mewn ysgol hyfforddi parasiwtwyr. Treuliodd ambell gyfnod trosodd yn Ffrainc ond ym Mhrydain y bu am y rhan fwyaf o'r rhyfel.

Tra oedd yn gwasanaethu yn Lincoln, daeth i gysylltiad ag Americanwyr a oedd yn yr un orsaf ag ef. Nid oedd amheuaeth nad oeddent hwy'n cael bywyd eitha' hwylus, meddai, gan eu bod yn cael digonedd o bethau fel ffrwythau ffres a hufen iâ a llaweroedd o bethau eraill nad oedd neb ym Mhrydain wedi eu gweld ers rhai blynyddoedd. Gŵr a gofia'n arbennig oedd y Prif Ringyll John D. Roberts. Mewn sgwrs ag ef, ceisiodd Mr Shaw ganfod sut roedd wedi cael enw Cymraeg, er bod yr Americanwr yn benderfynol mai Americanwr pur ydoedd. Wedi iddo chwilio ryw gymaint i'w gefndir, dywedodd y Rhingyll wrth Mr Shaw fod ei daid yn dod o ryw ran o Brydain a elwir yn Gymru.

Ar ddiwedd y rhyfel, aeth Mr Shaw yn ôl i'r banc yng Nghaernarfon tan 1956 cyn iddo gael ei symud i Lanbedr Pont Steffan a Llangollen. Roedd Llanbedr Pont Steffan yn dref ddiwylliedig tros ben gyda dosbarthiadau fel rhai'r *WEA* yn rhan o fywyd y gymdeithas. Yn Llangollen, yr achlysur pennaf oedd yr Eisteddfod

Ryngwladol ac, fel y gellid disgwyl, roedd galw mawr am wasanaeth y banciau yn ystod wythnos yr Ŵyl. Roedd y banciau'n brysur iawn yn cyfnewid arian, er enghraifft, ac roedd digon ohono. Ond efallai, yn arwyddocaol, ni fyddai gan y bobol o du ôl i'r Llen Haearn fawr fwy nag ychydig o sylltau i'w newid a'r rheini i bara iddynt am yr wythnos.

Yn 1969, daeth yn amser i Mr Shaw ymddeol, a symudodd yn ôl i Langefni. Bu'n cicio'i sodlau am dipyn ond ymhen blwyddyn ar ôl iddo ymddeol cymerodd swydd yn Swyddog Gwaith gydag Ymddiriedolaeth Byd Natur Gogledd Cymru. Ef oedd eu swyddog cyflogedig cyntaf a chafodd hwyl fawr yn trefnu cyfarfodydd a gweithgareddau eraill. Ei syndod mawr oedd nad oedd llawer o Gymry yn cymryd diddordeb yn y gwaith a oedd yn cael ei wneud gan yr Ymddiriedolaeth. Er hynny, gan ei fod yn hoff o fyd natur ac am fod y swydd yn un dra gwahanol i'r un yn y banc, treuliodd dair blynedd bleserus cyn cyrraedd ei 65 oed.

Mae Mr Shaw yn aelod o gylch Meibion y Rhos, Rhosmeirch, a Chylch Cinio Llangefni. Y llynedd, ar ddechrau cyfnod newydd yn hanes llywodraeth leol, ceisiodd Mr Shaw am sedd ar Gyngor Cymdeithasol Llangefni.

Ar ôl ei weld yn gweithredu am flwyddyn, dywedodd Mr Shaw mai ei deimlad personol ef am yr ad-drefnu yw ei fod yn warthus. Nid oes synnwyr, meddai, nad yw pymtheg o Gynghorwyr yn Llangefni yn cael dim llawer mwy o gyfrifoldeb nag edrych ar ôl meysydd chwarae a llwybrau cyhoeddus. Teimlai fod hen Gyngor Tref Llangefni wedi gwneud gwaith da i gydbwyso economi Sir Fôn a bod pwy bynnag a ddeuai ar ei ôl yn teilyngu mwy o gyfle i adeiladu ar y sylfeini cryfion yr oeddynt wedi eu gadael.

Hoff ddiddordebau Mr Shaw erbyn hyn yw darllen a gweithio yn yr ardd. Ond, fel sawl garddwr arall, mae'n cael trafferthion gyda anwadalwch y tywydd. Er hynny, cred nad oes dim gwell i esmwytho'r meddwl na threulio rhyw awr neu ddwy yn yr ardd.

Gwynfryn Evans

Yng Nghydweli, Sir Gaerfyrddin, y ganwyd Mr Gwynfryn Evans, Y Garreg Lwyd, Llangefni. Roedd yn un o saith o fechgyn ar yr aelwyd. Wedi'r ysgol gynradd, aeth ymlaen i ysgol orau Cymru - y *Llanelli Intermediate*. Pa bryd bynnag yr oedd yna gyfle, y cwestiwn a ofynnid oedd: "Lle mae'r bêl?". Roedd yr ysgol yn fan hyfforddi i'r bêl hirgron ac un o gyd-ddisgyblion Mr Evans oedd Watkin Thomas a ddaeth yn gapten tîm Rygbi Cymru a lwyddodd i ennill yn erbyn Lloegr am y tro cyntaf yn Twickenham.

Yn 1924, pasiodd ei arholiadau *matric* ac, fel llawer o bobl ifainc eraill y cyfnod, gwelodd nad oedd llawer o waith i'w gael. Roedd ar ei fam eisiau iddo fynd i'r Coleg ond rywsut neu'i gilydd penderfynodd fynd i'r môr. Ymunodd â chwmni Ratcliffe, Caerdydd, fel prentis a'i long gyntaf oedd y "Llangollen". Bu'n teithio arni ar hyd a lled y byd am ddwy flynedd cyn ymuno â'r "Peterston". Erbyn hynny, roedd y cwmnïau llongau'n dechrau teimlo'r wasgfa economaidd ac erbyn iddo gael ei docynnau i gyd roedd yn gwasanaethu ar y "Flimston" a fu'n segur am gyfnodau hir.

Yn 1933, cafodd ei docyn Meistr Tramor ac ar ôl mordeithiau i Naples a Buenos Aires, roedd y llong yn barod i fynd i Gibraltar. Oherwydd y bwyd ofnadwy ar y llong yr adeg honno, cymerwyd ef yn wael. Bu mewn ysbyty yn Gibraltar ac wedyn yng Nghaerdydd am gyfnod. Penderfynodd adael y môr a dyna a wnaeth - am flwyddyn. Ond roedd galwad y môr yn gryf ac ymunodd â llong o'r enw "Staffordshire" am gyfnod. Daeth yr hen ddoluriau ar yr ystumog yn ôl a sylweddolodd fod yn rhaid iddo gael gwaith ar y lan. Felly, yn 1936, ymunodd â chwmni yswiriant gan arbenigo mewn gwerthu yswiriant i forwyr.

Dair blynedd yn ddiweddarach, ar ddechrau'r rhyfel, penderfynodd fynd i wneud ei ran yn y gwaith y gwyddai fwyaf amdano, ac felly aeth yn ôl i'r môr i weithio gyda chwmni Shell. Un rheswm am ddewis y cwmni, meddai, oedd bod y bwyd yn dda. Gweithiai ar long danc yn cario *butane* a chofia'n iawn am un diwrnod yn ystod y rhyfel pan saethwyd y llong y tu allan i'r bar yn Lerpwl. Roedd ef a'r swyddogion eraill ar y bont ar y pryd a chofia hyd byth weld llawr haearn y bont yn cael ei rwygo ar ei hyd.

Wedi iddo ddod adref am gyfnod a phriodi, ymunodd â llong arall o eiddo Shell, y "President Sergeant", a oedd ar angor am flwyddyn ger Iwerddon i alluogi'r llynges gael *bunkers*. Am weddill y rhyfel, bu ar longau yn y Dwyrain Canol a'r Dwyrain Pell cyn dod adref i Langefni, lle'r oedd ei wraig, Lowri, erbyn hynny wedi cartrefu gyda'u hunig fab, Hywel. Roedd yn rhaid cael gwaith ac yn syth ar ôl y rhyfel, ymunodd ag Adran Ddŵr hen Gyngor Sir Môn a bu'n gweithio yno nes iddo ymddeol ddwy flynedd yn ôl. Credai bob amser fod yn rhaid gwneud rhyw gyfraniad tuag at y gymdeithas ac ymdaflodd i fywyd y capel i ddechrau. Deillia hynny'n naturiol o'r ffordd y cafodd ei ddysgu yn y cartref. Gwnaethpwyd ef yn ddiacon ac erbyn heddiw mae'n ysgrifennydd ariannol.

O 1959 tan 1970, bu'n ysgrifennydd Cyngor Eglwysi Llangefni ac mae hefyd yn drefnydd y casgliad blynyddol at Gymorth Cristnogol. Pan ddechreuodd, £97 a gasglwyd ond erbyn y llynedd roedd y ffigur wedi codi i £296. Dywedodd Mr Evans ei fod yn ffodus fod casglyddion da a pharod i'w cael yn Llangefni a thrigolion hynod o garedig.

Ar hyd ei oes, cymerodd ddiddordeb arbennig ym myd y ddrama ac roedd ef, ei wraig, a'r diweddar George Fisher, ymhlith aelodau cyntaf y Theatr Fach yn y dref.

Yn ogystal â thrin yr ardd, mae Mr Evans yn hoff o gasglu stampiau a chael gwybodaeth am eu cefndir. Teimla fod y teledu yn un o'r moddion rhataf a grëwyd i ddod â diwylliant i gartrefi, a gallai dreulio oriau'n gwrando ar gerddorfa. Un rhaglen ysgafn y mae'n cymryd diddordeb arbennig ynddi yw'r un sy'n cael ei darlledu ar y radio ar foreau Sadwrn. Pan fo'n clywed y geiriau, "Helo, su'da-chi?", mae'n cofio am y bachgen a oedd yn saith wythnos oed cyn iddo'i weld gyntaf - ei fab, Hywel Gwynfryn.

Bob Lloyd Williams

I'r rhan fwyaf o bobl, rhywbeth dros dro yn unig yw dyddiadur, ffordd gyfleus i gofio pethau fel pen-blwyddi a dyddiadau pwysig eraill. Felly, roedd yn braf yr wythnos ddiwethaf dod ar draws rhywun sydd nid yn unig yn cadw dyddiadur ond wedi gwneud hynny'n gyson am ddeugain a phump o flynyddoedd. Yn ogystal â chadw dyddiadur, mae Mr Bob Lloyd Willliams, Gwynfa, Dwyran, hefyd wedi cadw llyfr o hanesion ei fywyd ar y môr er pan ddechreuodd hwylio'n llanc un ar hugain oed. Efallai, meddai, y bydd o ryw werth i'w wyrion a'i wyresau yn y dyfodol.

Ganed Mr Williams yn Sir Feirionnydd ond pan fu farw ei daid, symudodd y teulu i ffarm Glanrafon yn Niwbwrch. Roedd yn un o bump o blant ond erbyn heddiw nid oes ond ei chwaer ac yntau ar ôl. Wedi cyfnodau yn ysgolion

Niwbwrch ac yn Ysgol y Sir, Llangefni, bu Mr Williams yn gweithio gyda'i dad ar y ffarm am ychydig o amser. Ond pan oedd yn un ar hugain oed, gwelai nad oedd y ffarm yn ddigon i'w gynnal ef, ei frawd a'i dad. Felly, yn 1922, aeth i'r môr fel *mess boy* ar y llong "Foyle", a oedd wedi ei chofrestru yng Nghernyw. Roedd pump o hogiau eraill o Niwbwrch ar y llong honno, meddai, ac mae dau ohonynt yn fyw heddiw. Cofia am fordaith a wnaethant i Dde America yn arbennig oherwydd i un o'r hen lawia addo, ar ôl dychwelyd, na fyddai byth wedyn yn rhoi ei droed ar fwrdd llong. Y gŵr hwnnw oedd Mr Edward Pritchard a fu'n berchennog cwmni bysiau adnabyddus ac sydd erbyn heddiw'n 92 oed.

Aeth gyda'r "Foyle" i sawl rhan o'r byd cyn symud i'r "Cambrian Princess", llong o eiddo R. J. Thomas, Caerdydd. Fel llawer o gwmnïau eraill, aethant yn fethdalwyr adeg dirwasgiad 1930 a daeth Mr Williams adref i Niwbwrch am gyfnod. Ond ni fu gartref yn hir cyn iddo gael galwad i ymuno â chriw'r "Maurice Rose". Er nad oedd wedi gweld boilar o'r blaen, cafodd ei wneud yn daniwr. Ond trwy ddealltwriaeth ag un o'r tanwyr eraill, canolbwyntiai ar goginio i'r criw.

Pan oedd y llong yn Ne Cymru fe gwympodd un o'i gyfeillion o Fôn a gorfu iddo fynd adref. Penderfynodd Mr Williams fynd gydag ef a bu gartref am ysbaid cyn cael ei alw gan Capten G. G. Evans i fod yn ail stiward ar y "Glenearn". Cariai'r llong honno ddeg ar hugain o deithwyr i Siapan a Tsieina. Pan werthwyd y Glen Line i Gwmni Alfred Holt, nid oedd llong Mr Williams yn eu plith. Ffurfiwyd cwmni bychan arall i deithio ar siarter rhwng Awstralia a'r Unol Daleithiau. Trawyd Mr Williams yn wael ar Ynysoedd Fiji ac fe'i cipiwyd i'r ysbyty, lle cafodd driniaeth lawfeddygol, ond nid oedd y meddyg yn fodlon iddo ail ymuno â'i long, ac felly daeth yn ôl fel teithiwr ar y "Jarvis Bay".

Yn 1935, priododd Ella, merch Mr a Mrs R. T. Owen, Gwynfa, a Pencraig, Dwyran. Mae ganddynt ddau fab, Meirion a John, ac wyrion a wyresau, sef Jane, Morris a Marian ac Endaf.

Ar ddechrau'r rhyfel, gofynnodd Mr Williams a gâi fynd yn ôl i'r môr gan ei fod wedi bod gartref am ychydig o amser. Ond dywedwyd wrtho yn Llangefni bod ei angen yn Rhosneigr, lle'r oedd y fyddin newydd godi gwersyll. Erbyn Hydref 1949, roedd y fyddin wedi sefydlu gwersyll parhaol yn Nhŷ Croes a bu Mr Williams yno am ddwy flynedd yn coginio cyn iddo gael mynd yn ôl i'r môr ar y "Beeston". Wrth ddisgwyl am gonfoi yn y Sianel, daeth un ar hugain o filwyr

Americanaidd ar fwrdd y llong fechan. Pan ddaeth "*D Day*", glaniodd y "Beeston" y milwyr ar Draeth Utah, ychydig oddi wrth lannau Normandi lle'r oedd y brif garfan. Gwaith y llong wedyn oedd sicrhau bod y milwyr yn Ffrainc yn cael nwyddau ar gyfer eu taith i'r Almaen.

Ar ddiwedd y rhyfel, ymunodd â chriw'r "Rockville" a bu arni am dair blynedd cyn symud i'r "Victor". Symudodd o honno i'r "Stanley Force", ac ymhen ychydig amser cafodd le fel *chef* ar y llong hyfforddi, "HMS Conway", yn Llanfairpwll. Yn 1949, gwnaed ef yn Arolygydd Arlwyo yn dilyn marwolaeth hen ffrind iddo, Mr Bob Roberts. Cofia'n iawn y bore, bedair blynedd yn ddiweddarach, pan aeth y "Conway" ar y creigiau yn Afon Menai. Syndod y peth i Mr Williams oedd ei fod yn gwylio'r llong yn mynd ar y creigiau o ddiogelwch Pont y Borth.

Ychydig wedi i'w llong gael ei symud i ganolfan barhaol ar y lan ym Mhlas Newydd, penderfynodd y rheolwyr gael pobl o'r tu allan i goginio. Am y gweddill o'i amser yno, bu Mr Williams yn swyddog cyflogau. Ymddeolodd yn 1966 a bu'n ymddiddori yn yr ardd am gyfnod helaeth cyn i afiechyd ei orfodi i roi'r gorau iddi. Heddiw, mae'n ymfalchïo mewn cael sgwrs gyda hwn a'r llall yn y pentref a tharo golwg wresog ar ei amser ar dir ac ar fôr.

Robert Williams

Peth braf yw clywed am rywun sydd nid yn unig wedi llwyddo i gyflawni uchelgais ond sydd wedi gwneud hynny chwe gwaith trosodd.

Yn Eisteddfod Marian-glas, pan oedd yn fachgen ysgol, y penderfynodd y Parchedig Robert Wlliams, 38 Belmont Avenue, Bangor, y byddai yntau'n ennill cadair yno rywdro. Nid yw'n cofio pwy dderbyniodd y gadair y tro hwnnw nac ychwaith beth oedd y testun ond, yn sicr, roedd yr achlysur yn fan cychwyn ei ddiddordeb mewn cynganeddu ac yn ystod y blynyddoedd a ddilynodd, cafodd ei gadeirio chwe gwaith ym Marian-glas a phedair gwaith mewn eisteddfodau eraill.

Ganed Mr Williams ryw filltir a hanner y tu allan i Bentraeth mewn ardal ddiddorol o dyddynnod bach. Arferai pawb helpu ei gilydd. Ychydig iawn o Gymraeg a ddysgid yn yr adeg honno yn hen Ysgol Pentraeth, meddai. Cofia'r adeg, cyn iddo fynychu Ysgol y Sir yn Llangefni, pan arferai'r hen Sgŵl, Mr Price

Roberts, gerdded gyda hwy am Langefni cyn yr arholiad i'w helpu i ddysgu'r tablau ac ati. Fel sawl un arall o'i ardal, daeth dan ddylanwad Mr S. J. Evans, gŵr a lwyddodd i ennyn cariad at lenyddiaeth mewn llawer o fechgyn a merched. Er bod S. J. yn ddisgyblwr llym, cymerai ddiddordeb arbennig mewn pobl ifainc ar ôl iddynt adael yr ysgol. Cofia Mr Williams yr adeg pan oedd wedi ysgrifennu erthygl i'r *Llan* wedi iddo adael yr ysgol a derbyn cerdyn drwy'r post oddi wrth S. J. yn ei longyfarch.

Un arall a gafodd ddylanwad arno tra oedd yn Llangefni oedd E. O. Jones, Golygydd *Y Cloriannydd*, a oedd bob amser yn barod ei gyngor. Dechreuodd gyfansoddi barddoniaeth i'r papur hwnnw, gydag E. O. yn cynnig gwelliannau lle'r oedd angen.

Yn y Coleg Normal, Bangor, rhwng 1927 ac 1929, daeth i gysylltiad â chylch eang o bobl a fu'n addysg ynddynt eu hunain. Yno hefyd y daeth i gysylltiad â chynganeddion R. Williams Parry a dod yn hoff ohonynt.

Nid oedd yn hawdd cael gwaith yr adeg honno ond pan oedd Mr Williams yn credu'n siŵr y byddai'n gorfod mynd i weithio i Bootle, derbyniodd air i ddweud bod eisiau iddo ddechrau yn Ysgol Llanallgo. Yn ystod y blynyddoedd dilynol, bu yn ysgolion Biwmares, Llangefni, Penrhoslligwy, a Llanbedrgoch, lle bu'n brifathro am dair blynedd ar hugain cyn iddo ymddeol.

Ar ddechrau'r rhyfel, ymunodd â'r Home Guard am gyfnod cyn iddynt newid yr oed ymaelodi. Anfonwyd Mr Williams i Wrecsam lle penderfynwyd y dylai ymuno â'r llynges. Anfonwyd ef i gael ei hyfforddi gydag arfau yn Plymouth ac wedi iddo fod yno am dri mis, roedd yn rhaid iddo ef, ac eraill yn y cwmni, fynd o flaen y *C.O.* Dywedodd wrthynt fod cwrs ar gael gydag *RDF*, neu *radar* fel y gelwir ef bellach. Am chwe wythnos, bu'n cael ei hyfforddi ar Ynys Manaw ac wedi hynny cymerwyd ei fod yn gwybod popeth am radar. Ymunodd â'r llong ryfel "Bulldog" a bu yn Rwsia ryw bedair neu bum gwaith. Gwasanaethodd hefyd yng Ngogledd Affrica a'r Eidal cyn dod yn ôl yma. Pan ddaeth yn ôl, bu am gwrs byr i hyfforddwyr yn Yeoverton, cyn cael ei symud i Fareham lle'r oedd yn addysgu peilotiaid o Ffrainc a Gwlad Pwyl. Pennaeth yr ysgol honno oedd David Evans, mab S. J. Evans, ei gyn-brifathro.

Ar ddiwedd y rhyfel, daeth yn ôl i Lanbedrgoch. Bob Sul er 1938, bu Mr Williams yn ddarllenydd lleyg a thros gyfnod o flynyddoedd bu'n ysgrifennu erthyglau ac englynion i'r *Llan*. Pan oedd amser ymddeol yn nesáu, dechreuodd Mr Williams feddwl am rywbeth i'w wneud â'i amser. Roedd wedi penderfynu mai ym Mangor yr oedd am fyw a phan ofynnwyd iddo'i gynnig ei hun am y weinidogaeth, fe wnaeth hynny'n syth. Cafodd ei ordeinio yn 1970 ac erbyn heddiw mae'n gurad llawn amser di-dâl i Eglwysi Dewi Sant a Sant Pedr.

Drwy gydol y blynyddoedd, credai Mr Williams mai cyfansoddi barddoniaeth oedd yn bwysig ac nid y cystadlu. Er ei fod wedi ysgrifennu rhai cannoedd o englynion, ac wedi cael cyhoeddi rhai mewn papurau newydd, ni fu erioed yn awyddus i'w cyhoeddi mewn llyfr.

Caradoc Evans

Dipyn yn amheus oeddwn i pan benderfynais fynd am sgwrs gyda'm hen brifathro yn ei gartref ger Amlwch yr wythnos ddiwethaf ond buan iawn y sylweddolais nad oedd sail o gwbl i'm pryderon.

Daethai'r penderfyniad i fynd i weld Mr Caradoc Evans, Drws y Coed, Pentrefelin, wedi i mi glywed llawer o bobl yr wythnosau diwethaf yma yn sôn am y dylanwad a gawsai eu cyn-brifathrawon arnynt. Ac nid oes amheuaeth na chafodd Mr Evans, disgyblwr heb ei ail, ddylanwad arnaf i a llaweroedd o blant eraill a fu dan ei ofal yn Ysgol Syr Thomas Jones, Amlwch, a chyn hynny yn yr hen ysgol Ramadeg. Ond go brin fod fawr neb o'r rheini'n gwybod mai ail-ddewis Mr Evans oedd bod yn athro.

Er ei fod yn fab i brifathro gyda chefndir o athrawon yn y teulu, roedd Mr Evans wedi rhoi ei fryd ar gael mynd yn feddyg. A dyna fyddai ei hanes yntau oni bai am y Rhyfel Byd Cyntaf. Mae'n hanu o deulu o Rosybol ond ym Mryngwran y ganed ac y magwyd ef. Aeth i'r ysgol gynradd yno cyn symud ymlaen i Ysgol y Sir, Caergybi. Prin oedd yr ysgoloriaethau yr adeg honno ond llwyddodd i gael ei dderbyn, ac ar ddiwedd ei amser yno, yn 1916, roedd ganddo ddigon o gymwysterau i fynd ymlaen i'r Coleg. Yn syth wedi iddo adael yr ysgol, fodd bynnag, roedd rhaid iddo ymuno â'r fyddin, ac yno y bu am dair blynedd gan wasanaethu yn yr Eidal, yr Aifft, Palestina, ac yn Salonica, lle bu'n gwneud tipyn o waith ymchwil wrth ddisgwyl am y cadoediad, gan mai myfyrwyr oedd y rhai cyntaf i ddod adref.

Ym Mawrth, 1919, daeth yn ôl i Gymru, ac i Goleg y Brifysgol, Bangor. Roedd wedi ceisio am un o'r tair ysgoloriaeth a gynigwyd gan Imperial College ond daeth yn bedwerydd yn yr arholiad. Erbyn hyn, roedd wedi penderfynu nad âi'n feddyg am fod y cwrs yn un hir. Felly, aeth ati i ddilyn cwrs mewn cemeg, gan raddio gydag anrhydedd yn 1922. Drwy'r haf, ceisiodd gael swyddi'n ymwneud â gwaith ymchwil gydag ICI a chwmnïau eraill. Ar un adeg, teimlai fel mynd i weithio i Persia.

Er nad oedd wedi meddwl llawer am y peth cyn hynny, daeth i'w gof sgwrs rhyngddo ef a'i dad, pan ddywedodd ei dad y byddai Ysgol Ramadeg yn Amlwch rywbryd. Gan nad oedd gwaith i'w gael, aeth yn ôl i'r Coleg am flwyddyn i ddilyn cwrs addysg. Ar ddiwedd y cwrs, cafodd swydd yn athro yn Lerpwl a bu yno am gyfnod cyn iddo gael ei benodi'n ddirprwy brifathro mewn ysgol yn Bedlington, Northumberland. Yno y bu cyn cael ei benodi'n brifathro Ysgol Ramadeg Amlwch yn 1940.

Cynhaliwyd yr Ysgol yr adeg honno yn y Neuadd Goffa ac amryw o adeiladau eraill. Roedd y syniad o gael ysgolion cyfun ym Môn yn dechrau dal dychymyg addysgwyr yr adeg honno a'r mwyaf blaenllaw o'r rhain oedd y diweddar Mr E. O. Humphreys, y Cyfarwyddwr Addysg. Yn 1950, adeiladwyd rhan gyntaf Ysgol Syr Thomas Jones, Amlwch, yr ysgol gyntaf i gael ei hadeiladu yng Nghymru i bwrpas addysg gyfun. Ymhen dwy flynedd, daeth y plant o'r ysgol fodern yno hefyd. Yn ystod y blynyddoedd nesaf, datblygodd yr ysgol i roi'r un cyfle i bob plentyn, gan gadw mewn cof fod disgyblaeth yn rhan annatod o batrwm addysg, meddai Mr Evans.

Yn ystod ei flynyddoedd cynnar, bu Mr Evans yn chwarae amryw o gemau gan gynnwys pêl-droed, criced a hoci. Bu'n chwarae pêl-droed i dîm ieuenctid Cymru ar un adeg a pharhaodd ei ddiddordeb mewn mabolgampau dros y blynyddoedd. Ymddeolodd yn 1962 ac erbyn heddiw mae ei ddiddordeb wedi symud o'r byd addysg i gylch y capel a'r ardd. Mae'n hoff hefyd o gael mynd â'r ci allan am dro o amgylch y pentref.

Dywedodd Mr Evans ei fod wedi penderfynu ymhell cyn dod i Amlwch y byddai'r Gymraeg yn cael lle blaenllaw ym mywyd yr ysgol. Yn fuan iawn wedi iddo gyrraedd, sefydlwyd cangen o'r Urdd, a daeth llwyddiant mewn llenyddiaeth a barddoniaeth yn ei sgîl. Cred fod llwyddiant wedi dod i Ysgol Amlwch oherwydd mai'r amcan oedd rhoi chwarae teg i bob plentyn i ddatblygu yn ôl ei allu ac yn ôl ei duedd. Canmolodd yn fawr y llywodraethwyr a fu'n cydweithio gydag ef er lles yr ysgol a hefyd yr athrawon dawnus a fu'n gymaint o gymorth i sicrhau bod amcanion yr ysgol yn cael eu gwireddu.

John Roberts

Er na fu erioed mewn cyfarfod gwleidyddol, dywedodd dyn o Gaergybi yr wythnos ddiwethaf ei fod, er hynny, yn cymryd diddordeb arbennig mewn digwyddiadau cyfoes. A chan ei fod yn bedwar ugain oed, mae Mr John Roberts, Lynus, Caergybi, wedi byw trwy lawer o newidiadau a gafodd, yn eu tro, ddylanwad ar ei fywyd.

Un o Laneilian yw Mr Roberts yn wreiddiol a chofia'n iawn am ei daid, a oedd yn ŵr cadarn a chrefyddol. Crydd oedd wrth ei waith, a chan ei fod yn ddyn diwylliedig cafodd ddylanwad mawr ar fywyd Mr Roberts.

Ei ysgol gyntaf oedd Ysgol Miss Williams, ym Mhorth Amlwch, a phleser mawr i'r bechgyn yr adeg honno fyddai mynd i lawr i'r harbwr a syllu allan ar y llongau hwyliau a oedd wedi dod i Amlwch o bob cwr o'r byd. Nid oedd teulu Mr Roberts yn rhannu ei ddiddordeb yn y llongau, fodd bynnag. Eu hofn mawr oedd iddo syrthio i mewn i'r harbwr a boddi, ac felly fe'i symudwyd i Ysgol Penysarn.

Yr arfer yr adeg honno oedd i'r plant fynd â chnwswd o frechdanau gyda hwy ar gyfer cinio gan nad oedd dim yn cael ei baratoi yn yr ysgol. Ac os byddai ar rywun eisiau diod, rhaid oedd iddynt ddal eu dwylo dan y pistyll.

Tra oedd yn Ysgol Penysarn, roedd pethau'n dechrau mynd yn ddrwg yn economaidd ac, fel llawer o bobl eraill, bu'n rhaid i'w dad fynd i Lerpwl i gael gwaith. Saer ydoedd a phob wythnos yn gyson arferai anfon adref ran o'i gyflog a chopïau o'r *Brython* a'r *Weekly Post*. O dro i dro, byddai'n mynd ar wyliau at ei dad a mawr oedd y pleser o gael gweld gemau pêl-droed a'r llongau yn y dociau.

O Ysgol Penysarn aeth i Ysgol y Sir, Llangefni, a chofia'n iawn fod pynciau fel Cymraeg, Lladin a Ffrangeg i gyd yn cael eu dysgu trwy gyfrwng y Saesneg. Ar ddiwedd ei amser yno, ac yntau wedi pasio'i arholiadau, aeth yn athro-fyfyriwr i ysgol Llanddeusant am £25 y flwyddyn. Gan nad oedd ond deunaw oed, roedd yn rhy ifanc i fynd i'r Coleg ac fe'i penodwyd yn athro heb dystysgrif yn Ysgol Dwyran. Rhaid oedd iddo deithio bob dydd gyda beic i'r ysgol honno ac er bod hynny'n galed, teimlai iddi fod yn flwyddyn bleserus dros ben.

O Ddwyran, fe aeth i Goleg Bangor ac o'r fan honno yn syth i'r fyddin. Wedi hyfforddiant yng Nghonwy a Pharc Cinmel, anfonwyd ei gatrawd i Ffrainc a bu ar y Somme cyn iddo gael ei anafu. Y gŵr cyntaf iddo'i weld mewn llecyn cymorth cyntaf yno oedd y Padre, y Parchedig Gapten D. Cynddelwy Williams. Roedd llaweroedd o flynyddoedd wedyn cyn iddo weld yr un dyn eto - pan ddaeth i bregethu i Gapel Saesneg, Caergybi. Wedi iddo fod mewn ysbytai yn Ffrainc a Phrydain, anfonwyd ef yn ôl i Barc Cinmel. Nid oedd neb i'w weld yn sicr pam yr oedd yn ôl yno a dywedwyd wrtho am ysgrifennu at Bwyllgor Addysg Môn i weld a oedd swydd iddo. Cafodd ateb fod yna le ond, gan fod y cyflog mor isel, penderfynodd Mr Roberts fynd yn hyfforddwr gyda'r fyddin.

Ar ddiwedd y rhyfel bu'n athro eto, yn gyntaf yn Ysgol Llanrhuddlad ac wedyn yn Ysgol Cybi. Bu yno am ddwy flynedd cyn cael ei symud i Ysgol Amlwch. Pan ddaeth y cyfle, cafodd swydd yn brifathro ar Ysgol Capel Coch. Yn 1928, symudodd i Ysgol Kingsland, wedi iddo dreulio cyfnod yn Ysgol Llanfechell.

Yn ystod yr Ail Ryfel Byd, aeth yn Drefnydd Ieuenctid Môn, a olygai waith trefnu'r gwasanaeth i warchod rhag awyrennau yn y Sir, a dosbarthwr y Groes Goch trwy Ewrop. Ar ddiwedd y rhyfel aeth yn ôl i Ysgol Caergybi ond pan ddaeth yr ad-drefnu i'w gwneud yn ysgol gyfun, penderfynodd Mr Roberts ymddeol yn gynnar.

Bu'n aelod o Bwyllgor Addysg Môn, y Cyngor, a Chyngor Caerygbi am rai blynyddoedd cyn iddo benderfynu rhoi'r gorau i'r cwbl. Er hynny, mae ganddo ddigon o bethau i'w gwneud bob dydd, meddai.

Arthur Ifan Jones

Er iddo grwydro'r wlad yn rhinwedd ei swydd am lawer o flynyddoedd, erys Mr Arthur Ifan Jones, Tirionfa, yn un o fechgyn Caergybi. Mae'n un o ddeg o blant.

Ei dad oedd Mr Owen Jones, Pencerdd Cybi, a phe bai gofod wedi caniatáu, meddai Mr Jones, gallai fod wedi rhoi digon o hanes ei dad a'i gyfaill, Morswyn, bardd adnabyddus arall.

Pan oedd Mr Jones yn ddeuddeg oed, bu farw ei dad. Bu'n rhaid iddo yntau chwilio am waith ac aeth yn syth o'r Ysgol at Gwmni Nwy a Dŵr Caergybi a Gogledd Cymru. Ei waith, i ddechrau, oedd pwyso a mesur y glo a oedd yn dod i mewn i'r gwaith nwy ond, pan oedd yn bedair ar ddeg oed, perswadiwyd ef i fynd yn brentis ffitiwr. Wedi iddo gwblhau ei brentisiaeth, symudwyd ef i weithio yn swyddfa'r gwaith.

Un rhan o'r Cwmni oedd gwaith Cambrian Asphalt, Cyffordd Llandudno, a fu'n rhan o beirianwaith y cwmni am rai blynyddoedd cyn iddo gael ei werthu. Ymhen ychydig, meddai Mr Jones, penodwyd ef yn rheolwr cyffredinol y cwmni ac yn ddiweddarach yn Gyfarwyddwr Rheoli. Yn 1947, gwladolwyd y diwydiant nwy a phenodwyd Mr Jones yn Gadeirydd Gweithfeydd Nwy Môn ac Arfon. Bu yn y swydd honno nes iddo ymddeol yn 1958. Yn ystod y cyfnod dan sylw, gwelodd nwy yn ei fri, yn cael ei ddefnyddio i oleuo lampau strydoedd cyn iddo gael ei oresgyn gan drydan. Ar yr un pryd, roedd pobl yn fwy parod i dderbyn nwy yn eu cartrefi a'i ddefnyddio i gynhesu a choginio.

Y newid mawr a ddaeth drwy wladoli nwy, meddai, oedd fod rheolaeth yn symud o fod yn lleol i reolaeth o Gaerdydd. Yn lle cynhyrchu'n lleol, cyflwynwyd system o bibellau i fynd â gwasanaeth i dai. Yn ddiweddarach, cyflwynwyd gwasanaeth nwy o Fôr y Gogledd.

Dros y blynyddoedd, cymerodd Mr Jones ddiddordeb arbennig mewn bywyd cyhoeddus ac am gyfnod ef oedd trysorydd ac ysgrifennydd Ysbyty'r Stanley yng Nghaergybi. Etholwyd ef yn aelod o Gyngor Caergybi yn 1931 ac ef oedd Cadeirydd y Cyngor pan ymwelodd Tywysog Cymru â'r dref yn 1934. Ychydig ar ôl hynny, etholwyd ef yn aelod o hen Gyngor Sir Môn lle cafodd ei ddyrchafu'n Henadur. Bu ar y Cyngor yn ddi-dor nes ad-drefnwyd llywodraeth leol y llynedd. Am naw mlynedd, bu'n Gadeirydd y Pwyllgor Addysg ac yn ystod ei gyfnod yn y gadair, daeth addysg gyfun i'r sir. Bu'r newid, er ei fod yn un chwyldroadol, yn un didrafferth iawn, meddai.

Yn 1943, penodwyd ef yn Ynad ar y Fainc leol ac, yn ddiweddarach, dilynodd Mr O. R. Willliams yn gadeirydd y Fainc. Ymddeolodd o'r swydd yn 1958.

Am flynyddoedd, cymerodd ddiddordeb yng ngweithgareddau corau a bandiau ac yn y byd eisteddfodol. Bu'n gadeirydd Eisteddfod Genedlaethol Llangefni. Yn aelod o Gapel Bethel, mae hefyd yn gysylltiedig â llawer o fudiadau yng Nghaergybi. Gwnaethpwyd ef yn aelod am oes o Glwb Golff Caergybi rai blynyddoedd yn ôl.

Ers ad-drefnu llywodraeth leol, bu gan Mr Jones lawer mwy o amser i ddarllen - un o'i brif ddiddordebau. Mae'n brysur hefyd gyda'i waith fel cadeirydd Ymddiriedolaeth Eisteddfod Gadeiriol Môn a chronfa Elusen Hugh Hughes, Caergybi.

Arfon Evans

Cafodd Archddiacon Bangor ei gyfle cyntaf i ennill amlygrwydd pan oedd yn llencyn ifanc yn y Gyrn Goch ond, gwaetha'r modd, ni chymerodd newyddiadurwyr y papurau dyddiol fawr o sylw ohono. Daeth y cyfle dan sylw ar achlysur llongddrylliad y "Fortuna", a'r Hybarch Arfon Evans, Deiniol, Trefonwys, Bangor, oedd y cyntaf i weld y llong yn cael ei thaflu o gwmpas gan y tonnau. Rhedodd adref a galwodd ei dad am wylwyr y glannau. Wedi i'r llong lanio'n ddiogel, gwasgarwyd y criw ymhlith teuluoedd y pentref cyn iddynt gael eu hebrwng i Gaernarfon. Roedd newyddiadurwyr wedi ymgasglu ar yr achlysur ac er eu bod wedi sôn am bawb oedd wedi rhoi cymorth i'r dynion, ni soniwyd unwaith am Mr Evans. Er bod hyn wedi digwydd lawer o flynyddoedd yn ôl, synna Mr Evans gymaint o argraff a gafodd yr achlysur arno.

Yr hynaf o bump o blant, mae'n hanu o deulu y bu cysylltiad agos rhyngddo â'r weinidogaeth. Felly, nid yw'n syndod ei fod ef ei hun wedi penderfynu, yn ifanc iawn, mai offeiriad fyddai yntau. Er y cefndir offeiriadol, chwarelwr oedd ei dad ac, yn ddiweddarach, bu'n cadw siopau yn y Gyrn Goch a Llanaelhaearn. Bu farw rai blynyddoedd yn ôl. Mae ei fam, Mrs E. J. Evans, bron yn 90 oed ac yn dal mewn iechyd.

Cred mai'r person a gafodd ddylanwad mawr arno yn ei flynyddoedd cynnar oedd y Parchedig John Davies, cyn-ficer Clynnog, a oedd bob amser yn fodlon rhoi cefnogaeth iddo. Un arall oedd prifathro Ysgol Clynnog, Mr R. R. Jones. Gresynai fod ysgolion gwledig fel hon, a llawer o eglwysi hefyd, yn cau, oherwydd collir y cysylltiad personol gyda hwy.

Enillodd Ysgoloriaeth i Ysgol y Sir, Penygroes, a threuliodd flynyddoedd hapus yno. Wedi iddo wneud y *matric* roedd yn rhy ifanc i fod yn offeiriad, felly aeth at ewythr iddo yn Llundain, y Parchedig H. Ll. Evans, a oedd yn Ficer Eglwys Gymraeg Sant Padarn. Wedi chwe mis, roedd yn fwy penderfynol nag erioed ynglŷn â'i alwedigaeth ac er mwyn dod i adnabod y clasuron yn well, aeth i Ysgol Ystrad Meurig am gyfnod. Wedyn, symudodd i Goleg Dewi Sant, Llanbedr Pont Steffan. Yno, ymddiddorodd hefyd mewn criced a phêl-droed. Graddiodd yn 1934 gan symud wedyn i Goleg Sant Mihangel, Caerdydd. Ordeiniwyd ef i'r weinidogaeth yn 1936 ac yna trwyddedwyd ef i fod yn gurad yng Nghaergybi. Y ficer ar y pryd oedd Canon Richard Hughes a benodwyd ymhen blynyddoedd wedyn yn Archddiacon Bangor.

Tra oedd yng Nghaergybi, dechreuodd y rhyfel a phenodwyd ef yn un o wardeiniaid y dref. Un o'i ddyletswyddau oedd cyfarfod milwyr oedd yn cyrraedd y porthladd ar wahanol longau a sicrhau eu bod yn cael lle i orffwys a chael bwyd.

Ar ddechrau'r rhyfel, priododd Beryl, merch o Gaerdydd, ac mae ganddynt ddau fab a merch erbyn hyn.

Roedd rhai cannoedd o filwyr o amgylch y dref a phenderfynodd Mr Evans sefydlu cynghrair pêl-droed arbennig, y *Wartime Football League*, a chafwyd miloedd o hwyl. Yn 1943, penodwyd ef yn Ficer Capel Curig, lle'r oedd eto mewn cysylltiad â milwyr. Ymroddodd i fywyd y gymdeithas ac ymhen amser penodwyd ef yn gadeirydd y Cyngor Plwyf. Yn ystod y cyfnod hwnnw, ysgrifennodd dri llyfryn: *Hanes Eglwysi Capel Curig*, *Hanes Gwesty'r Royal*, a *Holi ac Ateb*.

Yn 1952, penodwyd ef yn Ficer Llanfair-is-gaer, y Felinheli, ac am ddeuddeng mlynedd bu'n ysgrifennydd Cymdeithas Esgobaeth Purdeb a Moes yr Esgobaeth. Yn ystod y cyfnod hwnnw, cofrestrodd y gymdeithas fel un i fabwysiadu plant ac ar y pryd hi oedd yr unig Gymdeithas o'i bath yng Ngogledd Cymru. Penodwyd ef yn Ddeon Gwlad Arfon yn 1958 ac yna, bedair blynedd yn ddiweddarach, penodwyd ef yn ysgrifennydd Cynhadledd Esgobaeth Bangor a Bwrdd Nawdd yr Esgobaeth. Swyddi Eglwysig eraill a ddaliwyd ganddo yw Canon ac Anrhydedd i'r Eglwys Gadeiriol a Chanon Trysorydd Ariannol a Trigiannol y Gadeirlan.

Ymddeolodd o fywoliaeth y Felinheli pan benodwyd ef yn Archddiacon yn 1973 ac erbyn heddiw mae wedi ymgartrefu ym Mangor. Mae ei swydd yn mynd ag ef i bob rhan o'r esgobaeth a'r tu allan iddi ac yn cynnwys gwaith ar amryw o bwyllgorau. Ef yw is-gadeirydd Cyngor yr Eglwysi, Bangor.

Agwedd ddiddorol arall yn ei fywyd yw ei swydd fel prif Gaplan i Wersylloedd Gwyliau Gorllewin Prydain a'r wythnos ddiwethaf daeth caplaniaid o bob rhan o'r ardal i'w gartref i drafod rhaglen am yr haf sydd i ddod.

T. Hywel Thomas

Cred cyn-brifathro o Gaergybi nad oes digon o bwyslais yn cael ei roi yn yr ysgolion heddiw ar ddarllen, ysgrifennu a mathemateg - tri phwnc sy'n sylfaenol i lwyddiant pob plentyn. Y canlyniad, meddai Mr T. Hywel Thomas, 19 Queen's Park, Caergybi, yw fod nifer mawr o blant yn gadael yr ysgol y dyddiau hyn yn anllythrennog. Cymerodd addysg gamre pwysig dros y blynyddoedd ond erbyn heddiw efallai mai'r angen yw mynd yn ôl at y pethau sylfaenol.

Yn Llandegfan y ganed Mr Thomas ac o'r cychwyn cyntaf cafodd Cymreigrwydd Llandegfan a Seisnigrwydd Biwmares effaith ar ei fywyd. Aeth i Ysgol Gynradd Llandegfan cyn mynd ymlaen i Ysgol Ramadeg Bangor. Ar ddiwedd ei gyfnod yno, roedd wedi rhoi ei fryd ar gael bod yn athro ond yr adeg honno, cyn iddo gael mynd ymlaen i'r Coleg, rhaid oedd gwasanaethu am flwyddyn fel *pupil-teacher* fel y gellid pwyso a mesur a oedd yn gymwys i'r swydd ai peidio. Ar ddiwedd y flwyddyn, aeth i'r Coleg Normal, Bangor.

Ei ysgol gyntaf fel athro oedd Llanrhuddlad a bu yno am gyfnod cyn symud i Lannerchymedd ac wedyn i Borthaethwy. Yn 1932, fe'i penodwyd yn brifathro ysgol Tŷ Mawr, Llanfihangel Tre'r Beirdd, ac roedd yno yn ystod y cyfnod pan ddaeth yr *evacuees* o Lerpwl i'r cylch. Yn hytrach na'u bod hwy yn newid cymeriad yr ysgol, dywedodd Mr Thomas mai'r hyn a ddigwyddodd oedd fod pob un yn Gymro gweddol dda o fewn ychydig fisoedd ar ôl iddynt gyrraedd y cylch.

Oddi yno, cafodd swydd yng Ngwalchmai a'r adeg honno y daeth Eisteddfod Môn i'r pentref. Roedd yr Eisteddfod Genedlaethol wedi ei gwahodd i Langefni yn 1957, a dwy flynedd cyn iddi gyrraedd, penodwyd Mr Thomas yn drefnydd. Cred ei fod yn un o'r rhai diwethaf a wasanaethodd fel trefnydd rhan amser. Ar ôl gorffen trefnu'r Eisteddfod, cafodd ei benodi'n brifathro cyntaf ysgol newydd Llanfawr a bu yno nes iddo ymddeol yn 1967.

Er pan oedd yn fachgen ifanc, bu Mr Thomas yn cystadlu mewn gwahanol eisteddfodau a chymryd rhan mewn cyngherddau. Canlyniad hyn oll oedd meithrin diddordeb mewn cerddoriaeth. Am gyfnod hir, bu ei gorau plant, o bob rhan o Fôn, yn cystadlu mewn amryw o eisteddfodau. Enillodd gyda'r côr plant gyntaf yn y Genedlaethol yng Nghaergybi yn 1927, gyda phlant o Lannerchymedd, ac ychydig cyn iddo ymddeol enillodd côr Llanfawr yn Eisteddfod Genedlaethol yr Urdd yn Rhydaman.

Dros y blynyddoedd, cymerodd Mr Thomas ddiddordeb mewn amryw o bwyllgorau gan gynnwys Cyngor Gwlad Môn, Cymdeithas Eisteddfod Môn, Clwb Cerdd Môn, ac ef yw cadeirydd Cwmni Opera Môn.

Ar ôl Eisteddfod Genedlaethol Môn yn 1957, penderfynwyd creu ymddiriedolaeth i edrych ar ôl y gweddill o'r arian a oedd yn y gronfa. Gwnaed hyn yn hytrach na rhannu ychydig o'r arian i wahanol fudiadau yn y Sir. Erbyn heddiw, mae'r gronfa hon wedi bod yn gyfrifol am noddi amryw o weithgareddau ar yr ynys yn ymwneud â llenyddiaeth, cerddoriaeth, drama a'r celfyddydau cain. Dywedodd Mr Thomas, sy'n ysgrifennydd y Gronfa, y gellid defnyddio'r arian eto pe bai Eisteddfod Genedlaethol arall yn dod i Fôn ond mae'n rhaid cofio na fyddai'r swm yn chwarter digon i gyfarfod y gost aruthrol o lwyfannu Eisteddfod erbyn heddiw.

Gresynai Mr Thomas fod Eisteddfod Môn erbyn hyn wedi colli'r pafiliwn, oherwydd nid oes ond tair neuadd ar yr ynys sy'n addas i gynnal yr Ŵyl. Wrth golli pafiliwn, roeddech hefyd yn colli awyrgylch arbennig y maes. Ond oherwydd y sefyllfa ariannol, teimlai y byddai'n rhaid i Gyngor Môn roi rhyw gymorth os oedd yr Eisteddfod am fynd yn ôl i'r pentrefi bychan.

Un rhyfeddod, meddai, yw fod pobl Llanddeusant yn dal i allu cynnal Eisteddfod flynyddol mewn pabell, a'r unig reswm y gellir ei roi am y llwyddiant yw brwdfrydedd y bobl leol. Pe bai'r un brwdfrydedd yn bodoli mewn pentrefi eraill, meddai, byddai modd cynnal Eisteddfod gampus gyda phafiliwn a maes a fyddai'n deyrnged i'r cylch a'i noddai.

Glyngwyn Roberts

Roedd gan ffermwyr llechweddau Arfon fywyd caled ond un hapus iawn cyn yr Ail Ryfel Byd. Roeddent yn meddu ar fath arbennig o amaethyddiaeth ond bellach mae eu tyddynnod bychain yn aml wedi eu troi'n dai gwyliau i Saeson. Dywed Mr Glyngwyn Roberts, Glan Wygyr, Tai Hen, Rhosgoch, fod y chwalfa a ddaeth i ran y gymdeithas glòs hon yn drueni oherwydd, erbyn heddiw, mae ffyrdd braf wedi cael eu hadeiladu at y tyddynnod a chyfleusterau modern hefyd ar gael. Mae gan Mr Roberts atgofion melys am ffermydd y llechweddau, mab un o ffermydd felly ydyw. Fe'i ganed ac fe'i magwyd yn Ro-wen, a thros y blynyddoedd, mae wedi dod i adnabod y dulliau arbennig a berthynai i ffermydd y mynydd.

Roedd y tri-degau'n amser arbennig o galed i ffermwyr, gyda dirwasgiad ar bob llaw, a phe bai pawb wedi galw am eu harian i mewn yr adeg honno, byddai rhai cannoedd yn fethdalwyr. Er iddi fod yn drychineb, nid oedd amheuaeth, meddai, nad yr Ail Ryfel Byd a osododd amaethyddiaeth yn ôl ar seiliau cadarn. Gwelwyd bod yn rhaid bod yn hunan-gynhaliol os oedd y gelyn i gael ei drechu.

Trwy gyfnod y rhyfel, bu'n cadw siop cigydd yng Nghonwy yn ogystal â ffermio ac, yn 1947, daeth at ei ewythr, Mr William Roberts, i Tai Hen. Wedi iddo ddod i Fôn, dechreuodd gymryd diddordeb mewn materion lleol, yn arbennig undebaeth amaethyddol. Bu'n gwasanaethu ar bwyllgor gwaith lleol yr *NFU* am tua saith mlynedd cyn ymuno ag Undeb Amaethwyr Cymru. Newidiodd undeb oherwydd credai ei bod yn anhepgor i amaethwyr Cymru gael cynrychiolaeth uniongyrchol ynglŷn â'u bywyd a'r diwydiant. Gresynai nad oedd y trafferthion y llynedd gyda'r farchnad biff wedi gwneud i fwy o ffermwyr Cymru weld y dylent fod yn aelodau o Undeb Cymreig.

Bu'n gadeirydd yr undeb ym Môn am gyfnod ac yn ei gynrychioli yn Aberystwyth. Am bum mlynedd wedi iddo ddod yn llywydd, bu'n cynrychioli amaethwyr Cymru mewn cynadleddau yn Lloegr ac ar y cyfandir. Pan oedd ar y cyfandir, cafodd gyfle da i ymchwilio i egwyddorion y Farchnad Gyffredin a'i farn bersonol ef yw y dylai Prydain aros yn y Gymuned Ewropeaidd a chymryd ei rhan mewn cynnig gwelliannau lle bo angen.

Cred yn gryf mewn rhyngwladwriaeth ond cyn y gall hynny ddigwydd yn effeithiol, mae'n rhaid i bob gwlad, yn fawr a bach, gael ei llais ei hun.

Heddiw, gwelir y fantais sydd gan Iwerddon y tu mewn i Ewrop oherwydd bod ganddi lywodraeth annibynnol. Deuai'r un bendithion i Gymru pe bai ganddi Senedd, meddai.

Mae Mr Roberts yn ffermio 300 erw mewn partneriaeth â'i fab, Geraint, ac ymfalchïa yn y ffaith fod ei fab yn gallu cael bywoliaeth o'r tir. Er hynny, mae peryglon at y dyfodol, megis ansicrwydd yn y byd amaethyddol a threthiant uchel a allai orfodi llawer o feibion ffarm i ailddechrau wedi marwolaeth eu tad.

Un o ddyletswyddau cyhoeddus Mr Roberts yw is-gadeiryddiaeth Mainc Ynadon Amlwch. Y newid mwyaf a welodd dros y blynyddoedd yw nifer y rhai a anfonir i garchar oherwydd troseddau. Daw problemau newydd fel cyffuriau o flaen y Fainc. Teimla mai'r rheswm am hyn yw fod cymaint o symud poblogaeth wedi digwydd yn ystod y blynyddoedd diwethaf, a hynny wedi allforio problemau trefol i ardaloedd gwledig.

Gofidia mai'n araf iawn y mae Cymry Cymraeg yn sylweddoli mai eu hawl yw siarad eu mamiaith gerbron y Llys. Ni wêl ddim o'i le mewn cynnal holl weithgareddau'r llys yn Gymraeg cyn belled â bod cyfieithwyr wrth law i fod o gymorth i rywun na all siarad yr iaith.

Wrth edrych at y dyfodol, dywedodd Mr Roberts fod pwysigrwydd diwydiant yn cael ei fesur yn ôl y tâl a roddir i'r rhai sy'n gweithio ynddo. Gwaetha'r modd, nid yw cyflogau amaethyddol ar hyn o bryd yn uchel ond teimla fod y Llywodraeth a'r boblogaeth erbyn heddiw yn fodlon cydnabod pwysigrwydd y ffermwr i'r gymdeithas. Os ydym am fod yn hunan-gynhaliol, bydd yn rhaid defnyddio pob acer a ellir i sicrhau bod digon o fwyd i'r cyhoedd a hefyd er mwyn cael digon o fwydydd cymharol rad i anifeiliaid.

Richard Lloyd Davies

Wrth ymroi'n egnïol mewn llawer o weithgareddau y tu allan i ffiniau'r ffarm, ni fu ymddeol yn llawer o boen i ŵr o Bontrhydybont.

Mab ffarm o Ddolwyddelan yw Mr Richard Lloyd Davies, Eos Elan, Pontrhydybont; bu yn yr ysgol yn y cylch ac yn ffarmio gyda'i dad. Am ddeng mlynedd ar ôl iddo briodi, bu'n ffarmio'r daliad teuluol cyn symud i Gaer Elan, ffarm a fu ym meddiant teulu ei wraig am ganrifoedd.

Yn ogystal â ffarmio 180 erw o ffarm gymysg, bu Mr Davies yn weithgar gydag Undeb Cenedlaethol yr Amaethwyr er 1925. Ymhen deng mlynedd, penodwyd ef i'r pwyllgor gwaith ac, yn 1948, penodwyd ef yn gadeirydd y sir. Dair blynedd wedi diwedd y rhyfel, penodwyd ef i wasanaethu ar bwyllgor amaethyddol y sir, ac am bymtheng mlynedd ef oedd ei gadeirydd. Yr oedd llawer o waith y pwyllgor yma yn golygu mynd o amgylch ffermydd y sir, meddai. Tua'r adeg yma y daeth Môn yn flaenllaw mewn ymdrechion i reoli pla a oedd yn bygwth bywoliaeth llawer o amaethwyr. Gwaith arall y pwyllgor oedd sicrhau peirianwaith apêl i ffermwyr a oedd am gael eu hel oddi ar eu ffermydd.

Swyddogaeth arall y pwyllgor oedd cadw rheolaeth ar gynnyrch ffermydd am rai blynyddoedd wedi'r rhyfel, oherwydd bod dogni'n dal mewn grym. Gan weithio yn agos gyda Llundain, y pwyllgor oedd yn gyfrifol am dalu grantiau i amaethwyr. Cred Mr Davies fod amaethyddiaeth wedi cymryd camau breision yn y cyfnod yma ac un o'r bendithion mwyaf oedd dyfodiad y Ffatri Laeth i Langefni. Gwnaeth hon un o'r cyfraniadau mwyaf gwerthfawr i'r ffarm deuluol, meddai Mr Davies. Roedd yn sicrhau cysondeb i'r ffermwyr drwy iddynt gael tâl yn fisol am eu cynnyrch. Digwyddiad arall i newid gwedd ffermydd y cylch oedd y ganolfan tarw potel, eto yn Llangefni. Trwy ddefnyddio'r cyfleusterau a gynigir, mae ffermwyr Môn wedi gallu gwella'u stoc.

Yn ystod blynyddoedd y rhyfel, cafodd Mr Davies y fraint, meddai, o fod yn drefnydd sirol Clybiau Ffermwyr Ifainc Môn, ar adeg pan nad oedd dim ond deuddeg o glybiau. Roedd wrth ei fodd yn cael cymysgu â bechgyn a genethod ifainc sydd, erbyn heddiw, yn ffermwyr cyfrifol ar yr ynys. Ystyriai bod y cyfnod hwnnw wedi rhoi iddo'i brif gyfle i wneud rhywbeth o werth i amaethyddiaeth ac nid oedd amheuaeth, meddai, nad oedd yr hyn a ddysgwyd gan yr ieuenctid yn y clybiau hynny wedi bod o werth mawr iddynt yn eu gyrfaoedd yn ddiweddarach.

Cofia un adeg arbennig yn hanes y mudiad pan oedd cadeirydd Ffederasiwn Cymru yn benderfynol mai'r lle i gynnal y cyfarfod blynyddol oedd Aberystwyth. Roedd gwahaniaeth barn ar y mater gyda rhai'n dadlau y dylid cynnal yr ŵyl bob yn ail flwyddyn yn y gogledd ac wedyn yn y de. Wedi cyfaddawd, penderfynwyd mai Aberystwyth fyddai'r gyrchfan bob yn ail flwyddyn ond, er hynny, meddai, ni chredai fod y Ffederasiwn wedi bod yn Aberystwyth fwy na dwy waith.

Er bod y mudiad wedi tyfu llawer er y blynyddoedd cynnar, nid oedd wedi colli dim o'i amcanion. Yn ogystal â bod yn fudiad lle'r oedd ffermwyr ifainc yn cael cyfle i ddysgu eu crefft, roedd hefyd yn rhoi cyfle iddynt deithio drwy Gymru, trwy Brydain, a thrwy'r byd. Trwy hyn, roeddynt yn cael cyfle i gyfarfod â ffermwyr ifainc eraill a thrafod problemau.

Oherwydd ei waith gydag Undeb yr Amaethwyr Cenedlaethol, penodwyd Mr Davies yn aelod o Bwyllgor Mân-ddaliadau'r Cyngor Sir, ac o Bwyllgor Llafur y Sir. Bu'n aelod ohonynt am ugain mlynedd. Derbyniodd Mr Davies yr *OBE* yn 1965.

Er 1932, mae Mr Davies wedi bod yn aelod o Eglwys Bresbyteraidd Bryngwran. Cafodd ei wneud yn flaenor yn 1936 ac yn 1963 ef oedd llywydd Henaduriaeth Môn. Am dair blynedd, bu'n ysgrifennydd cyfarfod blaenoriaid Gogledd Cymru, ac mae'n awr ar ei drydedd flwyddyn fel llywydd y cyfarfod. Fel aelod a llywydd y cyfarfod yma, mae wedi cael cyfle da arall i ddod i gysylltiad â phobl. A dyna yw cyfrinach iechyd da wedi ymddeol, meddai, oherwydd drwy gymysgu â gwahanol bobl, roedd ei feddwl yn cael ei gadw'n weithgar.

T. O. Williams

Fe aeth troeon bywyd â gŵr sy'n awr yn byw ym Mangor i sawl cyfeiriad drwy gydol ei oes ond trwy'r cwbl mae wedi bod yn ymdrin â phobl a'u problemau.

Yn Llanllyfni y dechreua stori Mr T. O. Williams, 47 Ffordd Belmont, Bangor, oherwydd mai yno, ar droad y ganrif, y ganwyd ef, ac y magwyd ef am bymtheng mis cyn iddo symud gyda'i deulu i Garndolbenmaen. Chwarelwr oedd ei dad ac mewn cyfnod caled cyn y Rhyfel Byd Cyntaf, symudodd o chwarel ym Mlaenau Ffestiniog i chwilio am waith yn y *South*, ynghyd â rhai cannoedd o ddynion eraill o'r cylch. Er iddo gael gwaith yno, roedd yn anodd iawn cadw dau gartref i fynd, a rhaid oedd i fam Mr Williams fynd allan i weithio i gael dau ben llinyn ynghyd.

Bu ei dad yn y De am gyfnod ond pan ddaeth adref un Nadolig, penderfynwyd y dylai fynd i chwilio am waith yn lleol. Roedd yn lwcus cael swydd yn Chwarel Tan Rallt, Nantlle. Symudodd y teulu i Benygroes, a thair wythnos wedi dechrau'r Rhyfel Byd Cyntaf, ymunodd ei dad â'r fyddin. Ymhen blwyddyn, roedd wedi cael ei ladd ar faes y frwydr yn y Dardanelles, a'r canlyniad oedd i Mr Williams gael ei wneud yn benteulu ac yntau heb fod ond yn ddeg oed. Roedd rhaid iddo ateb y llythyrau swyddogol a ddaethai i'w fam o Swyddfa'r Rhyfel oherwydd nad oedd hi'n gallu ysgrifennu Saesneg. Unwaith eto, bu'n rhaid iddi fynd allan i weithio, gan gymryd golchi i mewn, gosod papur waliau, a gwneud a gwerthu cacennau.

Swydd gyntaf Mr Williams oedd fel negesydd yn Swyddfa'r Post, Llanllyfni, lle'r oedd yn cael dau swllt am wythnos o waith ynghyd â the bob dydd. Bu yno am bum mis cyn cael cynnig swydd mewn ffatri leol am bum swllt yr wythnos. Nid oedd yn rhy awyddus i fynd i weithio yno ac am chwe mis bu'n hiraethu am lythyrdy Llanllyfni. Fodd bynnag, bu gyda'r cwmni am dair blynedd ar hugain gan orffen fel *designer and weaver* yn 1939.

Am dair blynedd, hyd at 1939, bu'n drefnydd rhan-amser i'r Rhyddfrydwyr yn Etholaeth Arfon. Hefyd, bu'n gweinyddu Cronfa Gyfraniadol Ysbyty'r *Cottage*, Caernarfon. Yn y cyfnod yma, penodwyd Mr Williams yn drefnydd Diwydiant Cefn Gwlad Gogledd Cymru. Oherwydd y rhyfel, roedd ansicrwydd ynglŷn â'r gwaith, ond pan osodwyd hi dan beirianwaith cynhyrchu bwydydd fe aeth o nerth i nerth. Oherwydd ei gefndir diwydiannol, ac am fod ganddo wybodaeth bersonol am broblemau diwydiannau bychain, daeth i adnabod llawer o bobl yng Ngogledd Cymru a fyddai'n dod ato'n achlysurol am gyngor.

Wedi iddo dreulio tair blynedd ar ddeg yn y swydd, fe ymddiswyddodd a symudodd i weithio gyda *SARO* ym Miwmares, lle y bu nes iddo ymddeol yn 1968. Erbyn heddiw, mae'n un o'r rhai sydd yn gofalu am blant Ysgol David Hughes, Porthaethwy, tra maent yn cael eu cinio.

Ef oedd un o'r aelodau a sefydlodd Glwb Cymry Bangor, a chyn i Gapel Ffordd Ainon gau yn 1969, roedd yn ddiacon ac ysgrifennydd yr eglwys. Pan gysylltwyd ei hen gapel â chapel Penuel, penodwyd ef yn ddiacon yno.

Yn ystod yr hanner canrif diwethaf, meddai Mr Williams, mae wedi mwynhau pregethu'n gynorthwyol o dro i dro. Ond roedd yn arwyddocaol o'r oes ei fod yn cael cyhoeddiadau'n llawer amlach yn ystod y blynyddoedd diwethaf ac mewn eglwysi na fyddai, rai blynyddoedd ynghynt, yn derbyn neb ond gweinidog sefydledig.

T. D. Roberts

Mewn cyfnod pan fo llywodraeth leol yn mynd ymhellach oddi wrth y bobl, mae'n llawer mwy angenrheidiol i bobl allu mynd at eu cynrychiolydd lleol gyda'u problemau. Ac ar y pryd, beth bynnag, dyna mae'r Cynghorydd T. D. Roberts, Penrhyn, Llangefni, aelod o Gyngor Gwynedd, yn ceisio'i wneud. Dywedais "ar y pryd" oherwydd bod Mr Roberts yn teimlo na fyddai angen y cynghorau sir pe bai Senedd Gymreig yn dod i Gaerdydd neu rywle arall.

Yn Llanfaethlu y ganed Mr Roberts ac yno yr aeth i'r ysgol am gyfnod. Ffarmwr oedd ei dad a phan oedd Mr Roberts yn ifanc, fe symudodd y teulu i Langefni i ffarmio Llwyn Ednyfed.

Pan briododd Mr Roberts, aeth i ffarmio Nant Fadog, Rhosmeirch, cyn dod yn ôl i ffarm y teulu wedi i'w dad ymddeol. Mae gan Mr a Mrs Roberts ddau fab, Harry a John. Bu yn Llwyn Ednyfed nes iddo ymddeol ryw ddwy flynedd yn ôl a symud i'w gartref presennol. Yn 1949, etholwyd ef ar Gyngor Tref Llangefni ac ar ddiwedd y pum-degau bu'n gadeirydd am dymor. Etholwyd ef yn aelod o Gyngor Gwynedd yn yr etholiad cyntaf, wedi iddo wasanaethu am dair blynedd ar ddeg ar hen Gyngor Sir Môn.

Hoff bwnc Mr Roberts yw'r dref a'i mabwysiadodd pan oedd yn blentyn a gwell oedd ganddo siarad amdani hi nag amdano'i hun. Ei deimladau yw fod yn ddigon i bobl wybod lle y gallent droi pan fo angen cymorth arnynt. Arferodd beidio â bod "uwch ei gloch" drwy ddylanwad hen weinidog iddo, y Parchedig R. Prys Owen. Gallai'r dyn hwnnw wneud llawer i bobol heb anerchiadau llethol, a bu Mr Roberts yn un o'i edmygwyr erioed.

Tros y blynyddoedd, mae Mr Roberts wedi bod yn gefnogol iawn i ieuenctid y cylch a'i deimlad yw eu bod erbyn heddiw wedi newid er gwell. Maent yn aros yn ifanc am gyfnod hirach na phan oedd ef yn llencyn. Y drefn heddiw yw cael cymaint o fwynhad ag y bo modd cyn ymgymryd â chyfrifoldebau, a chred fod hynny'n beth iach iawn.

Lle â chryn dipyn o hanes iddo yn Llangefni ar un cyfnod oedd Pen-lan. Y gŵr cyntaf a aeth yno i fyw oedd Dr Jones, a ddaeth yn feddyg i'r cylch o Dde Affrica. Wedyn, daeth Mr J. R. Williams ac wedi iddo ef ymadael, daeth caffi Pen-lan i feddiant Miss Williams, a oedd yn paratoi bwydydd ar golled iddi ei hun i'r bobl a weithiai yn y dref. Erbyn heddiw, mae'r hen gaffi wedi ei chwalu ond mae'r brawdgarwch oedd i'w gael yno ar newydd wedd heddiw yng Nghartref yr Henoed, sydd yn cario'r un enw.

Roedd Mr Roberts yn falch ei fod wedi cael cymryd rhan yn natblygiad Llangefni fel canolfan ddiwydiannol Ynys Môn. Oherwydd prinder adnoddau ac arian, y gamp fawr i Gyngor Môn fydd cadw'r diwydiannau sydd ganddynt yn barod yn y dref. Byddai'n bechod mawr, meddai, i Gyngor orffwys ar ei rwyfau oherwydd nad oes ganddo arian ar y pryd i fynd ymlaen â chynlluniau sydd yn agos at ei galon. Dylent ddefnyddio'r cyfle a gynigir i gynllunio ar gyfer y dyfodol gwell sydd yn sicr o ddod.

Un o sefydliadau pwysicaf Môn erbyn heddiw, meddai, yw Coleg Pencraig, sy'n rhoi cyfle i fechgyn a genethod ifainc yr ynys gael hyfforddiant mewn amryw o bynciau. Roedd angen ei ehangu a'i wneud yn Goleg preswyl yn cynnig hyd yn oed fwy o amrywiaeth. Roedd Plas Pencraig ar hyn o bryd yn cael ei ddefnyddio gan Gyngor Môn fel fflatiau ond teimlai y dylent ei werthu i Gyngor Gwynedd, a fyddai wedyn yn gallu ei ailgysylltu â Choleg Pencraig a'i wneud yn goleg yng ngwir ystyr y gair.

Cynllun arall y dylai Cyngor Gwynedd edrych yn fanwl arno, meddai, oedd y posibilrwydd o sefydlu diwydiant i gynhyrchu'r amrywiaeth o nwyddau yr oedd ar y Cyngor eu hangen. Mewn cyfnod o chwyddiant, pan fo pawb yn teimlo'r esgid yn gwasgu, byddai diwydiant o'r fath yn un ffordd i arbed llawer iawn o arian.

Ken Williams

Er na cherddais ond ychydig o ffordd drwy Warchodfa Natur Penrhos yr wythnos ddiwethaf, roedd yno ddigon i ddangos pam fod llawer o bobl wedi rhoi eu holl egni i'w gwneud yn llwyddiant. Yn y distawrwydd perffaith sy'n rhan annatod o'r Warchodfa, roedd yn hawdd deall hefyd gariad yr Heddwas Ken Williams at fyd natur. Er pan sefydlwyd y Warchodfa dair blynedd yn ôl, bu'n Brif Warden, a chyda chymorth gwirfoddolwyr o'r cylch, creodd fangre i adar ac anifeiliaid gwylltion.

Mab i blismon o Abergynolwyn, Meirionnydd, yw Mr Williams ac ar hyd ei oes bu ganddo ddiddordeb mewn natur. Cofia'n iawn pan oedd yn fachgen fel y byddai ei dad yn dod â phob mathau o anifeiliaid yn ôl i'r orsaf. Er bod cell yno, ni welodd erioed garcharor ynddi, dim ond cymysgedd o anifeiliaid.

Âi Mr Williams i Ysgol Tywyn, ond yn aml iawn roedd yn well ganddo fynd allan i'r awyr agored i chwilio am nythod. Byddai'n gadael y cartref 'run adeg â bechgyn eraill y cylch yn y bore, ond wedi iddo alw yn Eglwys Llanegryn a llofnodi'r llyfr ymwelwyr, byddai'n treulio'r dydd ar y mynydd.

Pan oedd yn ddwy ar bymtheg oed, ymunodd â'r Gwarchodlu Cymreig a bu'n gwasanaethu gyda hwy yn y Dwyrain Canol a'r Almaen. Am gyfnod, bu'n aelod o'r Lleng Arabaidd yng Ngwlad Iorddonen. Yno, prynodd Destament Newydd Cymraeg mewn siop fechan yn Jerusalem ac mae ganddo byth, ynghyd ag amryw o ddail a blodau a gasglodd ar y pryd.

Pan adawodd y fyddin, fe ymunodd â Heddlu Gwynedd, i ddilyn traddodiad teuluol, a bu'n gwasanaethu yng Nghaernarfon, Deganwy, Caergybi, Bangor, Y Bala, Llanfaethlu a Bae Trearddur. Yn ystod y blynyddoedd hyn, nid oedd fawr o wahaniaeth pa ran o'r wlad yr oedd yn byw ynddi cyn belled â bod yno ryw fath o anifeiliaid o'i gwmpas.

Bachgen ifanc iawn oedd pan ddechreuodd freuddwydio am gael stad o dir iddo'i hun i edrych ar ôl anifeiliaid. Deuai'r breuddwydion hyn pan oedd yn crwydro stad Williams Wynne ger ei gartref. Ni allai ddeall pam roedd gan y dyn hwnnw hawl i gael stad iddo'i hun. Bu'n rhaid i Mr Williams ddisgwyl am ddeugain mlynedd cyn cael gwireddu ei freuddwyd, a rhyfeddod iddo yw mai'r cwmni y mae pobl yn credu iddo fod yn un dinistriol a'i galluogodd i sefydlu Gwarchodfa Penrhos.

Er mai ef yw arloeswr y Warchodfa, dywedodd Mr Williams mai gwaith gwirfoddol a wna. Cafodd gyfle i deithio i Affrica i weld anifeiliaid yn eu cylch naturiol. Bydd yn mynd yno eto ym mis Awst, a bwriada briodi merch o Kenya yr adeg honno.

Ym mis Hydref, cyhoeddir hunangofiant Mr Williams, *While Shepherds Watch*, a bwriada gyhoeddi llyfr arall ychydig wedyn, *Ken in Kenya*, sy'n dilyn ei daith yn Affrica.

Yr wythnos ddiwethaf, teithiodd Mr Williams i Lundain ac yn y Tŵr derbyniodd fedal aur am iddo fod yn Rhoddwr Cigfran i'r Frenhines. Yn ogystal â'r fedal hon, mae ganddo fedalau gan y Gymdeithas Atal Creulondeb i Anifeiliaid, a'r llynedd, derbyniodd yr *MBE* am ei waith gyda Chadwraeth yng Nghymru.

Un peth nad oes arno eisiau'i weld byth yw pobl yn gorfod talu am ddod i'r Warchodfa, oherwydd teimla fod gan bobl hawl i ddod yno i anghofio problemau'r byd ac i fwynhau'r awyr agored. Mae'n falch hefyd o'r ffaith fod ei waith fel heddwas a warden wedi ei alluogi i ddod i gysylltiad â llawer o bobl ifainc, a thrwy eu cynorthwyo hwy i ddeall natur yn well, gobeithia eu bod hwy yn sylweddoli bod gan heddweision galon.

Alun Ll. Williams

Er bod mwy o fyfyrwyr yn Adran Efrydiau Allanol Coleg y Brifysgol, Bangor, nag yng ngweddill y Coleg gyda'i gilydd, mae lle i gredu y gall yr adran ehangu lawer mwy. Ond yn ôl yr Athro Alun Llewelyn Williams, Pennaeth yr Adran, mae prinder arian ac adnoddau yn cyfyngu ar y datblygiadau posibl.

Pan ddaeth Mr Williams i'w adran bum mlynedd ar hugain yn ôl, cynigiwyd 60 o gyrsiau i lai na 1,000 o bobl. Erbyn heddiw, cynigir 200 o gyrsiau i 4,000 o bobl. Er bod y nifer yn uwch na nifer myfyrwyr amser llawn y Coleg, cyfartaledd bychan iawn ydyw o boblogaeth Gogledd Cymru. Gyda mwy o arian ac adnoddau, gellid ychwanegu'n helaeth iawn at hyn, meddai.

Brodor o Gaerdydd a ddysgodd Gymraeg yw Mr Williams. Cafodd ei addysg gynradd, uwchradd ac uwch yn y brifddinas. Am gyfnod wedi iddo adael y Coleg, bu'n gweithio yn y Llyfrgell Genedlaethol yn Aberystwyth. Yn y tri-degau, cafodd swydd gyda'r *BBC* ac yn y cyfnod hwnnw y sefydlwyd rhanbarth Cymraeg, wedi brwydro caled. Ar ddechrau'r rhyfel, daeth darlledu rhanbarthol i ben gyda holl adnoddau'r *BBC* yn cael eu canoli yn Llundain. Ond roedd Mr R. Hopkin Morris, Cyfarwyddwr Cymru ar y pryd, wedi llwyddo i gael darlledu newyddion Cymraeg.

Drwy gydol y rhyfel, bu Mr Williams yn gwasanaethu yn y fyddin, ac yn 1946, dychwelodd at y *BBC* fel cynhyrchydd sgyrsiau ym Mangor. Bu yno am ddwy flynedd cyn symud i'w swydd bresennol.

Amcan yr Adran, meddai Mr Williams, yw mynd ag adnoddau'r Coleg at y bobl gyffredin a chynnig gwasanaeth iddynt sy'n gwrthbrofi'r syniad nad oes gan y Brifysgol ddiddordeb yn y gymdeithas a'i cododd. Gwelodd newidiadau mawr yn ansawdd gwaith yr Adran yn ystod yr ugain mlynedd diwethaf. Y peth mwyaf trawiadol yw fod llawer mwy o bobl erbyn heddiw yn gorfod cael addysg bellach ar hyd eu hoes oherwydd bod cymaint o newidiadau'n digwydd yn y gymdeithas.

Pan oedd yn ifanc, teimlai Mr Williams y gallai fod yn fardd, ond ni wireddwyd y freuddwyd honno'n llwyr. Er hynny, mae wedi ysgrifennu amryw o lyfrau a'r diweddara' ydyw *Gwanwyn yn y Ddinas*, a gyhoeddwyd gan Wasg Gee. Hunangofiant yw hwn, sy'n dwyn i gof, ymhlith pethau eraill, yr adeg y breuddwydiai am fod yn fardd.

Dros y blynyddoedd, cymerodd Mr Williams ddiddordeb arbennig yn y celfyddydau, ac yn ystod y chwe-degau roedd yn aelod o Gyngor y Celfyddydau. Yn y cyfnod hwn y dechreuwyd sefydlu pethau fel Cwmni Theatr Cymru, gyda'r syniad o hybu drama'n broffesiynol drwy Gymru. Llwyddodd y Cwmni, ac yn ei sgîl daeth yr alwad am theatrau priodol ar hyd a lled Cymru. Bellach mae'r rhain hefyd wedi eu sefydlu. Pan sefydlwyd Cymdeithas Celfyddydau Gogledd Cymru, penodwyd Mr Williams yn aelod o'r pwyllgor a thrwy'r Gymdeithas a gwaith yr adran mae wedi parhau i gymryd diddordeb yn y celfyddydau.

Teledu yw maes arall y mae'n ymddiddori ynddo, ac yn arbennig felly wedi iddo fod yn aelod o Fwrdd Teledu Harlech. Cred fod y cwmni wedi gwneud gwaith da ar y cyfan ac wedi llwyddo yn ei amcanion. Ond teimla fod ffactorau mewnol wedi creu problemau, er bod cyfraniadau Cymraeg wedi bod yn nodedig. Cred ei bod yn anodd i'r Gymraeg wrthsefyll y dylifiad parhaol o raglenni Saesneg ac efallai mai un ffordd o sicrhau dyfodol y teledu yng Nghymru fyddai adlewyrchu'r bywyd Cymraeg o safbwynt y Cymro Cymraeg yn ogystal â'r Cymro di-Gymraeg.

R. T. D. Williams

Gyda thymor eisteddfodol arall yn prysuro at binacl y Genedlaethol, mae'n wir dweud y bydd dilynwyr yn edrych yn fwy gofalus ar Eisteddfod Bro Dwyfor nag ar yr un eisteddfod arall ers tro. Bydd y cystadlu mor frwd ag erioed ac fe fydd cymaint o hwyl yng Nghricieth ag yn unman arall yng Nghymru, ond mae eleni'n flwyddyn bwysig iawn yn hanes yr Eisteddfod Genedlaethol. Am y tro cyntaf erioed, yr Eisteddfod ei hun sydd biau'r holl adeiladau.

O'r safbwynt hwn, felly, bydd hon yn Eisteddfod arbrofol ac un o aelodau'r Cyngor a fydd yn gwylio'r sefyllfa yw Mr R. T. D. Williams, Pen y Garreg, sydd wedi ymddiddori mewn eisteddfodau drwy gydol ei oes.

Cwestiwn sy'n codi'n barhaol pan drafodir yr Eisteddfod yw a ddylid cael o leiaf ddau safle parhaol iddi. Yr ateb hyd yn hyn, meddai, Mr Williams yw y dylai barhau i ymweld â gwahanol ganolfannau.

Daeth Mr Williams yn aelod o Gyngor yr Eisteddfod pan ymwelodd yr Ŵyl â Bangor yn 1971. Cred ei bod yn meithrin cyfeillgarwch a gwell dealltwriaeth rhwng gwahanol garfanau lle bynnag y mae wedi bod. Pwysicach na hynny, efallai, yw'r ffaith y gellir gweld adnewyddiad yn y bywyd Cymreig am flynyddoedd wedi i bebyll yr Eisteddfod gael eu tynnu i lawr.

Agwedd nodweddiadol arall o bwysigrwydd yr Eisteddfod yw fod pobl ddi-Gymraeg a Saeson yn ymdaflu at y gwaith lleol i sicrhau llwyddiant yr Ŵyl. Roedd offer cyfieithu yn sicrhau eu bod hwythau hefyd yn gallu mwynhau'r awyrgylch arbennig sy'n deillio o'r Eisteddfod.

Cred Mr Williams fod y ffaith mai Cymru sydd biau adeiladau'r Ŵyl yn rhoi cyfle o'r newydd i bobl Cymru eu defnyddio, eu gwella a'u newid er lles Cymru gyfan. Efallai, yn y dyfodol, y gellir datblygu mwy ar y syniad o gynnal arddangosfeydd fel rhan o'r Ŵyl.

Gofid mawr llawer o bobl yw mai ond y to hŷn sy'n mynychu'r Eisteddfod ac nad oes ganddi ddim i'w gynnig i ieuenctid Cymru. Profodd Caerfyrddin fod ieuenctid yn cymryd diddordeb a rhan flaenllaw yn y bywyd eisteddfodol. Y trueni yw mai dim ond am y stŵr a thwrw lleiafrif o ieuenctid yr oedd pobl yn clywed. Nid oedd neb yn mynd i'r drafferth i gofnodi bod rhai miloedd o bobl ieuainc yn berffaith fodlon mwynhau ysbryd y maes.

Gydag ad-drefnu llywodraeth leol, sy'n golygu bod Cymru'n cael ei gadael gydag wyth o siroedd mawr, bydd yn rhaid meddwl am batrwm newydd at y dyfodol, oherwydd bod gan y Cynghorau fwy o gyfle arbennig i ddefnyddio'r adnoddau sydd ganddynt yn fwy effeithiol.

Ond pan fydd y llen yn dod i lawr ar weithgareddau'r Genedlaethol yng Ngwynedd yn Awst, gellir edrych ymlaen at eisteddfod arall sydd i'w chynnal ym Mhorthaethwy y flwyddyn nesaf. Eisteddfod yr Urdd yw honno, wrth gwrs, ac mae hwn eto yn fudiad a fu'n agos at galon Mr Williams ers blynyddoedd bellach - naill ai fel cystadleuydd neu fel aelod o bwyllgor yn gwneud trefniadau. O'r dechrau, roedd wedi gweld bod Eisteddfod yr Urdd yn sefydliad a oedd yn mynnu tyfu, gan ddenu mwy a mwy o blant. Fel y gellid ei ddisgwyl, roedd hynny'n creu problemau gyda chostau uwch yn rhoi mwy o bwysau ar ardaloedd. Ond cred Mr Williams ei bod yn beth da iddynt gael cyfle i ymroi i'r gwaith.

Llwyddodd yr Urdd i ddod â phlant a phobl ifainc o wahanol ardaloedd Cymru at ei gilydd, a gwelwyd ym mhob Eisteddfod sut yr oedd y rhai a oedd wedi dysgu Cymraeg yn ymdoddi'n hawdd i'r gweithgareddau. Gwerth arbennig yr Urdd, meddai Mr Williams, yw fod y mudiad trwy Eisteddfodau a gwersylloedd wedi gwneud miloedd o blant Cymraeg a di-Gymraeg yn ymwybodol o gyfoeth y diwylliant Cymraeg.

T. Bailey Hughes

Natur ddynol yw un o'r problemau mwyaf sydd yn wynebu'r bywyd crefyddol heddiw a'r anhawster yw nad oes neb yn sicr sut i ddatrys y broblem. Dywedodd y Canon T. Bailey Hughes, Rheithor Llangefni, yr wythnos ddiwethaf, fod pobl yn llawer parotach i newid siop nag yr oeddynt i newid Eglwys. Ac mewn oes lle mae llai o bobl yn mynd i'r weinidogaeth, roedd cynnal gwasanaethau mewn eglwysi gwasgaredig yn mynd yn anos. Yn y sefyllfa yma, cred y bydd yn rhaid ailfeddwl ynghylch llawer o bolisïau sy'n bodoli heddiw.

Yn ystod y blynyddoedd y mae ef wedi bod yn y weinidogaeth, ni fu llawer iawn o newidiadau, meddai. Efallai fod cynulleidfaoedd dipyn yn llai ond roedd pobl yn dal i fynd i weld eu Rheithor, Ficer neu Weinidog gyda'u problemau personol.

Er mai yn Sir Gaernarfon y ganed Mr Hughes, fe'i magwyd yn Llanbedrgoch. Aeth i'r ysgol yno ac wedyn i Ysgol y Sir, Llangefni. Yng Ngholeg y Brifysgol,

Bangor, fe raddiodd mewn astudiaethau dinesig. Ni fu ganddo erioed amcan i danio Cymru â chrefydd, meddai, ond fodd bynnag, penderfynodd ar ôl graddio mai ar y weinidogaeth yr oedd ei fryd. Aeth i astudio diwinyddiaeth i Goleg Dewi Sant ac yn 1941 fe'i hordeiniwyd. Gan fod ei hynafiaid wedi bod yn bersoniaid yn Llanrug, penderfynodd fynd yno'n gurad. Ei hen daid oedd y Parchedig Henry David Bailey Williams, disgynnydd Peter Williams.

Yna, fe symudodd i Lanberis cyn mynd ymlaen i Langwnadl yn Llŷn yn 1950. Bum mlynedd yn ddiweddarach, symudodd i Lanllechid, ac yn 1962 daeth i'w ofalaeth bresennol. Yn ystod y cyfnod yma, mae wedi dal amryfal swyddi yn yr Esgobaeth gan gynnwys ysgrifenyddiaeth y Bwrdd Cyllid, Arolygwr Ysgolion, ysgrifennydd y Gynhadledd Esgobaethol, aelod o'r Bwrdd Nawdd, Corff Llywodraethol yr Eglwys yng Nghymru a'r Corff Cynrychioli. Yn 1971, fe'i gwnaed yn Ganon yr Eglwys Gadeiriol.

Yn lleol, mae Mr Hughes yn gadeirydd Pwyllgor Lles yr Henoed, Llangefni, a llywydd Clwb Deillion Môn a hefyd yn aelod o Gyngor Iechyd Cymdeithasol Môn, sydd yn galluogi'r cyhoedd i gael cysylltiad lleol â'r gwasanaethau iechyd. Er ei bod yn rhy gynnar eto i fesur llwyddiant y cyngor na dadansoddi ei swyddogaeth yn llwyr, cred fod dyfodol disglair iddo ym mywyd iechyd y cylch. Nid oedd yn teimlo mai siop siarad yn unig oedd y cyngor. Er mai cyfyngedig yw ei bwerau, mae'n gallu argymell gwahanol bethau i'r Awdurdod Iechyd.

Rhyw ddeunaw mlynedd yn ôl, dechreuodd Mr Hughes arlunio cartwnau ac mae erbyn heddiw yn un o'i hoff bleserau. Gwelir ei waith mewn amryw o lyfrau a chylchgronau gan gynnwys *Yr Haul*, cyfnodolyn yr Eglwys. Mr Hughes yw Caplan y *Cartoonist Club of Great Britain* ac ym mis Rhagfyr mae Llyfrgell y Sir yn cynnal arddangosfa o'i waith yn y Llyfrgell yn Llangefni.

H. R. M. Hughes

Gyda Phrydain yn wynebu ei hargyfwng economaidd gwaethaf ers y tri-degau, mae mwy a mwy o bobl yn galw am i'r amaethwyr yn arbennig, ac unigolion yn gyffredinol, wneud beth a allant i fod yn hunan-gynhaliol. Un sy'n credu fod pendil bywyd wedi symud yn ddigonol i orfodi pobol wneud mwy er eu mwyn eu hunain yw Mr H. R. M. Hughes, Penrhos, Bodedern, is-lywydd Undeb Amaethwyr Cymru.

Er mai o Fodedern yr oedd ei fam, ganwyd Mr Hughes yn y Ffôr, ger Pwllheli. Daeth yn ôl i Fôn pan oedd yn chwech oed a chael ei addysg yn ysgol y pentref cyn symud i Ysgol Caergybi. Arferai ef a phump arall feicio i'r ysgol bob dydd. Yn rhyfeddol, meddai, mae gan bob un o'r chwech ei fusnes ei hun erbyn heddiw.

Yn 1939, aeth i weithio i Sir Gaerfyrddin ac yno y cyfarfu â'i wraig. Yr adeg mwyaf dychrynllyd yn ei fywyd oedd pan oedd yn gweithio ar ffarm ger Abertawe a'r dref yn cael ei bomio.

Bu'n hwsmon ar ffarm yno am gyfnod cyn symud yn hwsmon i ffarmwr yng Ngheunant. Yn 1951, daeth ffarm Penrhos yn wag a phenderfynodd Mr Hughes gynnig amdani. Roedd amgylchiadau'n anodd ar y dechrau ac yn ddigon tlawd, meddai Mr Hughes, a chred y bydd gwybod hynny, efallai, yn sbardun i ryw lanc ifanc heddiw sy'n meddwl mentro allan ar ei ben ei hun.

Pan ddechreuodd bedair blynedd ar hugain yn ôl, ffarm o ryw 25 erw oedd Penrhos. Erbyn heddiw, mae'n berchennog bron i 300 erw a llawer o anifeiliaid. Gyda gwaith caled, mae'n bosibl, hyd yn oed dan yr amgylchiadau presennol, i ddyn lwyddo. Erbyn heddiw, mae gan Mr Hughes 112 o wartheg godro sy'n ei alluogi i werthu llefrith yn y cylch ac mae'r ieir yn sicrhau busnes bychan arall iddo.

Mae wedi teimlo'n gryf bob amser fod gan ddyn ddyled i'w gyd-ddyn ac o gofio hynny, aeth yn aelod o Gyngor y Fali i ddechrau, a'r llynedd yn aelod o Gyngor Bwrdeistref Môn. Hoffai weld y cyngor yn dal ati, ac yn ehangu eu mân-ddaliadau i roi cyfle i fechgyn ifainc fynd i fyd amaeth. Heb hynny, byddai'r holl waith a wneid yng Ngholeg Pencraig yn ofer.

Ymunodd ag Undeb Amaethwyr Cymru i ddechrau am ei fod yn credu fod amgylchiadau'r ffarmwr yng Nghymru yn gwbl wahanol i amgylchiadau'r rhai a fu'n eu cynrychioli cyn dyfodiad yr Undeb. Am y deuddeng mlynedd diwethaf, bu'n cynrychioli Môn ar y Bwrdd Marchnata Llaeth, a gresyna wrth gofio bod nifer y cynhyrchwyr llefrith ym Môn yn ystod y cyfnod dan sylw wedi gostwng o 1,300 i ryw 480. Cafodd y dirywiad hwn effaith ar gefn gwlad, yr iaith, ysgolion a chapeli.

Ni ddylai neb ddweud eu bod yn caru cymdeithas os oeddynt yn anwybyddu'r pethau bach a oedd yn eu tro yn dylanwadu ar gymdeithas gyfan.

Dros y blynyddoedd, roedd wedi gweld amaethyddiaeth yn faromedr diwydiannau eraill. Pan oedd amaethyddiaeth ar y llawr, roedd diwydiannau eraill yn siŵr o ddilyn. Erbyn heddiw, roedd y llywodraeth wedi dechrau gweld gwerth unwaith eto yn y ffarm deuluol, a thrwy leihau maint y bwyd yr oedd angen ei fewnforio i'r wlad, byddai'r sefyllfa economaidd yn gwella'n gyffredinol. Gobeithia Mr Hughes mai cam nesaf y llywodraeth fydd sylweddoli'r ffolineb o wasgu gormod ar amaethwyr drwy drethi. Nid oedd hyn yn eu galluogi i ymddeol yr un pryd â phobl eraill ac, o ganlyniad, nid oedd amaethwyr ifainc yn dod i mewn i'r diwydiant fel y dylent.

John Griffith

Bu bron i'r nefoedd gwympo ryw dair blynedd ar ddeg yn ôl pan benderfynodd dyn o'r Benllech fod arno eisiau symud rhyw hen graig o'r safle lle'r oedd am adeiladu tŷ. Y broblem fawr a wynebai Mr John Griffith, Drws y Nant, oedd mai cromlech oedd yr hen graig. Daeth archaeolegwyr i weld y safle ac o fewn ychydig ddyddiau, roedd "gŵr o'r Weinyddiaeth" wedi galw i ddweud nad oedd i wneud dim â'r gofadail hynafol oherwydd nad ef ond y wlad oedd piau hi mwyach.

Yn Amlwch y ganwyd Mr Griffith, un o saith o blant Capten a Mrs Richard Griffith, a chofia'n iawn y prysurdeb yn harbwr Amlwch yn ystod ei ddyddiau cynnar. Pan oedd ryw bedair neu bump oed, aeth gyda'i fam i Borthmadog i weld ei dad ar ei long, yr "Irish Minstrel". Llechi oedd y prif gargo yr adeg honno ac enillid rhyw bum swllt y dunnell am eu cludo. Ar ddechrau'r Rhyfel Byd Cyntaf, penderfynodd ei dad roi capten yn ei long. Ffermiodd am gyfnod cyn mynd â'r teulu i Lerpwl. Pan werthodd y llong, roedd yr un a'i prynodd yn ffodus o ddod i'r busnes pan oedd perchnogion llongau'n cael cymaint â £10 y dunnell am eu llwythi.

Er nad oedd arno eisiau i'w feibion ei ddilyn i'r môr, dyna fu hanes pob un ohonynt heblaw Mr Griffith. Cafwyd amser gweddol galed yn Lerpwl adeg y Rhyfel, ac yn 1921, symudodd y teulu yn ôl i Sir Fôn. Wedi cyfnod yn yr ysgol ac mewn ysgol fusnes ym Manceinion, dechreuodd Mr Griffith yn brentis gyda fferyllydd yn Amlwch, Mr R. R. Jones. Yn ôl arfer y cyfnod, ni chafodd gyflog am y tair blynedd a ddilynodd. Aeth i Goleg Lerpwl, lle pasiodd i fod yn fferyllydd yn 1930, ac wedi cyfnodau byr fel "locum", fe brynodd fusnes yn y Benllech. Dros y blynyddoedd, gwelodd y Benllech yn tyfu o fod yn bentref bychan distaw i fod yn lle prysur, gyda chymaint o boblogaeth â rhai trefi.

Ymddeolodd Mr Griffith o'i fusnes yn y Benllech ddeng mlynedd yn ôl, gan symud i'w gartref presennol. Roedd ef a'i wraig, Mary, yn edrych ymlaen at ymddeoliad hapus ond bu farw Mrs Griffith ychydig ar ôl iddynt symud. Dros y blynyddoedd, bu hi'n asgwrn cefn iddo yn ei waith, yn barod bob amser i wrando ar gwynion cwsmeriaid. Un arall a fu'n asgwrn cefn i'r gymdeithas, meddai, oedd Nyrs Williams, Glan-dŵr, a fu farw'n ddiweddar. Ychydig iawn o bobl oedd yn sylweddoli pa mor gymwynasgar a allai fod, yn barod bob amser i fynd at rai mewn angen.

Bu'n gwasanaethu yn y cylch am y cyfnod maith o hanner cant a phump o flynyddoedd, gan gynnwys pump ar hugain o'r blynyddoedd caled cyn dechrau'r Gwasanaeth Lles yn 1948.

Yn ogystal â'i fusnes yn y Benllech, roedd gan Mr Griffith siop ym Moelfre. Cadwodd hon am bedair blynedd wedi iddo ymddeol yn swyddogol. Nid oes fferyllfa yn rhan ohoni ond teimla fod angen gwasanaeth o'r fath mewn pentref sydd wedi tyfu mor sydyn. Ymdrechodd bob amser i roi cymorth i eraill ac mae wrthi byth. Ar ben hynny, mae wedi bod yn flaenor yng Nghapel Libanus, Y Benllech, am ddeugain ac un o flynyddoedd.

Penderfynodd yn gynnar fod iechyd yn llawer pwysicach nag arian, ac felly ymddeolodd yn ddyn cymharol ifanc. Y dyddiau yma, yr ardd sydd yn cymryd y rhan fwyaf o'i amser pan nad yw'n dangos i archaeolegwyr y twmpath cerrig y bu bron iddo â'i chwalu flynyddoedd yn ôl.

J. Merfyn Williams

Pan fo rhywun wedi gweithio am y rhan fwyaf o'i oes ar y tir, mae'n anodd iawn iddynt eu datgysylltu eu hunain yn llwyr oddi wrth fywyd yn yr awyr agored. Er bod Mr J. Merfyn Williams, Bryn Clwyd, Porth Llechog, wedi ymddeol o fod yn ffarmwr ers saith mlynedd bellach, mae ganddo ryw ugain erw o dir fel y gall gadw cysylltiad personol â'r bywyd amaethyddol.

Roedd Mr Williams yn bump oed pan ddaeth i fyw i Lwyn Idris, Brynsiencyn, gyda'i rieni, Dr a Mrs John Williams. Cyn hynny, bu'n byw yn Lerpwl lle'r oedd ei dad yn weinidog ar Gapel Princes Road. Cofia am adeg arbennig tua'r flwyddyn 1910 pan aeth gyda'i dad yn ei gar i ymweld â'i daid ym Miwmares. Nid oedd yr hen ŵr yn fodlon iawn mynd yn y car ond fe aeth am reid o'r diwedd. Ond pan fu farw ychydig wedyn, hebryngwyd yr hers gan geffylau.

Dechreuodd gymryd diddordeb mewn bywyd yn yr awyr agored yn weddol ifanc, oherwydd mai dyna oedd un o brif ddiddordebau ei dad. Pan glywodd ei dad ei fod am fynd yn ffarmwr yn hytrach nag i'r weinidogaeth, yr unig beth a ddywedodd oedd: os oedd am ddilyn rhyw yrfa arall, ffarmio ddylai hi fod. Ychydig wedyn, pan oedd yn chwarae tenis gyda chyfaill, cafodd gyngor gan ei dad i fynd i wylio gweithiwr yn teneuo rwdins gan y byddai hynny'n fwy o fudd iddo na chwaraeon.

Bu farw Dr John Williams pan oedd ei fab yn ddeunaw oed a newydd ddechrau yn y Coleg ym Mangor. Gresyna hyd heddiw na chafodd lawer o'i gwmni.

Cyd-ddigwyddiad hollol oedd iddo fynd i ffarmio i Gwredog. Roedd perchnogion y lle yn ffrindiau â'i deulu ac yr oeddynt yn awyddus i werthu i rywun yr oeddent yn ei adnabod. Felly, pan oedd yn dair ar hugain oed, dechreuodd ar yrfa fel amaethwr a barhaodd am ddeugain mlynedd.

Er iddo gael addysg Coleg mewn amaethyddiaeth, sylweddolodd yn fuan iawn nad oedd fawr o gymorth iddo pan oedd yn dod at drin tir ac anifeiliaid. Bu'n ffodus i gael dynion da i weithio gydag ef a dysgodd lawer oddi wrthynt. Gwelodd gryn dipyn o newidiadau ym myd amaethyddiaeth yn ystod ei ddeugain mlynedd o ffarmio 250 o aceri. Un enghraifft yw fod nifer y rhai sy'n cynhyrchu llaeth wedi codi'n sylweddol dros y blynyddoedd er bod y drefn hon yn newid bellach. Nid oes llawer o bobl sy'n sylweddoli, meddai, fod gwaith amaethwr yn un caled iawn. Er eu bod yn gweithio oriau hir, Sul, gŵyl a gwaith, ni fu eu statws erioed yn uchel. Ac ar ben hyn i gyd, mae'n annheg na all bechgyn ifanc ddechrau mewn amaethyddiaeth.

Roedd Mr Williams yn un o aelodau cyntaf Undeb Amaethwyr Cymru ac erbyn heddiw ef yw llywydd cangen Môn. Gwnaeth yr Undeb lawer o ddaioni yn y cylch ac mae'n ffodus i gael ysgrifennydd penigamp fel Mr R. J. Williams.

Hyd at ei ben-blwydd yn 70 oed, bu'n aelod o Fainc Ynadon Amlwch ac ef oedd y cadeirydd am un mlynedd ar bymtheg. Pe bai wedi cael aros am chwe mis arall, byddai wedi gwasanaethu am 35 o flynyddoedd. Yn ystod y cyfnod hwn, gwelodd newidiadau mawr ar y Fainc gyda'r gwaith yn mynd yn gymhleth, yn enwedig yn ystod y blynyddoedd diwethaf. Mae diwydiant wedi newid llawer ar gymeriad y cylch ac wedi dod â nifer fawr o bobl i fyw ar yr ynys.

Mae ei waith fel ynad yn un agwedd ar ei fywyd na hoffai ei ailadrodd gan fod y gwaith wedi golygu cryn boen wrth iddo feddwl a oedd wedi gwneud cyfiawnder â'r rhai a ddaeth o'i flaen.

Pennant Lewis

Pan fydd y Parchedig Iwan Pennant Lewis yn symud o'i gartref, Gwylfa, Llangefni, ddiwedd y mis, bydd y Wesleaid ym Môn wedi cyrraedd carreg filltir arall yn eu hanes. Gyda'i ymadawiad ef o'r ardal, gwelir y ddwy gylchdaith ym Môn yn cael eu huno. Ac yn fwy na hynny, fe unir cylchdaith Seisnig gyda'r un Gymraeg.

Yn Aberffraw y ganed Mr Lewis, yn fab i weinidog gyda'r Wesleaid a phan oedd yn weddol ifanc, fe symudodd y teulu i Meifod. Felly, nid yw symud yn ormod o boen i Mr Lewis ac, fel mae'n digwydd, bydd yn ymgartrefu yn Llanfyllin nad yw'n rhy bell o hen gylchdaith ei dad.

Cafodd Mr Lewis y rhan fwyaf o'i addysg yn Nolgellau cyn iddo fynd ymlaen i Goleg y Brifysgol, Bangor, lle graddiodd yn B.A. Dilynodd gwrs B.D. yng Ngholeg Hartley, Manceinion. Cyn iddo gael ei ordeinio, bu ar brawf yn Llandysul, Trefforest ac Aberpennar. Wedi ei ordinhad, bu'n bugeilio ym Mhorthmadog, Tre'r Ddôl, Rhuthun a Bae Colwyn, cyn dod i Langefni yn 1970.

Y prif reswm am y newidiadau sy'n digwydd ym Môn, meddai Mr Lewis, yw fod yna brinder gweinidogion yn yr enwad. Eleni, mae wyth yn ymddeol a dim ond un ifanc yn dod yn eu lle. Teimlir hefyd y gellid defnyddio adnoddau'n fwy effeithiol drwy uno. Chwyldro go fawr fydd dod â'r Cymry a'r Saeson at ei gilydd oherwydd, yn y gorffennol, buont bron fel dau enwad gwahanol ond, yn y sefyllfa sy'n bodoli ar hyn o bryd, nid yw hynny'n ymarferol. Dywedodd Mr Lewis fod cydweithio eisoes rhwng y Cymry a'r Saeson yn y pedwar capel ar ddeg sydd ym Môn ond ni fu'r ddwy garfan yn un erioed o'r blaen. Os bydd yr arbrawf ar yr ynys yn llwyddiannus, efallai y gwneir rhywbeth tebyg mewn rhannau eraill o Gymru sy'n dioddef oddi wrth broblemau tebyg. Ar un adeg, yr oedd digon o weinidogion ac aelodau i alluogi i gapel Cymraeg ac un Saesneg gynnal gwasanaethau heb fod ymhell oddi wrth ei gilydd ond mae'r dyddiau braf hynny drosodd, gwaetha'r modd. Gydag amynedd ac ewyllys da, cred y bydd y drefn newydd yn gweithio'n ffafriol.

Mewn maes ehangach nag un enwad, cred Mr Lewis fod cydweithio a gwell dealltwriaeth erbyn heddiw rhwng yr enwadau i gyd ac y byddant, yn y blynyddoedd sydd i ddod, yn ceisio gwneud yr hyn a allant i sicrhau y gwneir y defnydd llawnaf o'r adnoddau. Mae'n ffyddiog y gall y capeli a'r Eglwys ddod at ei gilydd yn y dyfodol. Efallai y bydd y cynulleidfaoedd ar wahân i ddechrau ond byddant yn addoli yn yr un adeilad o leiaf. Cryfhawyd y cydweithio a'r cyd-ddealltwriaeth gan Ymgyrch Cymru i Grist a ddaeth â'r enwadau i gyd at ei gilydd. Mae'n rhy fuan eto i ddweud pa mor llwyddiannus fu'r ymgyrch ond, yn deillio ohoni yn Llangefni, mae cylch trafod Beiblaidd yn dechrau yn yr hydref.

Ar hyn o bryd, mae gweinidogion y Wesleaid yn symud i ardal arall bob pum mlynedd. Nid oes anawsterau yn hyn, meddai Mr Lewis, ond mae'n eitha posibl y newidir y cyfnod i saith mlynedd yn y dyfodol. Cred ei fod yn beth da i weinidog symud o dro i dro, i roi cyfle iddo weld gwahanol agweddau ar fywyd ac, ar yr un pryd, roi newid i bobl yr ardal.

Efallai fod llai o gynulleidfaoedd mewn capeli y dyddiau hyn, meddai, ond mae poblogrwydd adloniant fel "*Jesus Christ Superstar*" yn dangos fod pobl yn awyddus i gadw eu crefydd er nad ydynt, o bosibl, yn barod i ymddangos yn gyhoeddus mewn capeli.

O. Ellis Roberts

Dro ar ôl tro, er pan ddechreuwyd cyhoeddi'r golofn hon ddwy flynedd yn ôl, y peth sy'n sefyll allan fwyaf yw fod rhyw berson neu ryw ddigwyddiad arbennig wedi dylanwadu'n fawr ar yr un a holwyd. Yr un yw hanes y Parchedig Owen Ellis Roberts, Cildwrn, Llangefni, y bûm yn siarad ag ef yr wythnos ddiwethaf. Mae wedi ymddeol ers bron i flwyddyn bellach ac oherwydd gwaeledd, ni allodd bregethu'n ddiweddar. Iddo ef nid yw bywyd werth ei fyw i bregethwr os na chaiff gynnal oedfa ar y Sul.

Cafodd ei eni a'i fagu yn Fedw Uchaf, Penrhoslligwy, bro'r Morisiaid, mewn cartref crefyddol lle'r oedd pregethwyr yn arwyr yr aelwyd. Roedd perthnasau ar ddwy ochr i'r teulu yn y weinidogaeth. Yn Fedw Uchaf y cynhaliwyd achos Bedyddwyr y fro am ddeugain mlynedd cyn sefydlu yn Sardis, Dulas. Y pregethwr cyntaf iddo'i adnabod oedd y Parchedig W. D. Lewis, cyfaill y teulu a arferai alw'n aml cyn iddo symud i'r de.

Dywedodd Mr Roberts ei fod yn fachgen go afreolus a chofia un adeg pan ddaeth Mr Lewis i'w gartref am de yn ystod 1917. Llong o'r Almaen oedd bob un a âi heibio i ffenestr ei gartref, a dywedodd Mr Lewis wrtho y byddai'n ei anfon at y *Germans* os na fyddai'n byhafio. Cydiodd y bachgen mewn cudyn ym mhen y pregethwr gan ddweud, "Na wnei, y cythral ...". Fe aeth saith mlynedd ar hugain heibio cyn i Mr Roberts weld y pregethwr wedyn ac, erbyn hynny, roedd y cudyn mawr wedi diflannu.

Er pan oedd yn fachgen ifanc, roedd yr awydd arno i fynd i'r weinidogaeth ac un arferiad ganddo fyddai dynwared gweinidogion a fyddai'n ymweld â Chapel Bethesda, Mynydd Bodafon. Roedd yn chwech oed pan welodd ei fedydd cyntaf ac yn syth ar ôl mynd adref, gwnaeth ddyn gwellt a bu'n ei fedyddio am ddiwrnodau. Ychydig wedyn, dechreuodd bregethu i'r gynulleidfa orau bosibl - yr ieir pan oeddynt wedi clwydo am y noson.

Cafodd ei addysg gynnar yn Ysgol Penrhoslligwy, dan ofalaeth Mr Rowlands, a allai wneud i bynciau fel hanes "fyw" drwy ddangos enghreifftiau o waith gwahanol gyfnodau a oedd yn berthnasol i'r fro.

Crydd oedd tad Mr Roberts ac fel sawl teulu arall yr adeg honno, ni allai yrru ei fab i ysgol uwchradd. Felly, fe'i prentisiwyd fel crydd, gyda'i gefnder, Mr R. O. Matthews, Tynygongl. Bu gydag ef am ddwy flynedd cyn dechrau ei fusnes ei hun ac ymhen amser roedd wedi llwyddo i gasglu £30 a'i galluogodd i fynd i ysgol ragbaratoawl breifat Rhosllannerchrugog. Cwblhaodd y cwrs yno mewn blwyddyn ac, yn 1934, fe aeth i Goleg Bangor i ddilyn cwrs diwinyddol. Dair blynedd yn ddiweddarach, dechreuodd yn y weinidogaeth yng ngofalaeth Rachub a Bethesda. Roedd hon yn ardal ddiwylliedig gyda bri ar grefydd yr adeg honno. Roedd cymaint â deuddeg o weinidogion yn gwasanaethu yn y cylch.

Y codwr canu ym Methesda oedd Mr William Pritchard a'r arferiad oedd i'r organyddes ddewis emynau. Un Sul, roedd wedi dewis un ddiarth i bawb, a'r unig un a'i canodd drwodd oedd Mr Pritchard. Pan oedd wedi gorffen, trodd ati a gofyn, "Be' gythral oedd eisiau chwarae hon rŵan?"

Symudodd o Fethesda i Hermon, Sir Benfro, yn 1933. Oherwydd y rhyfel, gwelodd y bywyd Cymreig yn cael ei chwalu ar y cyd â'r bywyd crefyddol. Pe bai'r Eglwys wedi sefyll yn fwy cadarn yn erbyn rhyfela, meddai, mi fyddai'n llawer cryfach heddiw nag ydyw. Yn 1954, daeth yn weinidog ar gapel Hebron, Caergybi, mewn ardal cwbl wahanol i Sir Benfro. Bu yno nes iddo ymddeol ar Dachwedd 10, 1974, a daeth i fyw i hen gartref Christmas Evans, ail weiniodog sefydlog y Bedyddwyr ym Môn.

Iolo Owen

Achoswyd cynnwrf mawr ymhlith lleygwyr yr wythnos ddiwethaf pan ddadlennwyd bod ffarmwr o Fodorgan wedi magu defaid di-wlân. I'r cyfryngau, rhyw ddigwyddiad tros nos megis oedd yr achlysur ond i Mr Iolo Owen, Trefri, Bodorgan, mae'r defaid moel sydd ganddo yn gychwyn cyfnod cwbl newydd mewn bugeilio. Rhyw bedair blynedd yn ôl y penderfynodd Mr Owen y dylai fod yn bosibl i fagu defaid un pwrpas fel y gwnaethpwyd gyda gwartheg ers rhyw ddau gan mlynedd. Roedd Mr Owen yn chwilio am ddafad nad oedd problemau ganddi i ddod ag ŵyn heb gymorth a hefyd un nad oedd llawer o waith edrych ar ei hôl. Gan nad oedd yr arian a ddeilliai o wlân yn ddigonol i gynnal y costau, byddai ei ddafad berffaith yn ddi-wlân.

Bu Mr Owen yn ffarmio Trefri er pan ymddeolodd ei rieni ryw bymtheng mlynedd yn ôl a bellach mae'n dal oddeutu 2,000 o aceri ym mhob rhan o Fôn. Gosodir rhyw 1,000 o aceri fel porfa bob blwyddyn a defnyddir y gweddill ar gyfer 2,500 o famogiaid a 130 o fuchod lloi. Yn ystod yr wyth mlynedd diwethaf, bu Mr Owen yn cynnal arwerthiant ar ei dir lle gwerthir oddeutu 2,000 o ddefaid. Gwerthir ŵyn tewion a chig eidion trwy ganolfan gig a sefydlwyd gan Mr Owen rai blynyddoedd yn ôl. Mae'r ganolfan yn fantais i wraig y tŷ ac i Mr Owen fel gŵr busnes, oherwydd ni leddir anifeiliaid ond yn ôl archebion gan arbed gwastraff sydd, yn y pen draw, yn gwneud y cig yn rhatach.

Rhyw ddwy flynedd a hanner yn ôl, penderfynodd Mr Owen a chyfeillion iddo y gellid addasu hen adeiladau yng Nglan Traeth a'u gwneud yn fwyty deniadol. Erbyn hyn, mae'r bwyty, sydd yn gallu cymryd tri chant o bobl ar y tro, wedi gwneud enw iddo'i hun ar yr ynys. Ymdrechir bob amser i gael awyrgylch cwbl Gymreig yno ac erbyn heddiw cyflogir deg ar hugain o bobl leol yno. At y dyfodol, gobeithia Mr Owen sefydlu motel ar y safle a fydd yn gweithredu'n bennaf ar gyfer bysiau.

Ers blynyddoedd bellach, bu Mr Owen yn hoff o deithio ac, yn arbennig, mae'n cofio taith a wnaeth yn 1955 gyda phedwar arall i gynrychioli Clybiau Ffermwyr Ifainc. Treuliodd chwe mis yn America. Dair blynedd yn ôl, enillodd Ysgoloriaeth Nuffield i fynd i astudio magu defaid yn Awstralia a Seland Newydd. Tra oedd yno, prynodd ffarm 300 acer y tu allan i Melbourne. Ar hyn o bryd, gosodir hi ar brydles ac mae'n gobeithio cael mynd yn ôl i Awstralia cyn bo hir i benderfynu dyfodol y ffarm.

Mae wedi teithio, hefyd, i Dde Affrica, Rhodesia, Canada a De America, lle mae amryw o ddefaid o Trefri wedi eu hallforio. Yn ystod y blynyddoedd diwethaf, bu'n dangos ei ddefaid yn dra llwyddiannus yn y ddwy sioe Frenhinol gan ennill y bencampwriaeth bymtheg o weithiau.

O Ddeiniolen y daw ei wraig, Gweneth, ac mae ganddynt bump o blant, Ellen, Richard, Tudur, Mary ac Ann. Mae Mrs Owen newydd sefydlu ysgol feithrin yn Aberffraw gyda ffrind iddi.

Dros y blynyddoedd, cymerodd Mr Owen ddiddordeb mawr yng ngweithgareddau Primin Môn ac ef oedd y llywydd y llynedd. Un arbrawf y bu'n flaenllaw o'i blaid oedd y syniad y dylai'r Primin gael safle parhaol. Eleni, aethpwyd ati i gynnal y Primin ar dir Glangors Ddu a brynwyd yn ddiweddar ganddynt. Nid oedd neb yn sicr iawn sut yr âi pethau ond roedd yn falch fod y ddau ddiwrnod wedi bod yn llwyddiant rhagorol. Hyderai y byddai'r tir yn cael ei ddefnyddio'n llawn gan wahanol fudiadau ym Môn yn y dyfodol ac y bydd, ymhen amser, yn dod yn ganolfan gymdeithasol bwysig i drigolion y cylch.

Llew Lewis

Ychydig iawn o bobl a allai ddweud, mae'n debyg, iddynt gyfrannu at newid gwedd ynys gyfan yn rhinwedd eu swydd. Un sy'n gallu dweud hynny yw Mr Llew Lewis, Belvedere, Caergybi, a fu, hyd at ddeng mlynedd yn ôl, yn rheolwr rhanbarthol Bwrdd Trydan Glannau Merswy a Gogledd Cymru.

Brodor o Gaergybi yw Mr Lewis, wedi ei eni a'i fagu yno. Ei gartref cynnar oedd Cefn Coed, Kingsland, ac roedd ei dad, Mr William Lewis, yn adnabyddus i bawb. Wedi iddo adael Ysgol Caergybi, cafodd ei brentisio gyda chwmni trydan y dref a oedd, yr adeg honno, yn cael ei redeg gan y Cyngor lleol. Bu'n gwasanaethu gyda'r cwmni am rai blynyddoedd gan weithio'i ffordd i fyny'r ysgol nes iddo gael ei benodi'n rheolwr ychydig cyn i gyflenwadau trydan gael eu cenedlaetholi. Pan sefydlwyd Manweb gan y llywodraeth, penodwyd Mr Lewis yn rheolwr dros Sir Fôn. Cyn dyfodiad y Bwrdd, nid oedd trydan yn y rhan helaeth o'r ynys, heblaw am ardaloedd Caergybi, Llangefni a Phorthaethwy ac, yn ôl Mr Lewis, y tebygolrwydd yw na fuasai trydan wedi cyrraedd cymaint o gartrefi ar yr ynys heddiw heb y Bwrdd. Wrth gwrs, yn y dyddiau hynny, roedd yna waith perswadio pobl y byddent yn well allan gyda thrydan na hebddo. I bobl nad oeddynt erioed wedi cael trydan yn y tŷ, nid oedd llawer o wahaniaeth ganddynt fod heb ddim.

Cofia'n arbennig am un hen wraig yng nghefn gwlad Môn y gofynnwyd iddi a fyddai'n fodlon cael trydan yn ei chartref. Roedd nenfwd arbennig o uchel yn ei chartref ond nid oedd yn siŵr iawn a oedd eisiau rhywbeth newydd. Bu'n pendroni am y peth am amser cyn iddi o'r diwedd ofyn yn lle byddai'r trydan yn cael ei osod pe bai'n ei gymryd. Edrychodd y gŵr a oedd wedi mynd i'w gweld tua'r nenfwd a dweud mai yno y byddai. Pan glywodd hynny, dywedodd nad ocdd eisiau trydan wedi'r cwbl oherwydd y byddai'n rhy uchel iddi ei danio.

Am rai blynyddoedd, bu Mr Lewis yn aelod o Gyngor Caergybi ac ef oedd y cadeirydd pan gynhaliwyd gŵyl fawr yn y dref yn 1951. Rai blynyddoedd cyn hynny, olynodd Aelod Seneddol Môn, Mr Cledwyn Hughes, yn gynrychiolydd y dref ar y Cyngor Sir pan aeth Mr Hughes i Dŷ'r Cyffredin. Yn ystod ei gyfnod ar y Cyngor Sir, bu'n gadeirydd y Pwyllgor Iechyd, ond rhoes y gorau i'w ymwneud â llywodraeth leol yn dilyn yr ad-drefnu. Yn ystod yr un cyfnod, bu'n aelod o Bwyllgor Rheoli Ysbytai Glannau Dyfrdwy, gan gynnwys aelodaeth o Bwyllgor Rheoli Ysbyty Llangwyfan.

Er iddo ymneilltuo o fywyd cyhoeddus yn y blynyddoedd diwethaf, mae'n dal â diddordeb i weithio dros y deillion yng Ngogledd Cymru ac ef yw is-gadeirydd Cymdeithas y Deillion yn y Gogledd. Mae Mr Lewis hefyd yn ddiacon a chodwr canu yng Nghapel Hebron, Caergybi, ac ar un cyfnod bu'n gadeirydd Cymanfa Bedyddwyr Môn. Mae ei wraig, Grace, sy'n aelod o Orsedd y Beirdd yn yr Eisteddfod Genedlaethol, wedi bod yn organyddes yn y Capel am oddeutu hanner can mlynedd. Mae ganddynt fab, Trefor, a dwy ferch, Morfudd a Gwyneth.

Yn y blynyddoedd a fu, roedd yn hoff iawn o ganu cystadleuol, a bu'n cymryd rhan mewn rhaglenni fel Caniadaeth y Cysegr. Erbyn heddiw, mae ei waith gyda'r Capel, y bad achub lleol, a'r deillion, yn ei gadw'n ddigon prysur. Dywed Mr Lewis nad oes dim yn rhoi mwy o bleser iddo na chael gwneud gwaith gwirfoddol sydd o gymorth i eraill.

Bertwyn Lloyd Hughes

Y mae'n hawdd i ni heddiw anghofio mai peth cymharol newydd yw'r Gwasanaeth Lles cyfoes. Mae rhai'n dal i gofio'r cymorth a roddwyd gan y Plwyf cyn dyddiau'r system bresennol. Un a fu'n gwasanaethu o dan y ddwy drefn yw Mr Bertwyn Lloyd Hughes, Arsyllfa, Llangefni. Roedd ei gartref ger y rheilffordd yn y Groeslon, Arfon, ac, fel pob bachgen arall yn y cylch, ei uchelgais oedd cael bod yn yrrwr trên.

Wedi iddo gael addysg yn Ysgol Penffordd Ellen, Groeslon, ac Ysgol Dyffryn Nantlle, mynychodd gwrs pedair blynedd fel peiriannydd yn Crewe ond cyn iddo gael cyfle i gwblhau'r cwrs, trawyd ei dad, a oedd yn *Relieving Officer* gyda'r Cyngor Sir, yn wael a gofynnwyd i Mr Hughes fynd adref i roi cymorth iddo. Gwaith y *Relieving Officer* oedd talu arian i deuluoedd anghenus, a chan fod hynny yn ystod y tri-degau, roedd llawer o bobl felly yn y Dyffryn. Roedd yn ardal eang, ac ym mhob pentref roedd un tŷ o leiaf a dderbyniai arian. Roedd sawl agwedd i'r swydd, gan gynnwys bod yn swyddog brechu, ac ymweld â chartrefi pan oedd pobl ar fin mynd i'r ysbyty er mwyn sicrhau bod ganddynt fodd.

Dywedodd Mr Hughes fod agweddau llon a thrist i'r gwaith. Cofia'n arbennig un hen wraig yn un o'r pentrefi dan ei adain. Yn rhinwedd ei swydd, roedd ganddo'r hawl i werthu dodrefn yr ymadawedig, er nad oedd yn cael gwneud budd allan o'r gwerthiant. Pan fu farw'r hen wraig, fe'i galwyd i'r tŷ i restru ei heiddo. Pan oedd wrthi'n croniclo'r cwbl, daeth o hyd i bapurau punnoedd y tu ôl i hen ddarluniau, mewn llestri ac mewn coes sosban. Ar ddiwrnod yr arwerthiant, yr oedd ar bawb eisiau prynu yn y gobaith y deuant o hyd i ryw arian cudd.

Yn 1939, fe symudodd i Bwllheli i swydd Cofrestrydd Priodasau, Marwolaethau a Genedigaethau. Rhan arall o'i waith oedd sicrhau llety i'r cannoedd o ffoaduriaid a ddaeth i Bwllheli o drefydd Lloegr. Rhaid oedd cael rhyw fath o adloniant iddynt hefyd a bu'n trefnu amryw o nosweithiau llawen. Ac mewn dosbarth nos a drefnwyd i'r ffoaduriaid y dysgodd Mr Hughes sut i goginio.

Yn ystod un o'r nosweithiau llawen, gwnaed ychydig o sbort am ben y gwasanaeth tân a chafodd pawb hwyl fawr. Y bore wedyn, aeth car newydd Mr Hughes ar dân pan oedd yn gwneud galwadau yn y dref. Ffoniodd y frigâd dân ond ni ddaeth y frigâd yno gan eu bod yn credu mai cael mwy o sbort am eu pennau yr oedd ac fe losgwyd y car yn ulw.

Yn 1948, daeth y Gwasanaeth Lles i rym, ac yn y blynyddoedd a ddilynodd, daliodd Mr Hughes amryw o swyddi ym Mangor, Caernarfon, Dolgellau a Blaenau Ffestiniog. Yn 1952, daeth i Langefni yn rheolwr y Swyddfa Yswiriant Cenedlaethol ac yno y bu nes iddo ymddeol dair blynedd yn ôl.

Er pan oedd yn fachgen ifanc, cymerai ddiddordeb yng ngweithgareddau'r capeli. Roedd yn organydd yn un ar ddeg oed ac yn flaenor o fewn wyth mlynedd. Heddiw, mae'n flaenor, trysorydd ac organydd Capel Ebenezer, Llangefni. Yn 1970, cymerodd ei gam cyntaf i fyd llywodraeth leol ar hen Gyngor Dinesig Llangefni. Gwnaeth y Cyngor hwnnw lawer o waith da cyn ad-drefnu llywodraeth leol, meddai Mr Hughes, sydd yn Faer Cyngor Tref Llangefni eleni.

Gresyna fod y cynghorau trefol wedi colli'r hawl i benderfynu beth yw eu blaenoriaethau a chan nad oes ganddynt gymaint o bŵer, nid oes cymaint â hynny o ddiddordeb yn eu gweithgareddau. Ond, heb y Cynghorau bychain, meddai Mr Hughes, ni fyddai gan y bobl gysylltiad â'r rhai sy'n gwneud penderfyniadau ar eu rhan ac iddynt hwy y byddai'r golled yn y diwedd.

William Hughes

Wedi iddo dreulio oriau o'i amser hamdden ym myd llenyddiaeth, cafodd gŵr o Dalwrn y cyfle, wedi iddo ymddeol, i fynd ati i weithio mewn siop lyfrau Cymraeg. Ac wrth iddo gofio fod llenyddiaeth a cherddoriaeth wedi dal ei ddiddordeb am flynyddoedd lawer, mae Mr William Hughes, Hafan Deg, Talwrn, yn falch o'r cyfle i weithio yng nghanol llyfrau, ynghyd ag enghreifftiau o gelfi a chrefftau Cymreig.

Yn Niwbwrch y ganed Mr Hughes, yr hynaf o saith o blant ac, o'r dechrau un, dylanwadodd traddodiad cerddorol y teulu arno. Roedd gan ei dad gôr yn y pentref a mawr oedd ei ddiddordeb mewn canu. Nid oedd y fath beth â theledu a radio yr adeg honno ac, oherwydd hynny, roedd pawb yn gorfod creu eu hadloniant eu hunain. Bu bechgyn Niwbwrch yn hynod o ffodus o gael neuadd Pritchard Jones ar eu cyfer, lle'r oedd gwahanol chwaraeon. Ond i Mr Hughes, y llyfrgell a roddai fwyaf o bleser. Wedi i'w ddiddordeb mewn llenyddiaeth gael ei feithrin, roedd Mr Hughes yn rhoi mwy o sêl ar basio arholiadau sirol y Methodistiaid Calfinaidd nag ar wneud gwaith Ysgol Llangefni. Credai ei deulu mai mynd i'r weinidogaeth a wnâi ond teimlad Mr Hughes oedd mai llyfrgellydd y dylai fod. Ond ar y rheilffyrdd y treuliodd ei oes. Ceisiodd am amryw o swyddi wedi iddo adael yr ysgol gan gynnwys banciau a chwmnïau yswiriant ond nid oedd lle iddo yn unman ond ar y rheilffyrdd.

Yn ddwy ar bymtheg oed, a chyda Saesneg rhydlyd, gadawodd y cartref am y tro cyntaf i fynd i weithio fel clerc yn Birmingham. Bu yno am dri mis cyn cael ei symud i Kings Heath. Symudodd o le i le yn ystod y blynyddoedd a ddilynodd, a thrwy'r amser roedd arno eisiau dod yn ôl i Gymru i weithio, neu o leiaf bod yn nes at ei gartref. O'r diwedd, cafodd ei symud i Lerpwl a threuliodd ddeng mlynedd hapus yno oherwydd bod cymaint o ddiwylliant Cymreig yno. Arferai ef a'i gyfeillion ddilyn pregethwr Cymraeg pan fyddent yn ymweld â Lerpwl. Yr oedd yn aelod yng Nghapel Chatham.

Bu am gyfnod yn Southport a Blackpool cyn iddo gael ei symud i Fangor yn 1937. Daeth i adnabod amryw o bobl mewn cyfnod byr a bu'n ysgrifennydd cangen Bangor o Blaid Cymru. Ar ddechrau'r rhyfel, cafodd ei symud i Gaergybi ond ymhen dwy flynedd, roedd wedi cael ei alw i'r Llu Awyr, a bu'n gwasanaethu yn India. Teithiodd i Rangoon a Calcutta ac yno roedd yn aelod o'r Clwb Cymraeg. Drwy gydol yr amser y bu yn India, roedd yn dyheu am gael dod adref.

O'r diwedd, daeth y diwrnod ac aeth yn ôl i'w hen swydd ym Mangor. Ond ymhen blwyddyn, cafodd ei alw i fyny unwaith eto ond, gan fod y rhyfel drosodd, ni welai unrhyw reswm am alw clerc yn y gwasanaethau arbennig i fyny eilwaith. Cofrestrodd ei hun fel gwrthwynebwr cydwybodol ond fe gollodd ei apêl yng Nghaerdydd. Wedi hynny, fe ysgrifennodd at y Weinyddiaeth gan egluro'i safiad a dywedwyd wrtho nad oedd yn rhaid iddo ailymuno.

Symudodd i Dalwrn yn 1952 gan ymuno â Chapel Nyth Clyd, a elwid ar ôl cartref y person a roddodd y tir i adeiladu'r capel arno. Mae'n flaenor, ysgrifennydd a chodwr canu yno yn ogystal â bod yn ysgrifennydd y cyfarfod dosbarth a thrysorydd y Gronfa Fenthyg.

Gadawodd y rheilffyrdd yn 1966 ac ers hynny mae wedi cymryd hyd yn oed fwy o ddiddordeb mewn cerddoriaeth a llenyddiaeth. Ef yw ysgrifennydd Eisteddfod Talwrn ac mae'n edrych ymlaen at ŵyl lwyddiannus eto eleni pan fydd yn cael ei chynnal fis nesaf.

William Evans

Ymhell cyn i gwmnïau adeiladu mawr ddod i Ogledd Cymru o Loegr, roedd tad a phum brawd o Bentraeth yn rhedeg cwmni llewyrchus. Un o'r pump yw Mr William Evans, Morawelon, Pentraeth, sy'n dal ati i redeg un o'r cwmnïau a sefydlwyd ar ôl y rhyfel. Mae ei fab, Raymond, yn rhedeg cwmni arall ym meddiant y teulu.

Yn un o chwech o blant, fe'i ganed yn Tros yr Afon, Pentraeth, ffarm 70 erw. Bygythiwyd ei blentyndod gan afiechyd ac roedd yn saith oed cyn iddo allu mynd i'r ysgol leol. Oherwydd afiechyd, roedd gartref o'r ysgol yn amlach nag oedd ynddi. Er hynny, llwyddodd i basio arholiadau a fyddai wedi ei alluogi i fynd ymlaen i Ysgol Ramadeg Llangefni ond nid oedd gan y teulu'r modd i'w yrru yno.

Felly, pan oedd yn bedair ar ddeg oed, aeth yn was ffarm i Tai Hirion, Penmynydd, lle'r oedd yn un o chwech o weithwyr a arferai fyw uwchben y stabl. Yn ystod yr wyth mlynedd y bu yno, gwelodd waith y ffarm yn newid o'r traddodiadol i'r dull modern. Tua'r adeg hon, roedd ei dad wedi dechrau gwneud gwaith adeiladu ar raddfa fechan a daeth y pum brawd at ei gilydd a mynd i weithio gydag ef. Yn y swyddfa yr oedd Mr Evans, yn edrych ar ôl y gweithwyr ac yn amcangyfrif cost gwahanol fathau o waith. Y gwaith mawr cyntaf a wnaethant oedd ailwampio gorsaf yr heddlu yng Nghaergybi. Iddynt hwy, roedd yn waith mawr yr adeg honno, meddai Mr Evans, oherwydd nad oeddent, cyn hynny, wedi gwneud fawr mwy nag atgyweiriadau bychain i dai.

Ond, o ddechreuad bychan, tyfodd y cwmni'n raddol o 1927 ymlaen gan adeiladu chwech o dai yng Nghlwt y Bont y flwyddyn honno a phedwar ar ddeg o dai yn Euston Road, Bangor, y flwyddyn wedyn. Yn y blynyddoedd a ddilynodd, adeiladwyd pum cant o dai ym Mangor gan gynnwys rhai Penchwintan, Ffriddoedd a Glynne Road. Roedd adeiladu hefyd yn mynd ymlaen i gynghorau Ogwen a Gwyrfai, lle'r adeiladwyd pum cant arall. Ar ddechrau'r rhyfel, newidiwyd o adeiladu tai a mynd ati i gael cytundeb i adeiladu *gangers a slipway* yn Saunders Roe, Biwmares. Yr adeg honno, roedd Mr Evans yn byw yn Llanfairfechan.

Gyda'r rhyfel ond megis dechrau, cafodd gytundeb i atgyweirio gwersylloedd y fyddin mewn ardal wyth can milltir sgwâr. Mewn ardal mor eang, roedd digonedd o waith i bob un o weithwyr y cwmni. Ar ddiwedd y rhyfel, penderfynodd pob un o'r brodyr fynd ei ffordd ei hun gan sefydlu cwmnïau unigol, er y byddent yn cynorthwyo'i gilydd pan fyddai galw. Felly, yn 1948, penderfynodd Mr Evans brynu cwmni adeiladu Springford Works ym Methesda. O'r dechreuad hwn, newidiodd agwedd ei fusnes a chanolbwyntio ar brynu tai, gan ddechrau gydag wyth deg a thri ym Mangor a chwe deg a thri ym Methesda.

Yn y blynyddoedd a ddilynodd, roedd ganddo dri chwmni a phob un yn cael ei redeg ar wahân. Wrth brynu tai, gwelodd gyfle iddo'i hun ddod yn berchennog plastai a oedd yn mynd yn eithaf rhad yr adeg honno. Yn eu plith, fe brynodd Neuadd Pabo, Cyffordd Llandudno; Plas Madog, Llanrwst; Y Gadlys, Llansadwrn, a Balmoral, Llanfairfechan. Addaswyd y rhain a'u gwneud yn fflatiau.

Ni fu ganddo fawr o amser erioed am lawer o adloniant ond roedd ar hyd ei oes wedi cymryd diddordeb mawr yng ngweithgareddau'r capeli ym Môn. Bu'n Llywydd Cymanfa Bedyddwyr Môn ac, ar un adeg, fe lywyddodd gyfarfod o Undeb Bedyddwyr Cymru.

Mae'n gyn-gadeirydd Ffederasiwn Adeiladwyr Môn ac Arfon ac yn llywydd Siambar Fasnach Bangor. Rhwng 1968 ac 1969, ef oedd cadeirydd Siambar

Fasnach Cymru. Er ei fod wedi ymddeol o waith amser-llawn ers bron i dair blynedd, mae'n dal i deithio i Fangor i'r swyddfa bob dydd i gadw golwg ar bethau ac, erbyn heddiw, wrth gwrs, mae'n falch o'r ffaith ei fod yn fodlon mentro ar rywbeth newydd pan ddaw'r cyfle.

E. T. Roberts

Trwy garedigrwydd unigolion, agorwyd llwybrau newydd i Ficer Sant Iago, Bangor, bum mlynedd yn ôl, pan dalwyd ei dreuliau ef a'i wraig i fynd ar daith i Israel. Penderfynodd plwyfolion Sant Iago ers peth amser y byddent yn rhoi rhodd fythgofiadwy i'r Parchedig E. T. Roberts pan ddathlai chwarter canrif yn y weinidogaeth yn 1970. Prin y gallent fod wedi dychmygu y byddai'r daith honno wedi arwain at bererindodau yn y blynyddoedd a oedd i ddilyn, ond dyna'n union a ddigwyddodd. Pan ddaeth yn ôl o daith a aethai ag ef am y tro cyntaf ymhellach na Llundain, roedd ganddo ddigonedd o straeon i'w hadrodd a lluniau i'w dangos.

Cyn pen dim, roedd amryw o'r bobl a oedd wedi gweld y lluniau a chlywed y storïau yn dweud y byddent hwy yn hoffi ymweld ag Israel. Felly, trefnodd Mr Roberts bererindod yn 1972 a dilynwyd honno gan un arall eleni. Trefnir un arall y flwyddyn nesaf.

Bob tro y mae wedi bod yn y wlad honno, mae wedi cael y fraint o gymryd rhan yn Gymraeg yn Eglwys Crist Nazareth gydag un sydd wedi dod yn gyfaill iddo, y ficer lleol, Arab o'r enw Riah Abu El Assal.

Er ei bod yn anodd egluro'r awyrgylch yn y mannau lle bu Crist, dywedodd Mr Roberts iddo gael ymdeimlad o'r Beibl yn dod yn fyw. Nid anghofia ef a'i wraig yr adeg ar Fôr Galilea pan gododd y gwynt yn union fel yr adroddir yr hanes yn y Beibl. Ni fyddent, chwaith, yn anghofio'r ias a ddaeth trostynt pan ganodd Mrs Roberts "Stranger of Galilee" ar lan y môr.

Yn Rachub y ganed Mr Roberts, yn fab i chwarelwr ac yn un o bedwar o blant. Wedi cyfnod yn yr ysgol gynradd a'r ysgol uwchradd, penderfynodd yn un ar bymtheg oed fynd i weithio mewn siop leol. Tra oedd yn gweithio yno, daeth yr alwad iddo fynd i'r weinidogaeth. Dyna'r unig ffordd i ddisgrifio'r peth, meddai, oherwydd nad oedd erioed wedi meddwl mai dyna fyddai ei alwedigaeth. Trwy garedigrwydd prifathro Ysgol y Sir, Bethesda, Mr Ewart Price, cafodd fynd yn ôl i'r ysgol am chwe mis i'w baratoi ei hun ar gyfer cwrs yn y Coleg. Bu'n fyfyriwr yng Ngholeg Dewi Sant, Llanbedr Pont Steffan, am flwyddyn ac yna trawyd ef gan afiechyd a dywedodd meddygon wrth y teulu nad oedd gobaith iddo. Gwellhaodd, fodd bynnag, ac ailddechrau ar ei gwrs.

Wedi iddo raddio yn y Coleg a chael ei ordeinio ym Mangor, cafodd le fel offeiriad cynorthwyol yng Nghonwy a Gyffin. Yno, priododd Margaret. Mae ganddynt dri o blant - Anwen a Geraint, sy'n efeilliaid, a Rhian. Bu'n gurad ym Machynlleth am gyfnod cyn symud i Fiwmares yr wythnos cyn y Nadolig, 1951. Ymhen pedair blynedd, fe'i penodwyd yn rheithor Trefriw a Llanrhychwyn. Ar wahoddiad yr Esgob, ymunodd â staff yr Eglwys Gadeiriol yn 1958 fel Ficer Corawl, yng ngofal plwyf Sant Iago. Yr adeg honno, roedd y plwyf ynghlwm â'r Eglwys Gadeiriol ond yn 1962 fe'u gwahanwyd, a phenodwyd Mr Roberts yn Ficer. Mae hefyd yn Gaplan Ysbyty Môn ac Arfon, Bangor, gorchwyl a gyfrifir yn anrhydedd ganddo oherwydd ei fod yn credu mai dyna yw'r alwad gyntaf i weinidog. Cynhelir gwasanaethau bob Sul a thraddodir y Cymun bob bore Mercher.

Gyda'r Eglwys a phob enwad yn dweud nad oes ganddynt ddigon o offeiriaid a gweinidogion, mae Mr Roberts yn synnu bod cymaint o bwysau'n cael ei roi ar frics a mortar. Dywedodd fod wyth o allorau'n cael eu defnyddio gan yr Eglwys bob Sul. Nid oedd ateb hawdd i'r mater, meddai, oherwydd bod traddodiad yn erbyn y rhai sydd eisiau newid. Er hynny, mae'n bosibl cael cydweithrediad rhwng yr enwadau. Ffolineb yw cymysgu uno enwadau a cheisio cael unffurfiaeth.

Cynhelir amryw o ddosbarthiadau ynglŷn â'r Eglwys yn wythnosol. Yn eu plith, mae'r Cylch Iacháu, sy'n cyfarfod i weddïo tros gleifion ac i osod dwylo arnynt. Teimla Mr Roberts fod Crist wedi rhoi gorchymyn i'w ddilynwyr osod dwylo. Roedd hyn yn rhan annatod o waith cyflawn un o ddilynwyr Crist, meddai.

J. O. Roberts

Un o'r anghenion mwyaf yng Nghymru heddiw yw theatr Gymraeg ei natur a fyddai'n rhoi cyfle i dalentau ifanc gael hyfforddiant ac ennill eu bywoliaeth fel actorion. Dyna farn Mr J. O. Roberts, Pengwern, Y Benllech, aelod o staff Adran Ddrama y Coleg Normal. Erbyn hyn, meddai, mae'r byd yn barod i dderbyn yr hyn sydd gan Gymru i'w gynnig. Cred hefyd y gallai Cyngor y Celfyddydau roi mwy o sylw i'r hyn y mae ar bobl y wlad eisiau ei weld. Nid oes synnwyr mewn dod â dramâu gan bobl fel Ionesco ar gost uchel i Gymru a thrwy hynny anwybyddu dramodwyr Cymraeg. "Gwae i ni gefnogi pobl Ewrop ac anghofio ein rhai ni ein hunain", meddai.

Er bod ei deulu yn hanu o Fôn, yn Lerpwl y ganed Mr Roberts. Roedd yn draddodiad ymhlith y teulu i ddod i'r ynys ar wyliau yn ystod yr haf. Pan oedd yn wyth oed, roedd y bomiau'n syrthio ar Lerpwl a phenderfynwyd ei anfon at y teulu. Ychydig wedyn, daeth ei rieni yn ôl i Fôn. Roedd yn dair ar ddeg oed ac yn ddisgybl yn Ysgol Llangefni pan ddaeth y diweddar Mr George Fisher, yr athro mathemateg, yn ôl o'r Llynges. Roedd gan Mr Fisher ddiddordeb arbennig ym myd y ddrama a chyflwynodd gynhyrchiadau yn Neuadd y Dref. Trwyddo ef y dechreuodd diddordeb Mr Roberts mewn dramâu. Roedd yn rhywbeth newydd a rhamantus iddo ac yn gyfrwng a oedd i ddylanwadu'n fawr ar ei fywyd.

Treuliodd gyfnod yn y Llu Awyr ac wedi iddo adael, aeth i'r Coleg Normal, Bangor. Yn 1950, roedd Dr John Gwilym Jones yn gynhyrchydd radio ym Mangor ac wedi iddo weld Mr Roberts mewn drama, cynigiodd *audition* iddo. Bu hynny'n llwyddiant a byth er hynny mae wedi bod yn cymryd rhan mewn dramâu a chyfresi ar y teledu.

Wedi iddo ennill ei dystysgrif athro, cafodd swydd yn Lerpwl, ac yno ymroddodd i'r bywyd Cymreig, gan arwain amryw o nosweithiau llawen a chyngherddau. Yn 1955, pan oedd yr Eisteddfod Genedlaethol ym Mhwllheli, enillodd wobr am adrodd dychangerdd W. S. Jones, "Yr Ymgeisydd Aflwyddiannus". Yn 1968, penderfynodd ddod yn ôl i Fôn a chafodd swydd yn ddirprwy brifathro Ysgol Gynradd Llannerchymedd a threuliodd gyfnod hapus iawn yno. Unwaith yn rhagor, cafodd y cyfle i weithio gyda George Fisher, a oedd wedi sefydlu'r Theatr Fach yn Llangefni, tra parhâi i gymryd rhan mewn dramâu.

Gwelwyd ef mewn cyfresi fel "Chwalfa", "Lleifior", "Y Gwanwyn Diwethaf", ac mae wedi recordio rhannau o'r Beibl, y Mabinogi, a'r Llyfrau Llafar (y *Talking Books*) i'r Deillion. Ef hefyd a recordiodd y sain ar gyfer "Rhamant y Cestyll".

Bu'n brifathro Ysgol Gynradd Bodffordd, ac yn 1968, cafodd gynnig bod yn brifathro Ysgol y Benllech, a chynnig swydd yn Adran Ddrama'r Coleg Normal yr un diwrnod. Gan ei fod wedi byw ym myd y ddrama ar hyd ei oes, penderfynodd mai'r swydd ym Mangor oedd yr un iddo ef. Yn y blynyddoedd a ddilynodd, ac yntau'n gyfarwyddwr y Theatr Fach, cafodd yr anrhydedd o weithio gyda Huw Lloyd Edwards a fu farw'r wythnos ddiwethaf. Ef a gyfieithodd "Pros Kairon" i Saesneg er galluogi criw o'r Theatr Fach i gymryd rhan yng ngŵyl Ddrama Ryngwladol Dundalk. Eleni, cafodd y grŵp yr anrhydedd o fynd i Detroit, yn un o naw o gwmnïau drwy'r byd, i berfformio "Pros Kairon". Roedd y cyfle hwn, fel rhai eraill, yn ehangu gorwelion, rhywbeth a oedd yn angenrheidiol i rywun sy'n hyfforddi myfyrwyr.

Y tu allan i fyd y ddrama, mae Mr Roberts yn hoff o gerddoriaeth a chwarae golff, sy'n rhoi cyfle iddo feddwl, meddai, yn ogystal ag esgus i wneud ychydig o gerdded. Ymhlith y rhannau y mae wedi eu mwynhau y mae rhan Llewelyn Fawr a rhan mewn drama Saesneg, *The Flashing Stream*, ond y rhan a hoffai'n fwy na dim fyddai rhan y dieithryn yn "Lefiathan", rhan a ysgrifennwyd yn arbennig iddo ef gan ei gyfaill Huw Lloyd Edwards. Gresynai'n fawr fod un o dalentau mwyaf Cymru wedi marw cyn cael gweld ei ddrama'n cael ei pherfformio ar lwyfan.

E. W. Thomas

Mae gan lawer o blant bach syniad o beth y maent arnynt eisiau ei fod wedi "tyfu i fyny". Cred ambell un y bydd yn blismon neu'n yrrwr trên neu efallai'n ddyn casglu ysbwriel. Ychydig, mae'n debyg, sy'n dweud bod arnynt eisiau bod yn genhadon. Ond dyna yn union sut y bu hi gyda'r Parchedig E. W. Thomas, Ysgrifennydd cangen Gogledd Cymru o'r Gymdeithas Feiblaidd Brydeinig, sy'n byw yn 9 Ffordd Crwys, Penrhosgarnedd, Bangor. Doedd ond deg oed pan benderfynodd mai cenhadwr yr oedd yn mynd i fod, a phan welais ef yr wythnos ddiwethaf, dywedodd ei fod wedi bod yn genhadwr byth er hynny. Efallai fod ei gefndir wedi cael rhyw gymaint o ddylanwad arno, gan mai mab y Mans yw ef, mab y Parchedig T. Llewelyn Thomas, Waunfawr. Yn ei flynyddoedd cynnar, bu'n teithio i wahanol ofalaethau gyda'i rieni, gan gynnwys Tremadog, Llanrwst a Chaergybi.

Wedi iddo gael addysg uwchradd yn ysgolion Llanrwst a Chaergybi, aeth i Goleg y Brifysgol, Bangor. Yna, fe aeth i Goleg Diwinyddol Aberystwyth, lle graddiodd.

Rhwng 1943 ac 1945, bu'n arweinydd Aelwyd Rhosllannerchrugog ac, ar yr un pryd, yn weinidog Capel Mawr yno. Erbyn hyn, roedd ynddo awydd i genhadu mewn maes ehangach. Byddai wedi mynd i'r Dwyrain Pell ynghynt oni bai am y rhyfel. Ym mis Chwefror 1945, hwyliodd ef a'i wraig, Gladys, o Glasgow ar eu ffordd i India, lle'r oedd Mr Thomas wedi cael swydd prifathro Coleg Diwinyddiaeth y Genhadaeth Bresbyteraidd Gymreig yn Chera Punji. Mae rhannau o Gymru'n wlyb, meddai, ond pan gyrhaeddodd yr ardal yn India, canfu fod cymaint â 450 modfedd o law yn syrthio ar y tir yno bob blwyddyn.

Oddi allan i'r maes cenhadol, roedd yn gyfnod diddorol iawn yn hanes India, gan fod y wlad yn paratoi ar gyfer ei hannibyniaeth oddi wrth Brydain. Bu'r annibyniaeth yn foddion i ysbrydoli'r wlad i ddatblygu ffyrdd newydd a chreu diwydiannau mewn ardaloedd anghysbell. Yn Chera Punji, cafodd Mr Thomas y fraint o godi baner newydd India ar ddiwrnod annibyniaeth ac ef oedd yr unig ddyn gwyn yn yr ardal ar y pryd. Rhyw ddeng mlynedd cyn i'r wlad gael ei hannibyniaeth, roedd yr Eglwys wedi penderfynu y dylai eglwys annibynnol gael ei sefydlu yno a dyna fu ei hanes; erbyn heddiw, mae wedi ehangu mewn meysydd addysg, meddygol a chrefyddol.

Daeth Mr Thomas yn ôl i Brydain yn 1950 ac am y saith mlynedd canlynol bu'n ysgrifennydd cartref y Genhadaeth yn Lerpwl. Ond roedd yr awydd i genhadu yn y maes yn parhau'n gryf ac yn 1957, aeth yn ôl i India gan fynd â'r teulu gydag ef. Y tro hwn, treuliodd bum mlynedd yn Darjeeling.

Wedi cyfnod byr yn ôl ym Mhrydain, aeth yn ôl eto i India ar ei ben ei hun y tro hwn oherwydd bod y Tsieineiaid yn bygwth ffiniau'r wlad. Treuliodd ddwy flynedd yno cyn derbyn gwahoddiad i fod yn Ysgrifennydd Gogledd Cymru o'r Gymdeithas Feiblaidd Brydeinig, gan weithio o Fangor. Cymerodd y swydd gan y teimlai fod y gwaith cenhadol roedd wedi ei wneud yn gefndir gwych, oherwydd y gwaith o gyfieithu, cynhyrchu pamffledi a lledaenu'r Ysgrythur.

Roedd yn ymfalchïo yn y ffaith fod y Gymdeithas eleni wedi cyhoeddi cyfrol newydd o'r Testament Newydd ac Efengyl Marc, a'u bod wedi profi yn hynod o boblogaidd - tysteb dda i waith y cyfieithwyr. Roedd hefyd yn falch oherwydd mai pwyslais cenhadaeth bob amser oedd cyflwyno neges y Beibl yn glir i bob oes fel y gallent hwy fwynhau'r Gair. Teimla Mr Thomas na fyddai'r hen ddull o efengylu ar ochr y stryd yn berthnasol i anghenion Cymru heddiw. Er bod cymaint o angen cenhadu heddiw ag erioed, rhaid oedd defnyddio dulliau gwahanol gan fynd a'r efengyl i gartrefi pobl a defnyddio cyfarpar modern i egluro'r Gair iddynt.

John Gwynedd Jones

I'r rhai sydd wedi bod yn ymdrin â llywodraeth leol yn ystod y tair blynedd a hanner diwethaf, y teimlad yw fod yr amser wedi mynd yn gyflym iawn. Erbyn hyn, nid oes ond tri chyfarfod cyffredinol o Gyngor Bwrdeistref Môn i'w cynnal cyn yr etholiadau am gynghorwyr fis Mai nesaf. Un sydd wedi bod yn flaenllaw yn y gwaith o drosi wyth o hen gynghorau yn un uned gref yw Mr John Gwynedd Jones, Penrhyn Mawr, Rhosybol, Maer cyntaf yr ynys. Er iddo ddod yn brif ddinesydd Môn, fe'i ganed yn Llanberis, yn fab i chwarelwr, Mr John Thomas Jones, a fu'n flaenllaw yng ngweithgareddau Undeb Chwarelwyr Gogledd Cymru.

Addysgwyd ef yn ysgol gynradd Llanberis ac yn Ysgol Ramadeg Brynrefail, cyn iddo fynd yn ei flaen i ddilyn cwrs economeg ac athroniaeth yng Ngholeg y Brifysgol, Bangor. Dywedodd fod ganddo ddyled fawr i'w gefndir mewn bro chwarelyddol oherwydd bod diwylliant arbennig yno. Cred fod gwahaniaeth hanfodol rhwng cefndir y chwarelwr a chefndir amaethwr, dyweder, oherwydd bod chwarelwyr bob amser fel un dros beth y credent ynddo. Teimlai fod dyled gwerin Cymru yn fawr i Undeb y Chwarelwyr oherwydd mai'r Undeb a osododd y sylfeini i ddiogelu hawliau'r unigolyn.

Gadawodd y Coleg cyn cwblhau ei gwrs ac aeth i weithio i'r Gwasanaeth Sifil yn Lloegr ac mewn gwahanol rannau o Ogledd Cymru. Yn ystod y rhyfel, gwasanaethodd gyda'r Ffiwsilyr Cymreig, ac wedi iddo orymdeithio gyda hwy ar draws Ewrop, nid oedd yn rhy awyddus i fynd yn ôl i weithio o fewn cyfyngiadau pedair wal. Gadawodd y Gwasanaeth Sifil yn 1948 ac aeth i weithio am bedair blynedd yn swyddfa addysg yr hen Gyngor Sir Môn. Ond roedd muriau yn y swydd honno hefyd a phenderfynodd droi at ffarmio - rhywbeth cwbl newydd iddo, ac un o'r ysgolion gorau y bu ynddi erioed.

Rhyw bymtheng mlynedd yn ôl, symudodd i faes llywodraeth leol pan enillodd sedd ar Gyngor Twrcelyn. Bu'n gadeirydd y Cyngor ac yn gadeirydd ei bwyllgor cyllid. Yn ystod yr un cyfnod, enillodd sedd ar hen Gyngor Sir Môn a phan sefydlwyd y cyd-bwyllgor ad-drefnu yn 1972, fe'i hetholwyd yn gadeirydd arno.

Daeth yn gadeirydd y Cyngor Bwrdeistref cysgodol ac mae heddiw ar ei ail dymor yn Faer.

Yn ystod y blynyddoedd cyn yr ad-drefnu, meddai, roedd y teimlad yn codi fod yr hen gynghorau wedi goroesi eu defnyddioldeb, er i'r wyth yn eu dydd wneud cyfraniadau neilltuol i fywyd Môn. O safbwynt Môn, cred fod ad-drefnu'n fantais oherwydd bod y cynghorau'n fychan o ran maint, yn dlawd o ran adnoddau ariannol, ac yn brin o swyddogion proffesiynol. Gellid bod yn falch, meddai, fod yr wyth wedi cael eu huno'n ddidramgwydd. Ond wrth ystyried ad-drefnu o safbwynt y Cyngor Sir, nid oedd mor siŵr a fydd yn llwyddiant, oherwydd dylid gofyn a yw'n lleol pan fo wedi ei sefydlu ar arwynebedd o'r maint y mae.

O safbwynt pwnc llosg y dydd - datganoli - roedd yn sicr fod Môn yn ddefnyddiol i fod yn awdurdod aml-bwrpas, a nod y Cyngor yn y pen draw fydd ymladd i sicrhau hynny i'r ynys, meddai. Amcan y Cyngor fydd sicrhau digon o waith i'r trigolion, yn enwedig yr ifanc, sy'n hufen y gymdeithas, ac roedd yn hyderus y gellid gwneud hynny heb amharu ar harddwch yr ynys na'r amgylchedd.

Un o'i ddyletswyddau oedd sicrhau adnoddau byw yr unigolyn ac i wneud hynny roedd rhaid cael barn gytbwys yn ymwneud â diwydiant, amaethyddiaeth, ymwelwyr a rhai sydd wedi ymddeol.

Wrth daro golwg ar y gorffennol a'r dyfodol, teimla'n gryf fod dyled y gymdeithas yn gyffredinol yn fawr i fudiadau gwirfoddol ar yr ynys, ac yn y dyfodol roedd llwyddiant cymdeithas yn mynd i ddibynnu mwy arnynt.

Owen Griffiths

Mewn oes sy'n newid mor gyflym, mae mwy o angen nag erioed i gynnwys barn ieuenctid yn unrhyw faes lle mae penderfyniadau'n cael eu gwneud a fydd yn effeithio ar y dyfodol. Dyna deimlad Mr Owen Griffiths, Avondale, Y Benllech, sy'n credu bod llawer gormod o fai'n cael ei roi ar ysgwyddau pobl ifainc, am nad ydynt bob amser yn cytuno â'r hen drefn neu hen arferion.

Treuliodd Mr Griffiths lawer o flynyddoedd ym myd llywodraeth leol ac fe'i synnir bob amser nad oes mwy o bobl ifainc yn cymryd diddordeb yn y gwaith.

Er enghraifft, dywedodd nad oedd neb dan ddeugain oed yn aelod o Gyngor Bwrdeistref Môn. Cred mai'r angen mawr heddiw yw dysgu llywodraeth leol fel pwnc mewn ysgolion i'r plant hynaf, o leiaf, fel eu bod yn cael syniad o'r peirianwaith a fydd â chymaint o ddylanwad ar eu bywydau. Wrth wneud hynny, efallai y byddai pobl ifainc yn barotach i sefyll mewn etholiadau a chymryd rhan ym mywyd y gymdeithas. Wedi'r cyfan, meddai, y gymdeithas fydd eu hetifeddiaeth a lle'r ifanc yw ei llunio yn ôl eu hanghenion eu hunain.

Cred Mr Griffiths ei fod yn aelod o un o'r teuluoedd hynaf yn y Benllech. Yn fab i longwr, cafodd ei eni a'i fagu yn Nhyddyn Tirion, a bu'r teulu'n byw yno nes ei fod yn naw oed. Bu'n byw wedyn yn ardal y Tabernacl, Y Benllech. Cafodd ei addysg gynnar yn ysgol Tynygongl a chred hyd heddiw fod ei ddyled ef a llaweroedd o blant eraill y fro yn fawr i'r prifathro, Rolant Lloyd, am ennyn eu diddordeb mewn llenyddiaeth Gymraeg.

Ar ôl cyfnod yn Ysgol Llangefni, dechreuodd weithio fel cigydd gydag F. Daniels yn y Benllech. Bu'n cario cig o dŷ i dŷ am rai blynyddoedd er mwyn cael pres poced a theimla mai digwyddiad naturiol oedd iddo fentro i'r busnes yn llawn amser. Cafodd Mr Griffiths ei brentisio gan Mr Daniels ac yn 1934 cymerodd y busnes drosodd. Bu'n gigydd lleol nes iddo ymddeol yn 1971. Gwelodd lawer o newid yn y cyfnod hwn ac mae'n debyg mai un o'r rhai pwysicaf oedd y newid o gael y cigydd yn lladd ei anifeiliaid ei hun i gael cig wedi ei drin yn barod. Mae prisiau, hefyd, wedi newid cryn dipyn. Yn 1938, er enghraifft, gellid cael pum pwys o goes oen am saith swllt a chwe cheiniog o'i gymharu a phris heddiw o £3.50.

Ymunodd â'r Cyngor Plwyf yn 1940 ac ef oedd yr aelod ieuengaf. Gan ei fod yn teithio o amgylch y plwyf o leiaf ddwywaith yr wythnos, gallai gadw ei glust ar y ddaear a chael gwybodaeth am broblemau unigolion. Chwe blynedd yn ddiweddarach, cafodd ei ethol yn aelod o hen Gyngor Twrcelyn a bu'n gadeirydd ddwywaith, gyda'r ail waith yn y cyfnod cyn ad-drefnu llywodraeth leol.

Wrth gofio bod y Cyngor newydd wedi ei ffurfio o wyth o hen gynghorau, meddai, roedd wedi gweithio'n dda. Rhaid cyfaddef y gallai pobl weld llawer o feiau ond nid oedd hynny'n eithriad mewn cyfundrefn newydd. Yr oedd y swyddogion mor ymwybodol â'r aelodau, meddai, fod yna le i wella'r sefyllfa.

Prinder gwaed ifanc yw un o'r problemau mwyaf sy'n wynebu llawer o fudiadau heddiw, meddai. Os yw hyn yn wir am y cynghorau, mae'r un mor wir am gapeli, meddai. Bu bellach yn flaenor yng Nghapel Libanus am rai blynyddoedd. Un bai a wêl ymhlith yr aelodaeth yw nad ydynt yn fodlon rhoi cyfle i bobl ifainc ymdrin â gwaith y capel. Gallent fod o fudd fel ymddiriedolwyr gan mai hwy fydd yn cario'r baich ymlaen.

G. Darrel Rees

Er mai gwaith cyntaf ysgol yw rhoi addysg i blant, mae'n ddyletswydd ar yr athrawon i sicrhau, os oes modd, fod y disgyblion yn mynd ymlaen i yrfaoedd addas, yn ôl Mr Darrel Rees, Y Gilfach, Llangefni, prifathro Ysgol Gyfun y dref. Daeth Mr Rees i'r penderfyniad oherwydd na chafodd ef ei hun arweiniad gan y teulu ynglŷn â'i ddyfodol. Yn lle hynny, gadawyd iddo "ddrifftio" yma ac acw. Oherwydd hynny, teimla'i bod yn hanfodol, pan ddaw'r cyfle i wneud rhywbeth ymarferol ynglŷn â'r sefyllfa, rhoi arweiniad ynglŷn â'u dyfodol i bobl ifainc. Cred nad yw llawer o rieni'n rhoi digon o sylw i ddyfodol eu plant a bod y plant, o'r herwydd, yn dilyn gyrfa nad yw'n addas iddynt. Dywcdodd fod Pwyllgor Addysg Gwynedd hefyd yn sylweddoli pwysigrwydd yr arweiniad hwn ac mae athrawon yn rhoi eu hamser i gyd i drafod gyda phlant a rhieni y gwahanol faterion ynglŷn â gyrfaoedd.

Brodor o Lanaman, Sir Gaerfyrddin, yw Mr Rees ac wedi iddo adael yr ysgol, aeth i weithio mewn ffatri *munitions* ym Mhen-bre. Daeth o'r Llu Awyr yn 1948, wedi tair blynedd yn yr Aifft. Pasiodd arholiadau fel swyddog trethiant yn y Gwasanaeth Sifil a bu'n gweithio am gyfnod yng Nghastell-nedd. Wrth edrych yn ôl, dywed Mr Rees i'r cyfnod hwnnw roi profiad da iddo, er ei fod yn teimlo y byddai wedi ceisio cael swydd fwy parhaol pe bai wedi cael arweiniad gan y teulu.

Cafodd gyfle i fynd i'r Brifysgol yn 1948 a phenderfynodd gychwyn ar gwrs tair blynedd mewn Ffiseg yn Aberystwyth. Arhosodd yno am flwyddyn ychwanegol i ddilyn cwrs hyfforddiant athro. Pan gwblhaodd ei gwrs, cafodd swydd yn bennaeth Adran Ffiseg yn Ysgol Mynwent y Crynwyr. Roedd y profiad a gafodd yno yn werthfawr, o gofio'i fod yn hŷn na'r cyffredin yn dechrau ar ei yrfa fel athro. Ymhen tair blynedd, fe'i penodwyd yn bennaeth yr Adran Ffiseg yn Llangefni. Bu'n ffodus, meddai, cael gwasanaethu dan brifathro medrus, Mr E. D. Davies. Roedd addysg gyfun yn rhywbeth newydd ym Môn yr adeg honno ond gweithredai Mr Davies y polisi'n fedrus.

Yn 1970, ceisiodd Mr Rees am swydd dirprwy brifathro, dan Mr Gerald Morgan, a phan adawodd Mr Morgan i fynd i Aberystwyth, penodwyd Mr Rees yn brifathro. Cred Mr Rees ei bod o fantais cael ei benodi'n brifathro yn yr ysgol lle bu gynt yn athro oherwydd gwyddai beth oedd angen ei wneud i wella'r ysgol.

Mae'r ysgol yn un hapus iawn, meddai, gyda'r staff i gyd yn byw fel teulu a chred fod yr awyrgylch hapus hwn yn cael ei adlewyrchu yn y plant hefyd. Mae wedi gweld y system gyfun yn gweithredu fel rhiant yn ogystal ag fel athro a'i deimlad yw ei bod yn gweithio'n foddhaol. Nid oes neb yn cael cam yn academaidd, meddai, ac mae hynny'n bwysig. Roedd methu arholiad mewn ysgol ramadeg yn gondemniad addysgol am byth ond mewn ysgol gyfun mae gan bawb gyfle i ddatblygu. Mae'n bwysig rhoi cyfle i bob plentyn, meddai. Âi'r rhai mwyaf academaidd ymlaen i Golegau a gadael yr ardal ond roedd y rhai cyffredin yn debyg o aros yn yr ardal a magu teulu. Felly, mae'n hanfodol iddynt hwy gael sylfaen gadarn o addysg.

Diddordebau Mr Rees yw ei deulu, rygbi a garddio. Byddai bywyd amryw o blant yn llawer hapusach, meddai, pe bai rhieni'n dweud mai'r teulu yw un o'u diddordebau. Roedd llawer o wendidau cymdeithasol yn deillio o'r ffaith fod yr uned deuluol wedi ei dryllio, meddai.

Alwyn Charles

Efallai nad oes llawer o bobl wedi sylweddoli'r peth eto ond mae patrwm newydd yn ymddangos mewn addysg ddiwinyddol sydd yn cymhwyso myfyrwyr i'r sefyllfa newydd y maent yn debyg o'i hwynebu yn y weinidogaeth. Yn wir, cred y Parchedig Alwyn Charles, Hendre, Bulkeley Road, Bangor, darlithydd mewn athrawiaeth a moesau Cristnogol yng Ngholeg Bala-Bangor, y bydd enwadau'n dod fwyfwy at ei gilydd yn y blynyddoedd i ddod heb fawr o hwb gan benaethiaid eglwysig.

Wrth i bobl gyffredin sylweddoli mai gwastraff adnoddau yw cael tri chapel ac eglwys o wahanol enwadau, a'r cyfan yn ceisio cynnal gweinidog yn annibynnol, byddant yn dod i'r casgliad y dylent gadw eu hannibyniaeth ac, ar yr un pryd, dalu i un gweinidog. Ar y funud, mae llawer o weinidogion yn bugeilio cymaint â phedair eglwys mewn gwahanol bentrefi sydd heb ddim cysylltiad â'i gilydd. Gwell o'r hanner fyddai i weinidog fugeilio dros bob enwad mewn uned bentrefol. Fe fyddai anawsterau ar y dechrau, meddai, ond gydag ewyllys dda ar bob ochr, ni fyddai'r rhain yn anorchfygol. Gellid parchu'r gwahaniaethau ac, ar yr un pryd, sicrhau uned gref.

Pan ddaeth i Goleg Bala-Bangor yn 1966, roedd y sefyllfa ymhell o fod yn eglur. Yr adeg honno, roedd dau fyfyriwr yn y Coleg, dau yng Ngholeg y Bedyddwyr, a thri yn y Brifysgol, yn astudio diwinyddiaeth. Yn araf, dros y blynyddoedd, roedd y sefyllfa wedi newid yn syfrdanol ac roedd y diolch am hynny i weithgarwch y prifathro, Dr Tudur Jones, meddai. Erbyn heddiw, roedd mwy o fyfyrwyr nag ar unrhyw gyfnod ers y rhyfel. Un o'r peryglon y bydd Colegau enwadol yn eu hwynebu fydd y ffaith fod llawer o eglwysi wedi arfer gwneud heb weinidog. Newid pwysig oedd fod myfyrwyr gwahanol enwadau yn cael eu haddysg ar y cyd.

Un o fechgyn y "Sosban Fach" yw Mr Charles, wedi ei eni a'i fagu yn Llanelli. Yn fab i weithiwr dur, gwelodd gyfyngder yn ystod ei flynyddoedd cynnar, gan i'w dad fod yn ddi-waith am gyfnod o bedair blynedd. Gan na allai'r teulu fforddio i'w yrru i Ysgol Ramadeg, addysg gynradd yn unig a gafodd. Felly, pan oedd yn bedair ar ddeg oed, aeth i weithio mewn swyddfa cyfreithiwr am saith swllt a chwe cheiniog yr wythnos. Bu yno am ddwy flynedd cyn iddo benderfynu mai i'r weinidogaeth yr oedd arno eisiau mynd. Ond roedd anawsterau gan nad oedd wedi cael fawr o addysg. Nid oedd ei weinidog yr adeg honno, y Parchedig D. J. Davies, yn barod i adael iddo gynnig am y weinidogaeth cyn iddo'n gynta' basio arholiadau'r *matriculation*.

Cafodd gymorth parod iawn gan athrawes o'r enw Miss Myfanwy Davies, a ddysgodd Roeg ei hun er mwyn dysgu'r iaith i Mr Charles. Roedd Miss Davies yn dasgfeistres galed ond pasiodd yr arholiadau. Felly, yn 1944, dechreuodd ar ei gwrs yng Ngholeg Prifysgol Cymru, Caerdydd, a gwnaeth radd mewn athroniaeth. Nid oedd y cyfnod hwn yn un hawdd, chwaith, oherwydd roedd yn rhaid iddo ddibynnu'n llwyr ar beth a enillai wrth bregethu ar y Suliau i brynu llyfrau a thalu am westy.

Wedi iddo raddio, gwnaeth gwrs tair blynedd mewn diwinyddiaeth yng Ngholeg y Bedyddwyr, Caerfyrddin. Pan adawodd y Coleg, cafodd alwad i fynd yn weinidog i Ebenezer, Tylerstown. Y flwyddyn oedd 1951, a rhwng hynny ac

1959, bu'n gwneud amryw o weithgareddau yn gysylltiedig â'r eglwys i geisio dod â phob carfan o'r gymdeithas at ei gilydd. Nid gwaith un diwrnod yn unig oedd hyn oherwydd bod rhyw fath o weithgareddau'n mynd ymlaen yn festri'r capel bob nos. Fel ym mhob cyfnod prysur, fe âi'r amser heibio'n gyflym, ac erbyn 1959 roedd yn teimlo bod yn rhaid symud oherwydd rhesymau economaidd. Symudodd i'r Alltwen, ger Pontardawe, ardal ag iddi draddodiad hollol wahanol i'r ardal lle'r oedd yr eglwys o ddau gant o aelodau yr oedd yn ymadael â hi.

Cafodd gyfle yno i wneud mwy o ddarllen a'i ddisgyblu ei hun ac o ganlyniad daeth her i bregethu. Pan ddaeth cyfle i symud, fe'i cymerodd a bu'n athro yn Wokingham am ddwy flynedd gan edrych ar ôl eglwys Gymraeg yn Slough yr un pryd. Roedd dysgu'n brofiad diddorol, meddai, er iddo grisialu ei deimlad na ellid dysgu Ysgrythur y tu allan i fywyd eglwysig. Wedi treulio dwy flynedd yn athro, symudodd yn weinidog ar Eglwys Gymraeg Harrow. Roedd yn eglwys wych am ei bod yn newydd, gydag aelodau ifainc. Sefydlwyd hi gan Mr J. R. Thomas, a oedd yn dod yn wreiddiol o Benmaenmawr. Roedd yno aelodaeth o ddau gant, gan gynnwys pob enwad, ac roedd lle yno i wneud llawer o waith arbrofol. Ond cyn pen blwyddyn, roedd wedi cael gwŷs i ddod i Fangor yn ddarlithydd athrawiaeth a moesau Cristnogol. Roedd yn her na allai ei gwrthod, a bellach mae'n hynod o falch ei fod wedi derbyn y gwahoddiad.

∾

W. Parry Williams

Mae gweithio mewn ysgol breswyl i blant dan anfantais yn waith pedair awr ar hugain y diwrnod saith diwrnod yr wythnos, a hynny am ddeugain wythnos y flwyddyn. Ac yn ôl prifathro Ysgol Treborth, Mr W. Parry Williams, un o'r anghenion cyntaf yw ennyn ymddiriedaeth y plant sydd yn dod dan ei ofal, a rhoi cyfle iddynt cyhyd ag y bo modd i fyw mewn awyrgylch teuluol.

Yn Llŷn y cafodd Mr Williams ei eni, ac fe'i magwyd ym Morfa Nefyn. Ni welodd yr un plentyn dan anfantais yno. Wedi addysg arferol yn yr ysgol gynradd ac yn Ysgol Botwnnog, ymunodd â'r Llu Awyr. Yno, cafodd swydd fel *medical orderly*, a'i waith oedd mynd allan i lefydd fel Singapore, Japan a'r Aifft, a dod yn ôl oddi yno gyda chleifion. Pan adawodd y Llu Awyr yn 1954, aeth i'r Coleg Normal, Bangor, i ddilyn cwrs dwy flynedd. Methodd yn lân â chael swydd yng

Nghymru ar y diwedd a bu'n rhaid iddo ddechrau ei yrfa fel athro yn Birchfield, Aston, Birmingham.

Roedd deugain ac wyth o ddisgyblion yn ei ddosbarth cyntaf ac roedd yn gyfrifol am ddysgu un ar ddeg o bynciau, gan gynnwys cerddoriaeth - am ei fod yn Gymro, nid oherwydd ei ddawn fel cerddor. Ymhen dwy flynedd, trosglwyddwyd ef i ofalu am yr adran adfer ac yno fe deimlai fel cenhadwr gan fod y grŵp yn cynnwys un ar ddeg o Indiaid, pump o India'r Gorllewin, dau o Bakistan, ac un bachgen gwyn o Aston. Yn y cyfnod yma y dechreuodd ei ddiddordeb mewn plant dan anfantais.

Yn 1958, cafodd swydd ran-amser gyda'r Ysgol Frenhinol i Blant Byddar yn Edgbaston a bu yno tan 1965. Nid oedd erioed wedi sylweddoli bod cymaint o blant dan anfantais, a daeth yn ymwybodol iawn yn y cyfnod yma o'u problemau. Trwy gydol ei gyfnod yn y Coleg, ni chawsai'r un ddarlith yn ymdrin â phlant o'r fath.

Roedd wedi penderfynu ers tro yr hoffai ddychwelyd i Gymru pan ddeuai cyfle ac, yn 1965, cafodd swydd yn Ysgol y Gogarth, Llandudno, ysgol i blant â nam corfforol. Treuliodd wyth mlynedd hapusaf ei fywyd yno, blynyddoedd a roddai gyfle iddo gael boddhad eithriadol o weithio gyda phlant â dyfnder cymeriad a oedd wedi dod i delerau â'u methiant. Newidiwyd ef fel person yn ystod y cyfnod yma ac mae'n sicr fod y ffaith fod llawer o'r bechgyn yno wedi marw'n ifanc iawn wedi cael argraff arno.

Tra oedd yn Ysgol y Gogarth, ganed ei ferch, Rhian Mai. Fel cannoedd o blant eraill, cafodd ei brechu, ond fe'i gadawyd â nam meddyliol. Erbyn hyn, mae'n bump a hanner oed ac yn ddisgybl yn Ysgol Pendalar, Caernarfon. Mae ganddo ef a'i wraig, Dilys, fachgen hefyd, Tristan Wyn.

Ffarweliodd ag Ysgol y Gogarth yn 1973 a dod i Dreborth - lle hollol wahanol, ond lle mae ar y plant eisiau mwy o sylw, os rhywbeth, gan na ellir gweld bod dim o'i le arnynt. Mae gan y plant yn Ysgol Treborth amryw o broblemau addysgiadol, cymdeithasol ac emosiynol.

Yn ystod y blynyddoedd diwethaf, mae wedi ceisio troi'r hen blasty, a oedd yn edrych fel sefydliad, yn gartref, yn lle hapus i'r plant. Gwneir ymdrech ym mhob agwedd ar fywyd yr ysgol i sicrhau bod y plant a'r gymdeithas o'i chwmpas yn un, ac nid yn ddau beth cwbl ar wahân. I'r perwyl yma, mae plant o ysgolion y tu allan yn defnyddio'r pwll nofio, ac mae plant o Ysgol Treborth yn aelodau o fudiadau fel y *Guides* a'r *Brownies*. Maent hefyd yn ceisio gwneud beth a allant i'r henoed yn y cylch.

Yn ystod cyfnod Mr Williams yn Ysgol Treborth, mae'r plant sydd wedi eu geni dan anfantais yn cael addysg sydd wedi ei phatrymu'n arbennig ar gyfer eu gallu, a thrwy wahanol weithgareddau, ceisir magu cymeriad cryf a fydd o gymorth iddynt pan fyddant yn ymadael. "Nid oes dim byd arbennig ynom ni fel ysgol nac yn y plant," meddai Mr Williams.

Y cam cyntaf gyda phob plentyn yw meithrin cyfeillgarwch rhyngddo a'r staff. Mwyaf yn y byd yw problem addysg y plentyn, mwyaf yn y byd yw'r angen am amser a medrusrwydd yr athrawon. Cedwir sylw manwl ar sut y mae pob plentyn yn datblygu, a byddai Mr Williams yn falch pe bai mwy o gymorth i'w gael oddi wrth arbenigwyr yn adrannau Gwasanaethau Cymdeithasol y Cyngor Sir. Rhoddodd deyrnged i'r Swyddog Gyrfaoedd, Mr Norman Jones, a oedd yn rhoi llawer o'i amser i sicrhau bod swydd addas i fechgyn a genethod wedi iddynt adael Ysgol Treborth.

Gyda chydweithrediad pobl eraill, byddai bywyd y plant yn llawer cyfoethocach, meddai, a byddai'n llawer haws iddynt anghofio'r anfanteision a ddaeth â hwy i Ysgol Treborth yn y lle cyntaf.

James Williams

I'r rhan helaeth o'r bobl yn y cylch yma, nid yw unigrwydd yn gymaint â hynny o broblem. Ond, yn sicr, y mae 'na bobl, hen ac ifanc, nad ydynt byth yn gweld neb bron o ddydd i ddydd ac sydd, o ganlyniad, yn troi am gyfeillgarwch at y radio a'r teledu. Wrth gwrs, nid oes llawer ohonom yn cael clywed am y bobl unig yma, oherwydd nad ydym yn gweithio gyda'r cyfryngau torfol. Un nad oedd yn sylweddoli am flynyddoedd fod yna gymaint o bobl unig yn y byd yw Mr James Williams, cynhyrchydd cerdd gyda'r *BBC* yng Ngogledd Cymru.

Yn y blynyddoedd ar ôl ei benodiad i'w swydd bresennol yn 1956, mae Mr Williams sy'n byw gyda'i wraig, Nan, ym Mryn Derw, Lôn Garth, Bangor, wedi cael miloedd ar filoedd o lythyrau oddi wrth y cyhoedd, lled Prydain ac o'r cyfandir. Pan welais Mr Williams yr wythnos ddiwethaf, dywedodd fod derbyn y llythyrau hyn yn destun balchder iddo oherwydd ei fod yn cael gwybod trwyddynt fod rhaglenni wedi rhoi pleser i bobl.

Brodor o Abergwynfi, ger Maesteg, yw Mr Williams, a phan oedd yn naw oed, symudodd y teulu i fyw i Ben-y-bont ar Ogwr, lle'r oedd ei dad yn ddarlithydd mewn Coleg Technegol. Addysgwyd ef yn ysgol Ramadeg y Bechgyn, Pen-y-bont, cyn iddo ddechrau cwrs yng Ngholeg y Brifysgol, Aberystwyth, lle graddiodd gydag anrhydedd mewn cerdd a daearyddiaeth. Wedi iddo raddio, cafodd swydd yn athro cerdd mewn Ysgol Ramadeg i Fechgyn yn Woking, Surrey. Ymhen pedair blynedd, symudodd i Belfast, lle cawsai swydd yn ddarlithydd cerdd yng Ngholeg Hyffordi Stranmillis. Yn Ebrill 1956, ymunodd â'r *BBC* ym Mangor.

Yn ystod y cyfnod yma, bu'n rhaid iddo droi ei law at bob math o raglenni cerddorol. Un yn arbennig y mae'n cofio cael llawer o hwyl yn ei chynhyrchu oedd un dan y teitl *All Together*, lle'r oedd yn mynd i ffatrïoedd trwy Gymru gyda chorau adnabyddus y wlad. Cafodd y fraint, meddai, o arwain y rhan fwyaf ohonynt yn ystod y cyfnod. Cyflwynwyd y rhaglen gan Alun Williams yn ei ddull arbennig ef ei hun.

Un o'r cyfresi mwya' poblogaidd oedd *With Heart and Voice*, a gâi ei darlledu hyd at ryw flwyddyn yn ôl ar foreau Sul. Parhaodd am bedair blynedd ar ddeg gan dynnu'n helaeth iawn o emynau Sankey a Moody. Gwnaed 96 o raglenni yn ddi-dor ar y dechrau. Ymhlith y corau a gymerodd ran yr oedd Côr Cymdeithas Gorawl Llithfaen, Côr Bro Gele, Côr Merched Bethesda, Côr Meibion y Penrhyn ac amryw o rai eraill o dro i dro.

Tros y blynyddoedd, meddai, roedd wedi ceisio adlewyrchu'r bywyd cerddorol yng Ngogledd Cymru mewn clybiau ac yn y Brifysgol. I'r dyfodol, gobeithiai y byddai mwy a mwy o raglenni cerddorol safonol yn dod o'r cylch gan symud i ffwrdd oddi wrth yr *image* gwerinol.

Bu'n gyfrifol am raglenni i'r radio o Eisteddfod Llangollen ers blynyddoedd a phan oedd yr Eisteddfod Genedlaethol ym Mangor, ef oedd yn arwain y côr. Ond dim y cyfresi hir na'r rhaglenni mawr, o angenrheidrwydd, oedd yn rhoi'r pleser mwyaf iddo, meddai. Pan ddechreuodd gyda'r *BBC*, sefydlwyd wythawd i ganu emynau a salmau yn y gwasanaeth ar foreau Sul. Cafodd foddhad mawr yn gweithio gyda hwy. Hefyd sefydlwyd Dethol, Cantorion Gwynedd, a fu'n gyfrifol am raglen Nadolig a'r Pasg. Roeddynt hefyd yn rhoi'r perfformiad cyntaf o waith a gomisiynwyd gan y *BBC*.

Am flynyddoedd bu Mr Williams â chysylltiad agos â rhaglenni i blant fel *Ceinciau Cerdd a Dinas y Cerddor* yn ogystal â *Dechrau Canu, Dechrau Canmol* a *Songs of Praise*. Yn ystod yr wythnosau diwethaf, mae gwylwyr teledu trwy Gymru wedi cael llawer o bleser o wylio chwe rhaglen *Sŵn y Jiwbili*, gyda chorau ac unawdwyr enwog yn canu yn yr awyr agored. Nid oes cynlluniau ar y gweill, meddai, i gael cyfres arall ar hyn o bryd.

Roedd bob amser wedi ceisio rhoi ei holl egni yn ei raglenni a phan ysgrifenna pobl ato yn gwerthfawrogi'r hyn a wnaethpwyd, nid oedd yn waith mwyach, meddai, ond yn fraint.

Herbert Roberts

Ar drothwy Blwyddyn Newydd arall, un o'r anrhegion gorau a allai unrhyw weinidog yn y cylch ei chael, mae'n sicr, fyddai capeli llawn unwaith eto. Ac fel llawer o weinidogion eraill, gresyna'r Parchedig Herbert Roberts, Monarfon, Llangefni, nad oes mwy o bobl ifainc yn mynychu'r capeli. Am ryw reswm neu'i gilydd, meddai, mae'r capeli'n methu â chydio ynddynt wedi iddynt basio tua'r un ar bymtheg oed. Nid yw'r bai i gyd ar yr ifanc chwaith, meddai Mr Roberts. Mae rhywbeth ardderchog iawn yn y to ifanc. Mae'r rhan fwyaf ohonynt yn agored, yn onest a didwyll, ac yn llawer dewrach nag yr oedd ef yn eu hoed. Un rheswm pam nad yw'r ifainc yn dod i gapeli, efallai, yw'r faith fod yr aelodau hynaf yn cadw at hen syniadau. Oherwydd nad oes llawer o bobl ifainc yn eu presenoli eu hunain, mae'n anodd iawn gwybod beth sydd arnynt ei eisiau.

Mab glöwr o'r Ponciau, Rhosllanerchrugog, yw Mr Roberts, ac wedi cael ei addysg yn yr ysgol gynradd yno, aeth i weithio i waith brics yn Rhiwabon pan oedd yn bedair ar ddeg oed. Bu yno am ddeng mlynedd cyn iddo benderfynu bod arno eisiau mynd i'r weinidogaeth. Aeth i ysgol nos i ddal i fyny â'i addysg. Daeth ei benderfyniad i fynd i'r weinidogaeth iddo yn naturiol, meddai, gan ei fod, yn blentyn, wedi mynd i eglwys a oedd yn rhoi cryn bwysigrwydd ar bregethu. Ar argymhelliad ei weinidog ar y pryd, y Parchedig Wyre Lewis, penderfynodd fynd i'r weinidogaeth a chafodd le yn ysgol baratoi Powell Griffiths yn y Rhos. Ar ddiwedd ei gyfnod yno, bu'n fyfyriwr yng Ngholeg y Bedyddwyr, Bangor, ac yng Ngholeg y Brifysgol lle graddiodd.

Ei eglwys gyntaf oedd y Tabernacl, Pwllheli, lle bu am bedair blynedd. Dysgodd lawer yno, meddai, ac mewn rhai ffyrdd roedd yn falch ei fod wedi bod yn gweithio cyn mynd i'r weinidogaeth yn hytrach na mynd yn syth o ysgol i goleg ac wedyn i'r gwaith. Ei ofalaeth nesaf oedd y Porth, Rhondda, lle treuliodd dair blynedd ar ddeg cyn symud i Gwendraeth, Bancffosfelen, a bu yno am ddwy flynedd cyn dod i Langefni yn 1960 i ofalu am Gapeli Penuel a Phisgah.

Mae wedi bod yn ddarlithydd gwadd ddwywaith yng Ngholeg y Bedyddwyr, Bangor, a throeon yn eu hysgol haf i weinidogion. Ef yw llywydd ac ysgrifennydd Cyngor Eglwysi Llangefni ac mae'n ysgrifennydd a chyn-gadeirydd Cymanfa Bedyddwyr Môn.

Ym Mhwllheli y bwriodd ei brentisiaeth yn y weinidogaeth, meddai, oherwydd yno roedd yn cael y cyfle i bwyso a mesur yr hyn yr oedd yn ei wneud. Yn y Rhondda y teimlodd y sialens fwyaf oherwydd bod cymaint o wahanol gredoau gwleidyddol yno. Teimlai fod y bobl yno i gyd o gymeriad cynnes, ac elwodd yn fawr oddi wrth y profiad a gafodd yno. Yno hefyd yr oedd y broblem iaith, a chrefyddau yn erbyn ei gilydd. Roedd Cymraeg yn cilio yn y cymoedd, meddai, a chan ei fod ef yn credu'n gryf mewn gwerth llenyddiaeth Gymraeg ac ar yr un pryd yn ceisio pregethu'r efengyl, roedd yn gweld yn fwy na neb y tensiwn a fodolai. Ardal y glo caled oedd Bancffosfelen a thra oedd yno daeth i adnabod llawer o bobl a oedd yn dioddef o effeithiau'r llwch. Parodd hyn gryn boen i Mr Roberts a rhyfeddai at arwriaeth y glöwyr.

Mae ei gyfnod yn Llangefni wedi bod yn un hapus dros ben. Roedd gwahaniaeth, wrth gwrs, rhwng ardal ddiwydiannol ac ardal wledig fel Môn. Ond un o'r gwahaniaethau mwyaf a welodd oedd yn y cynulleidfaoedd. Rywfodd neu'i gilydd, roedd y glöwyr yn llawer mwy *alert* yn eu haddoliad na phobl y Gogledd. Serch hynny, roedd yn ymfalchïo yn y ffaith fod capeli Penuel a Phisgah ymhlith y rhai mwyaf llwyddiannus ym Môn heddiw.

Ellis Caswallon Williams

Mae bywyd yn rhyfeddol dros ben ar ei orau ond i rai pobl mae cyfres o ddigwyddiadau annibynnol yn gosod sylfeini bywyd hollol wahanol i beth a ddisgwylir i ddechrau. Go brin fod neb wedi cael profiad o gymaint o ddigwyddiadau annisgwyl ag a gafodd Mr Ellis Caswallon Williams, 9 Ffordd Tan y Bryn, Caergybi, sydd wedi ymddeol ers tair blynedd bellach o'i swydd fel prifathro.

Ym mhentref Llanfairynghornwy y ganed Mr Williams, yn un o un ar ddeg o blant i saer maen a'i wraig. Bu ei dad farw pan nad oedd ond tair oed ac roedd rhaid i'w fam a'i frodyr hynaf fynd allan i weithio. Gweini ar ffermydd y buont am gyfnodau, cyn penderfynu symud i geisio'u lwc yn y pyllau glo. Ond roedd bryd Mr Williams ar gael mynd i'r môr, er nad oedd ei fam yn rhyw hoff iawn o'r syniad. Rywfodd neu'i gilydd, llwyddodd ei brifathro, Mr Robert Ellis, i gael cyfle iddo gynnig am ysgoloriaeth i fynd i Ysgol Llangefni. Dau yn unig oedd i fod i sefyll yr arholiad ond fe gafwyd lle i Mr Williams, ac fe'i pasiodd, gan lwyddo'r un pryd i gael *bursary* i fynd yno.

Felly, yn 1921, dechreuodd yn Ysgol Llangefni. Golygai hyn ei fod yn gorfod cerdded wyth milltir i'r orsaf agosaf bob dydd Llun, a'r un faint yn ôl bob nos Wener. Roedd yn talu 2s 9c am lety bob wythnos. Digwyddiad annisgwyl arall oedd iddo gael ei ddewis i fynd mewn car un noson gan offeiriad oedd wedi dychryn ei weld yn cerdded. Gwahoddwyd Mr Williams i fynd i'w gartref ymhen dau ddiwrnod a chafodd feic newydd sbon gan fab yr offeiriad.

Pan basiodd ei arholiadau terfynol, penderfynodd fynd yn ôl i'r ysgol am flwyddyn am ei fod, erbyn hynny, yn awyddus i fynd i'r weinidogaeth. Roedd offeiriad wedi rhoi ar ddeall iddo y gallai fenthyca arian er mwyn dilyn y cwrs. Ond wedi iddo dreulio blwyddyn yno a sefyll arholiad i gael mynediad i goleg, cafodd ei siomi gan y gweinidog.

Prifathro Llangefni ar y pryd oedd yr anfarwol Mr S. J. Evans a phan aeth Mr Williams i'w weld, cynghorwyd ef i fynd yn athro. Gwnaeth hynny, a chael swydd yn Llanrhuddlad am chweugain yr wythnos. Bu yno ac yn Llanfachraeth cyn iddo fynd i weld yr hen S. J. eto i ddweud ei fod yn awyddus i fynd i goleg pe bai'n gallu trefnu i fenthyca arian. Aethpwyd ag ef i lawr i fanc yn Llangefni i wneud y trefniadau gydag S. J. yn sefyll fel gwarantwr am y swm angenrheidiol.

Treuliodd ddwy flynedd yn y Coleg Normal ac, ar ddiwedd y cwrs, daethai dau swyddog addysg o Fanceinion i Fangor i gynnal cyfweliadau. Nid oeddynt yn hapus â'r ymgeiswyr, fodd bynnag, am nad oedd yr un ohonynt yn cymryd diddordeb mewn cerddoriaeth. Fel roedd hi'n digwydd, roedd Mr Williams yn cymryd diddordeb mewn cerddoriaeth a chafodd swydd heb geisio amdani ym Moss Side. Wedi iddo dreulio peth amser yno, gwelodd fod ar Sir Fôn eisiau athrawon, a chafodd swydd yng Nghemaes. Treuliodd gyfnod yn Llanddeusant cyn mynd i Ysgol Ganol Cybi i fod yn athro cerddoriaeth ac ymarfer corff.

Yn 1946, daeth swydd prifathro'n wag yn y *National School*. Penderfynwyd uno adrannau'r bechgyn a'r genethod a phenodwyd Mr Williams yn brifathro. Bu yno tan 1954, pan symudodd i Ysgol Thomas Ellis lle bu nes iddo ymddeol.

Mae cerddoriaeth wedi chwarae rhan bwysig yn amser hamdden Mr Williams ar hyd y blynyddoedd. Bu'n arweinydd côr meibion yr Ynys a chôr yr Heddlu. Wedi iddo ymddeol, gwelodd Mr Williams y byddai ganddo dipyn o amser ar ei ddwylo a phan ddechreuodd Cyngor Bwrdeistref Môn cafodd le fel un o gynrychiolwyr Caergybi.

Er ei fod wedi bod yn ddarllenydd lleyg am flynyddoedd, nid oedd wedi cael amser i ymgymryd â dim ar ochr weinyddol yr Eglwys yng Nghymru. Ond erbyn heddiw, mae'n aelod o bob pwyllgor yn Esgobaeth Bangor, yn ogystal â bod yn ysgrifennydd Bwrdd y Darllenwyr, y corff llywodraethol a'r corff cynrychioli.

W. R. Davies

Yn y blynyddoedd y bu'n ymwneud â llywodraeth leol, naill ai fel gyrfa, fel clerc awdurdod, neu fel aelod, mae Mr W. R. Davies wedi gweld mwy a mwy o angen i gadw dolen gyswllt rhwng y gwahanol rengoedd.

Treuliodd Mr Davies y rhan fwyaf o'i oes yn ardal Glasinfryn, ger Bangor, ond tua diwedd y llynedd daeth i fyw i 22 Llys Mair, Bangor.

Nes iddo ymddeol saith mlynedd yn ôl, roedd yn Brif Glerc yn Adran Ffyrdd a Phontydd hen Gyngor Sir Caernarfon. Wedyn, bu'n aelod o'r Cyngor am bedair blynedd. Am dair blynedd, bu'n aelod o Gyngor Bwrdeistref Arfon tan y llynedd pan benderfynodd roi'r gorau iddi. Ers 1946, mae wedi bod yn Glerc Cyngor Pentir.

Gwelodd newidiadau mawr yn ei gyfnod fel clerc, ac un enghraifft o hynny oedd nad oedd ar yr hen gyngor plwyf yn 1949 angen ond £300 i gynnal yr holl wasanaethau. Erbyn y llynedd, roedd y ffigur i gynnal gwasanaethau gan y cyngor cymdeithasol wedi codi i £3,000.

Un peth a gollwyd wrth ad-drefnu llywodraeth leol, meddai, oedd y ddolen gyswllt rhwng y cynghorydd sirol, y cynghorydd lleol a'r cynghorydd plwyf. Nid oedd y drefn newydd wedi llwyddo i ddod â'r tair rheng at ei gilydd er lles y cyhoedd.

Yn 1925, dechreuodd ar ei yrfa mewn llywodraeth leol gyda hen Gyngor Ogwen, fel *timekeeper* yn Nhregarth. Ymhen ychydig, cafodd gyfle i fynd i weithio i swyddfa'r Cyngor yn Nhanyfynwent, Bangor. Ymhen pum mlynedd, cafodd swydd gyda Chyngor Sir Caernarfon, yn yr Adran Ffyrdd a Phontydd. Pan orffennodd yn 1968, roedd yn Brif Glerc, wedi gwasanaethu am ddeugain a phedair o flynyddoedd mewn llywodraeth leol. Roedd ganddo bump ar hugain o staff oddi tano, ac erbyn heddiw, meddai, roedd gan ei olynydd drigain o staff.

Daeth yn aelod o'r hen gyngor, meddai, er mwyn cadw diddordeb yn y gymdeithas, ac aeth i Gyngor Arfon yn hytrach na Chyngor Sir Gwynedd er mwyn iddo fod yn nes at y gymdeithas.

Drwy gydol ei oes, mae bywyd Mr Davies wedi troi o gwmpas Capel Bethmaaca, Glasinfryn. Mae wedi bod yn organydd ers hanner can mlynedd, yn ysgrifennydd er 1932 ac yn ddiacon er 1948. Anrhydeddwyd ef ddwywaith gan yr enwad - pan etholwyd ef yn gadeirydd y Cwrdd Chwarter, ac yn gadeirydd Annibynwyr y Sir. Yn ei anerchiad cyntaf fel cadeirydd y Cwrdd Chwarter, tynnodd sylw at y ffaith ei fod wedi ei eni a'i fagu yng Nglasinfryn ac wedi mynychu Bethmaaca ar hyd ei oes.

Roedd ei gartref yn Glanrafon, Glasinfryn, yn aelwyd grefyddol iawn ac am dros gan mlynedd roedd rhywun o'r teulu wedi gwneud ei ffordd i'r capel bob dydd Sul ac er ei fod wedi dod i fyw i Fangor, mae'r ddolen gyswllt wedi parhau.

Fis Hydref diwethaf, priododd am yr ail waith. Mae ei wraig yn aelod o'r Eglwys Babyddol a derbyniwyd yntau'n barod iawn i'r Eglwys Babyddol. Bellach, mae'n mynychu'r gwasanaethau Pabyddol ym Mangor yn y bore ac yn ymuno â'r Annibynwyr yng Nglasinfryn yn yr hwyr. Yn achlysurol, mae wedi bod yn chwarae'r organ yn Eglwys y Plwyf, Pentir, a theimla'n falch fod y culni a oedd yn bodoli rhwng enwadau yn cael ei chwalu.

Ryw naw mlynedd yn ôl, penderfynodd Mr Davies, y Parchedig Philip Butler (Ficer y Plwyf), a dau neu dri arall, fod angen clwb henoed yn ardal Glasinfryn a Phentir. Sefydlwyd Clwb y Gegin ac mae wedi mynd o nerth i nerth byth er hynny. Roedd aelodau'r clwb yn cwrdd bob pythefnos i wrando ar siaradwr gwadd neu weld ffilmiau ac i gael sgwrs ymhlith ei gilydd. O dro i dro, roedd pob aelod yn cymryd rhan mewn rhaglen o adrodd, canu a dweud storïau. Yr ymdrech bob amser oedd sicrhau nad oedd yn undonog.

Dr Tom Pritchard

Oherwydd y pwysigrwydd, mewn amser o argyfwng, i ddefnyddio'r arian sydd ar gael yn effeithiol, mae Cyngor y Warchodfa Natur, sydd â'i bencadlys ym Mangor, yn gorfod cynllunio ymhell ymlaen llaw. Ei chyfarwyddwr yw Dr Tom Pritchard, 134 Ffordd Penrhos, Bangor, a fu yn y swydd bellach er 1973. Cyn hynny, bu'n ddirprwy gyfarwyddwr. Oherwydd nad oes trefniadau arbennig wedi eu gwneud ar gyfer unrhyw gynllun, mae Pwyllgor Cymru o'r Warchodfa wrthi ar y funud yn penderfynu blaenoriaethau ar gyfer y tair blynedd nesaf. Unwaith y bydd trefn wedi ei roi ar waith y dyfodol, bydd ganddynt rywbeth arbennig i anelu tuag ato.

Yn ddiweddar, cwblhaodd y sefydliad astudiaeth fanwl o arfordir Cymru, y tro cyntaf erioed i waith o'r fath gael ei gyflawni. Mewn cyfnod pan mae cymaint o ddatblygu, yn adeiladol, ac ym maes twristiaid, mae'n syndod sylweddoli bod bron i dri chwarter yr 850 milltir o arfordir heb gael ei ddifetha. Gyda chymorth yr astudiaeth, bydd y Cynghorau Sir yn gallu cyhoeddi cynllun fframwaith at y dyfodol, a hefyd yn gallu diogelu ardaloedd sydd angen eu gwarchod, o gofio'r posibilrwydd y gellid darganfod olew yn y Môr Celtaidd, a'r llygredd a allai ddeillio o hynny.

Brodor o Lŷn yw Dr Pritchard. Addysgwyd ef yn ysgol Botwnnog ac aeth ymlaen i Brifysgol Bangor lle'r enillodd radd. Ym Mhrifysgol Leeds, cafodd ei Ph.D. wedi cwblhau astudiaeth ym maes geneteg. Dechreuodd ei yrfa gyda Chyngor y Warchodfa Natur yn eu pencadlys yn Llundain lle bu'n gweithio am ddwy flynedd. Penodwyd ef wedyn yn Gyfarwyddwr Addysg iddynt, gyda'r cyfrifoldeb o drefnu cyrsiau a llawlyfrau ar gyfer plant mewn ysgolion drwy'r wlad. Ar ôl cyfnod yn y swydd honno, daeth i Fangor.

Yn ystod y blynyddoedd diwethaf, gwnaeth lawer o waith rhyngwladol a theithiodd yn eang yn y Dwyrain Pell, yr Arctig, Patagonia, ac Ewrop ac roedd hynny, meddai, wedi rhoi cyfle iddo astudio problemau amgylchedd mewn gwahanol ardaloedd. Nid oedd y problemau ecolegol yr un fath mewn unrhyw ran o'r byd. Ond er y teithio i gyd, roedd rhaid dod yn ôl i Gymru i weld cymaint o wahanol agweddau ar yr amgylchedd - y môr, y coedwigoedd, y mynyddoedd ac yn y blaen - mewn gwlad mor fechan. O reidrwydd, roedd hyn yn gwneud gwaith y rhai sy'n ceisio gwarchod natur yn llawer mwy cymhleth gan fod cymaint o wahanol bobol a diddordebau uniongyrchol yn y tir, y moroedd, coedwigoedd a'r mynyddoedd. Roedd angen cael cydbwysedd hapus rhwng anghenion y gwarchodwyr a'r rhai a ddibynnai am eu bywoliaeth ar y tir.

Dywedodd Dr Pritchard mai gwyddonwyr oedd pawb yn y Warchodfa i ddechrau a'u gwaith hwy oedd ymchwilio i sut y mae dyn yn effeithio ar natur a sut y mae natur yn effeithio ar ddyn. Ceisid bob amser gadw'r enghreifftiau gorau o wahanol agweddau ar natur.

Bob blwyddyn, roedd miloedd ar filoedd o bobol yn ymweld â gwahanol rannau o Gymru lle'r oedd enghreifftiau perffaith o natur ar ei orau. Yn ystod y blynyddoedd diwethaf, roedd pobl wedi dod yn ymwybodol o'r angen i sicrhau nad oedd yr amgylchedd yn cael ei lygru. Roedd ysgolion wedi gwneud gwaith mawr yn y maes yma trwy addysgu plant, a'r gobaith oedd y byddai'r cenedlaethau i ddod yn rhoi mwy a mwy o bwyslais ar gadwraeth natur. Teimlai Dr Pritchard yn ffyddiog am y dyfodol oherwydd bod teimladau cryf yng nghefn gwlad Cymru fod angen gwarchod natur. Rhydd hyn y cyfle i wyddonwyr astudio ecoleg yn eu maes naturiol.

Er bod ganddo lawer o ddiddordebau, gresynai nad oedd ganddo ddigon o amser oherwydd pwysau gwaith i'w mwynhau gymaint ag yr hoffai. Ond pan oedd cyfle, roedd yn cerdded neu bysgota.

William Rowlands

Rydym wedi clywed llawer am Thomas Telford a'i gampwaith o adeiladu pont grog ar draws y Fenai a hawdd iawn fyddai i ni anghofio fod gan ein cenhedlaeth ninnau beirianwyr sifil llawn mor fedrus. Un a fu'n gyfrifol am newid gwedd rhannau helaeth o ffyrdd Ynys Môn yw Mr William Rowlands, a fu, nes daeth ad-drefnu llywodraeth leol, yn Syrfewr Sirol hen Gyngor Sir Môn. Yn ystod ei gyfnod yn y swydd honno, daeth llawer o newidiadau i'r ynys a chan fod y pwyllgor ffyrdd a phontydd yn gweld ymhell, cafwyd gwelliannau aruthrol i lawer o ffyrdd yn yr ynys.

Ganed Mr Rowlands ym Mhenysarn, yn fab i'r diweddar Gapten a Mrs William Rowlands, Auckland. Mae'n byw yn ei hen gartref ac mae ganddo ddau fab, Harri a Wyn, a merch, Helen. Mae ei wraig, Blodwen, yn flaenllaw iawn gyda nifer o fudiadau yn y pentref. Daw Mr Rowlands o deulu morwrol, gyda'i dad a'i ewythr yn feistri, yn ogystal â'i frawd, ei frawd-yng-nghyfraith, a dau gefnder.

Cyn iddo benderfynu dod i weithio i'r lan, roedd ei fab, Harri, hefyd wedi pasio arholiad meistr. Mae'r mab ieuengaf, Wyn, bellach yn beiriannydd sifil cynorthwyol gyda Chyngor Sir Gwynedd.

Addysgwyd Mr Rowlands yn Ysgol Gynradd Penysarn ac Ysgol Uwchradd Llangefni ac roedd wedi penderfynu'n weddol gynnar yn ei fywyd mai peiriannydd o ryw fath yr oedd am fod. Ymunodd ag adran beirianwaith Prifysgol Lerpwl yn 1928 a derbyniodd radd mewn peirianwaith sifil dair blynedd yn ddiweddarach. Roedd wedi dewis ei alwedigaeth oherwydd yr antur a gynigiai, yn ogystal â'r her a'r sialens o ddefnyddio pwerau natur ar gyfer dyn.

Yn ystod ei flwyddyn gyntaf ar ôl iddo adael y coleg, bu'n gweithio gyda chodwr adeiladau dur. Bu'n ddi-waith am gyfnod cyn cael swydd gyda chwmni'n arbenigo mewn gwaith concrid. Ei swydd gyntaf gyda llywodraeth leol oedd fel peiriannydd cynorthwyol gydag awdurdod swydd Efrog. Daeth yn ôl i Fôn yn 1939 fel peiriannydd cynorthwyol ac yn y cyfnod yma y dechreuodd gymryd diddordeb peirianyddol ym Mhont Grog Menai, a oedd ar y pryd yn cael ei hailadeiladu. Ef a gynlluniodd y ffordd yn arwain ati ond oherwydd y rhyfel a'r sefyllfa economaidd ni chafodd y rhain eu cwblhau tan y chwe-degau.

Yn 1940, ymunodd â'r Morlys, yn cynllunio gorsafoedd i'r *Fleet Air Arm* ac wedyn aeth i weithio gyda Saunders Roe ym Miwmares. Cafodd ei alw'n ôl i'r Cyngor Sir ar ddiwedd y rhyfel i ddatblygu'r prif welliannau yn ardal y Benllech a Llanallgo yn ogystal â gwaith ar argae Stanley ac yng Nghaergybi. Ond oherwydd i'r llywodraeth benderfynu symud gwariant i feysydd eraill, daeth y gwaith ar y ffyrdd i ben. Symudwyd Mr Rowlands i fod yn beiriannydd parhaol ar gronfa ddŵr Cefni ac wedyn ar gronfeydd yng Ngwalchmai a Bodafon. Wedi tair blynedd o waith pleserus, aeth yn ôl at y Cyngor a phan ymddeolodd Mr M. Spencer Rogers, fe'i penodwyd yn Syrfewr y Sir. Bu yn y swydd am ddwy flynedd ar hugain cyn ad-drefnu llywodraeth leol, pryd y cytunodd Mr Rowlands i aros ymlaen am chwe mis er mwyn cwblhau gwaith ar ffordd osgoi Penysarn, Pont Cadnant, Porthaethwy, a gwelliannau yn Amlwch a Rhosgoch.

Yn ystod y deng mlynedd ar hugain diwethaf, mae Mr Rowlands wedi bod yn gyfrifol am ddatblygu gwelliannau i ryw hanner can milltir o ffyrdd dosbarth un, rhyw bum milltir ar hugain o ffyrdd ail ddosbarth, a chyda chefnogaeth y Pwyllgor Ffyrdd a Phontydd, caniatawyd iddo gyflawni gwelliannau ar lawer o ffyrdd bychain cefn gwlad, er bod arian yn brin. Ailadeiladwyd pedair ar hugain o bontydd yn yr un cyfnod.

Yn sgîl datblygiadau diwydiannol, daeth ffyrdd osgoi i lawer o bentrefi ar yr ynys, a gwell ffyrdd hefyd, ond ni fu ei gynlluniau ar gyfer osgoi pentref y Benllech yn llwyddiannus oherwydd gwrthwynebiad rhai o'r trigolion. Bellach, mae'n debyg na fydd ffordd o'r fath byth yn dod, meddai.

Pan ddinistriwyd Pont Britannia gan dân yn 1970, gwelodd Mr Rowlands gyfle i gael ffordd arall tros y Fenai wedi ei hadeiladu uwchben y cledrau. Yn wyneb gwrthwynebiad chwyrn o bob ochr, llwyddodd i berswadio'r Weinyddiaeth y dylid cryfhau'r bont newydd fel y gallai gario ffordd yn ogystal â'r rheilffordd.

Fel un a fu'n gweithio gyda'r hen awdurdod lleol, credai Mr Rowlands, fel amryw o'i gyn-gydweithwyr, fod yr ad-drefnu wedi bod yn fethiant llwyr. Roedd yr hen unedau erbyn y saith-degau wedi dechrau gweithio'n effeithiol ac yn economaidd a ffwlbri o'r math mwyaf oedd eu chwalu. Teimlai hefyd nad oedd pwerau wedi cael eu rhannu'n deg rhwng y Cynghorau Sir. Roedd y wybodaeth leol wedi cael ei cholli mewn amryw o feysydd a phenderfyniadau ynglŷn â dyfodol y trethdalwyr yn cael eu cymryd ymhell oddi wrthynt. Teimlai fod nifer helaeth o drethdalwyr bellach yn hiraethu am y cyfnod pan oeddynt yn adnabod swyddogion ac aelodau'r cyngor ac yn gallu, oherwydd hynny, fynd atynt gyda'u problemau unigol.

G. Meirion Williams

Mae llawer ohonom yn condemnio ein byd yn aml iawn ond pe baem yn cael y dewis, ychydig iawn ohonom fyddai'n dewis newid gormod ar bethau. Mae'r cylch yr ydym yn byw ynddo yn gwbl addas i'n hanghenion ni ond faint o weithiau y mae rhywun wedi eistedd i lawr i feddwl a yw'r pethau yr ydym ni yn eu cymryd yn ganiataol yn foddhaol i bob carfan o'n cymdeithas? Faint, yn wir. A dyna oedd y math o syniadau a aeth trwy fy meddwl i wedi sgwrsio â'r Parchedig G. Meirion Williams, ysgrifennydd cyffredinol Cymdeithas y Deillion yng Ngogledd Cymru.

Cyfaddefodd Mr Williams, sy'n byw yng Ngweledfa, Moelfre, iddo yntau, yn y dechrau, dueddu i gymryd gormod o bethau'n ganiataol oherwydd ei fod yn gallu gweld. Ond nid oedd rhaid edrych ymhell i sylweddoli nad oedd fawr o ymdrech yn cael ei wneud i hwyluso bywyd naill ai i'r deillion nac i'r methedig, mewn unrhyw faes.

Daeth Mr Williams i'r swydd wedi bron i ddeng mlynedd ar hugain yn y weinidogaeth. Ganed ef yn Bootle, Lerpwl, ac wedi iddo adael yr ysgol yn bedair ar ddeg oed, aeth i weithio am saith mlynedd ar y dociau - a hwn oedd y coleg gorau a gafodd erioed, meddai. Ond roedd ymdeimlad mawr ganddo, oherwydd dylanwad y cartref, mai yn y weinidogaeth oedd ei le, ac felly, yn 1939, aeth i Goleg Clwyd, ac yna i'r Brifysgol ym Mangor. Treuliodd gyfnod pellach yng Ngholeg Diwinyddol, Aberystwyth, ac yn y Bala, cyn symud yn weinidog i Lawr y Glyn a'r Graig yn Sir Drefaldwyn. Bu yno rhwng 1947 ac 1950. Am bum mlynedd wedyn, bu'n weinidog ym Mrynrefail a Chwm-y-glo, cyn symud yn ôl i'r De i Pentour, Abergwaun. Yn 1960, daeth yn weinidog ar Eglwysi Methodistiaid Calfinaidd Llanallgo, Y Benllech, a Brynrefail, cyn symud i'w swydd bresennol yn 1970.

Mae Cymdeithas y Deillion yn gwasanaethu Gwynedd, Clwyd a Phowys, ac yn ogystal â chyflawni'i swydd, mae Mr Williams yn is-gadeirydd Cyngor Cymreig y Deillion, yn aelod o Bwyllgor Gwaith yr *RNIB* ac yn aelod o amryw o is-bwyllgorau'r mudiad.

Dywedodd Mr Williams ei fod bob amser wedi cymryd diddordeb mewn pobl a'u problemau ac yn ei amser ef, mynd i'r weinidogaeth oedd yr unig ffordd y gallai eu gwasanaethu. Pan gymerodd y swydd, nid oedd yn ei ystyried ei hun yn rhywun a oedd yn gadael y weinidogaeth ond yn hytrach yn cael cyfle i ddefnyddio'i brofiad i helpu pobl ag angen arbennig.

Daeth un o'r newidiadau mwyaf yng ngwaith y Gymdeithas yn sgîl adroddiad Seabourne, a argymhellodd nad oedd rhaid i weithwyr cymdeithasol arbenigo mewn un maes. O ganlyniad i hynny, nid oes ganddynt ddigon o amser i'w roi i'r deillion. Felly, fe benderfynodd ddatblygu eu cartref yn Llys Onnen fel y gellid cynnal cyrsiau arbennig yno. Heb y datblygiad hwnnw, byddai'n rhaid i'r deillion fynd i ganolfan yn Nottingham - ac nid yw hynny wrth fodd Cymdeithas sydd yn dymuno hyfforddi pobl yn eu hiaith eu hunain. Oherwydd y polisi newydd, roedd y Gymdeithas yn gwneud hynny a allent i gydweithio gyda'r Gwasanaethau Cymdeithasol gan nad oedd ganddynt yr adnoddau na'r staff i wneud y gwaith eu hunain.

Yr hen syniad, meddai Mr Williams, oedd addasu person a oedd wedi mynd yn ddall ar gyfer byd y dall. Ond, bellach, mae pobl yn sylweddoli bod deillion yn unigolion. Lle'r oedd yn bosibl, dylid gadael iddynt fyw bywyd mor normal ag y bo modd.

Cofia'n iawn am yr adeg yr aeth ef a pharti'n cynnwys Mr Arthur Rowlands, Caernarfon, ar gwrs i Warwick. Un diwrnod, penderfynwyd mynd i ymweld ag Eglwys Gadeiriol Coventry. Yn un rhan ohoni, gwelid capel crwn. Roedd Mr Williams yn falch o gael ei weld ond nid oedd wedi sylwi'n arbennig arno. Cyn mynd oddi yno, gofynnodd Mr Rowlands iddo egluro sut le oedd yno: faint o hyd oedd y waliau, sut fwrdd a chadeiriau a oedd yno; sut ffenestri, ac yn y blaen. Cyn iddo ddechrau egluro, nid oedd Mr Williams wedi sylweddoli nad oedd wedi gweld y lle o gwbl.

Yn y siop sydd ganddo ym Mangor, fe werthir nwyddau gan y deillion ac yn y dyfodol gobeithir y bydd y siop yn dod yn ganolfan i werthu gwaith y methedig i gyd.